HEINRICH MITTEIS

DIE DEUTSCHE KÖNIGSWAHL

IHRE RECHTSGRUNDLAGEN BIS ZUR GOLDENEN BULLE

1975

WISSENSCHAFTLICHE BUCHGESELLSCHAFT
DARMSTADT

Mit Genehmigung des Verlages Rudolf M. Rohrer, Wien,
herausgegebene Sonderausgabe

3., unveränderter reprografischer Nachdruck der 2., erweiterten Auflage,
Brünn · München · Wien 1944

Bestellnummer 5340

Druck und Einband: Wissenschaftliche Buchgesellschaft, Darmstadt
Printed in Germany

ISBN 3-534-05340-0

Fräulein Gabriele Mitteis

der älteren Schwester meines Vaters Ludwig Mitteis
die sein Leben und Wirken
den steilen Aufstieg und die frühe Vollendung
mit nimmermüder Sorge und Liebe begleitete

in treuer Verehrung gewidmet

INHALT

VERZEICHNIS DER ABKÜRZUNGEN

A.	=	Anmerkung.
Abh.	=	Abhandlungen.
Bloch Kaiserwahlen	=	*Hermann [Reincke-] Bloch,* Die staufischen Kaiserwahlen und die Entstehung des Kurfürstentums. Berlin-Leipzig 1911.
Const.	=	Monumenta Germaniae, Constitutiones et acta publica.
D.	=	Monumenta Germaniae, Diplomata (die einzelnen Bände mit dem Herrschernamen bezeichnet, also DH. I, DO. I usw.
DA.	=	Deutsches Archiv für Geschichte des Mittelalters.
DRG.	=	Deutsche Rechtsgeschichte.
DVG.	=	Deutsche Verfassungsgeschichte.
DW.	=	*Dahlmann-Waitz,* Quellenkunde zur deutschen Geschichte, 9. Aufl. 1931.
Erg.	=	Ergänzungsband.
Ficker Rfst.	=	*Julius Ficker,* Vom Reichsfürstenstande. Bd. I 1861, Bd. II 1—3. hsg. von P. Puntschart 1911—23.
G. B.	=	Goldene Bulle (hsg. von *Karl Zeumer,* QuSt. II, 1908).
Gierkes U.	=	Untersuchungen zur Deutschen Staats- und Rechtsgeschichte hsg. von Gierke.
HJB.	=	Historisches Jahrbuch hsg. von *Joh. Spoerl.*
HVjSchr.	=	Historische Vierteljahrsschrift.
HZ.	=	Historische Zeitschrift.
Kr.	=	*Mario Krammer:* Quellen zur Geschichte der deutschen Königswahl und des Kurfürstenkollegs, 2. Aufl., I 1925, II 1932.
Krammer Wahl und Einsetzung	=	*Mario Krammer,* Wahl und Einsetzung des deutschen Königs im Verhältnis zueinander, QuSt. I, 2, 1903.
Krammer Kurfürstenkolleg	=	*Mario Krammer,* Das Kurfürstenkolleg von seinen Anfängen bis zum Zusammenschluß im Renser Kurverein des Jahres 1338, QuSt. V, 1.
Lindner Königswahlen	=	*Theodor Lindner,* Die deutschen Königswahlen und die Entstehung des Kurfürstentums, Leipzig 1893.
Lindner Hergang	=	*Theodor Lindner,* Der Hergang bei den deutschen Königswahlen. Weimar 1899.
LSt.	=	*H. Mitteis,* Lehnrecht und Staatsgewalt. Untersuchungen zur mittelalterlichen Verfassungsgeschichte. 1933.

M.	=	Mitteilungen des Österreichischen Instituts für Geschichtsforschung.
QuSt.	=	Quellen und Studien zur Verfassungsgeschichte des Deutschen Reiches in Mittelalter und Neuzeit, hsg. von *Karl Zeumer* (jetzt von Hartung, Rauch, Stengel u. a.).
RGZ.	=	Entscheidungen des Reichsgerichts in Zivilsachen.
R. N. I.	=	Registrum super negotio imperii d. Innocentii III. papae.
R. I.	=	Regesta imperii hsg. von *Böhmer* u. a.
Rosenstock Königshaus	=	*Eugen Rosenstock*, Königshaus und Stämme, Leipzig 1914.
S. B.	=	Sitzungsberichte.
Schramm I	=	*Percy E. Schramm*, Die Ordines der mittelalterlichen Kaiserkrönung, Archiv für Urkundenforschung XI, 1930, 285 ff.
Schramm II	=	Die Krönung bei den Westfranken und Angelsachsen, ZK. 54, 1934, 117 ff.
Schramm III	=	Die Krönung in Deutschland bis zum Beginn des salischen Hauses, ZK. 55, 1935, 184 ff.
Schramm Engl. Königtum	=	Das englische Königtum im Lichte der Krönung. Weimar 1937.
Schramm König von Frankreich	=	Der König von Frankreich. 2 Bde. Weimar 1939.
Schreuer Grundgedanken	=	*Hans Schreuer*, Die rechtlichen Grundgedanken der französischen Königskrönung, mit besonderer Rücksicht auf die deutschen Verhältnisse, Weimar 1911.
SchLdR, SchLR	=	Kaiserliches Land- und Lehnrechtsbuch (sog. Schwabenspiegel) ed. Laßberg 1840.
SLdR, SLR	=	Sachsenspiegel Land- und Lehnrecht, ed. *K. A. Eckhardt* 1933.
Scr.	=	Monumenta Germaniae, Scriptores.
Stutz Erzbischof	=	*Ulrich Stutz*, Der Erzbischof von Mainz und die deutsche Königswahl, Weimar 1910.
ZG, ZK, ZR	=	Zeitschrift der Savigny-Stiftung für Rechtsgeschichte, Germanistische, Kanonistische, Romanistische Abteilung.

ZUR EINFÜHRUNG

I. Ein Buch, in dem die Ergebnisse neuer Forschungen über das Recht der deutschen Königswahl zusammengefaßt werden sollen, bedarf besonderer Rechtfertigung. Jahrzehntelang galt das Schrifttum über diesen Gegenstand als unübersehbar, weiteres Bemühen als aussichtslos, das Thema als erschöpft. Das ganze Gebiet machte den Eindruck eines verlassenen Feldes, das zwar früher einmal reiche Ernte getragen hatte, jetzt aber von Unkraut und Gestrüpp überwuchert und zum Betreten wenig verlockend war.

Als *Richard Schroeder* die letzte Hand an sein Lehrbuch der Deutschen Rechtsgeschichte legte, konnte er hoffen, auf Grund der wissenschaftlichen Ergebnisse vor allem des 19. Jahrhunderts ein geschlossenes Gesamtbild des deutschen Königswahlrechtes entworfen zu haben[1]. Dabei bewahrte er allerdings eine gemessene Zurückhaltung gegenüber dem damals neuesten Schrifttum zur Königswahl, als dessen markanteste Erscheinungen die Bücher von *Mario Krammer*, *Hermann (Reincke-) Bloch*, *Eugen Rosenstock* genannt seien[2]. Diese Literatur folgte dem Zuge zur „ideengeschichtlichen" Erfassung historischer Sachverhalte, verlor indessen dabei oft genug den festen Boden des quellenmäßig Feststellbaren unter den Füßen, verwertete die einzelnen Zeugnisse vielfach in unzulässiger Weise zur Stützung vorgefaßter Konstruktionen, unterlag aber andrerseits gelegentlich der Versuchung, die geschichtlichen Ereignisse in persönliche Machtkämpfe und taktische Winkelzüge aufzulösen. Das Verdienst, einzelne Anregungen gegeben und manche Probleme neu formuliert zu haben, soll ihr nicht bestritten werden; aber im Ganzen hat sie doch weniger klärend als verwirrend gewirkt. Und nachdem der selbst als Forscher auf dem Gebiete des Königs-

[1]) Der Text des einschlägigen § 43 bei *Schröder-v. Künssberg*, Lehrbuch der Deutschen Rechtsgeschichte, 7. A. 1931 dürfte die Formung letzter Hand um 1914 erhalten haben. – Neuere Zusammenfassungen der Lehre bei H. *Planitz*, Germanische Rechtsgeschichte 2. A. 1941; *Cl. Frh. v. Schwerin*, Grundzüge der Deutschen Rechtsgeschichte 2. A. 1941; H. *Fehr*, Deutsche Rechtsgeschichte 3. A. 1943.

[2]) Die genauen Titel finden sich im Abkürzungsverzeichnis.

wahlrechtes bewährte *Ulrich Stutz* ein Anathem über die ganze Richtung ausgesprochen hatte[3], schien es, als sei der Weg zu weiterer Erkenntnis durch ein kaum überwindliches Hindernis versperrt. Hier einmal Klarheit zu schaffen, die Bahn wieder freizulegen, zugleich aber auch die sinnvolle Eingliederung etwa haltbarer Ergebnisse zu versuchen, ist eines der Ziele unsrer Arbeit. Darüber hinaus aber gilt es, die Erträge einer in letzter Zeit besonders reich aufgeblühten Forschung auszuwerten, die sich zwar nicht ex professo mit dem Königswahlrecht beschäftigt hat, aber doch in ihren Fragenkreis einschlägt und für sie nutzbar gemacht werden muß. Ihr verdanken wir zunächst einmal neue Aufschlüsse über die in Betracht kommenden Quellen, so vor allem über die deutschen Rechtsbücher, um die sich *Eckhardt*, *Fehr*, *Frensdorff*, *Voltelini* u. a. m. verdient gemacht haben[4]. Die auch für Wahlfragen aufschlußreichen Ordines der deutschen und sonstigen abendländischen Königs- und Kaiserkrönungen sind von *P. E. Schramm* und *Eichmann* systematisch untersucht worden[5]. In den „Nova Alemanniae" hat uns *E. E. Stengel* eine hochbedeutsame Quelle für die Zeit des Kurvereins von Rhens erschlossen[6]. *Konrad Burdachs* letzte Studien zu Walther von der Vogelweide[7] verpflichten die Rechtsgeschichte ebenso zu Dank wie das gesamte Lebenswerk dieses reichen Geistes, und das Registrum super negotio imperii Papst Innozenz III., eine Fundgrube von Erkenntnissen über die Doppelwahl von 1198, ist erst durch die Veröffentlichung der Photokopie kritisch benutzbar geworden[8]. Dazu kommen in zahlreichen Zeitschrif-

---

[3]) ZG. 42, 494 ff. (in einer Besprechung von *W. Neumann*, Die deutschen Königswahlen und der päpstliche Machtanspruch während des Interregnums, Berlin 1921).

[4]) Einzelnachweise s. unten im 5. Kap.

[5]) Die Arbeiten *Schramms* s. im Abkürzungsverzeichnis. Von *Eduard Eichmann* liegt jetzt eine Zusammenfassung vor: Geschichte der Kaiserkrönung im Abendlande, 2 Bde. 1942. Ein Verzeichnis seiner Schriften in Festschrift Ed. Eichmann, Paderborn 1942, 684 f.

[6]) *E. E. Stengel*, Nova Alemanniae, I 1921, II 1 1930; dazu die Darstellung in: Avignon und Rens, Forschungen zur Geschichte des Kampfes um das Recht am Reich in der 1. Hälfte des 14. Jahrhunderts, QuSt. Bd. VI, Heft 1, 1930.

[7]) Vgl. unten Anm. 349, 412.

[8]) Vgl. unten Anm. 358.

ten verstreute Aufsätze, in denen Einzelfragen des Königswahlrechtes neu erörtert und neue Probleme zur Diskussion gestellt worden sind.

In den Jahren seit dem Erscheinen der ersten Auflage (1938) ist endlich das *germanische Königtum als Gesamterscheinung* in ein ganz neues Licht getreten[9]; und um den Reichsgedanken und die abendländische Mission des Reiches im Mittelalter, also um Stoffe, die den Unterbau des Königswahlrechts bilden, hat sich eine Einsatzgemeinschaft deutscher Historiker unter dem Eindruck des Kriegserlebnisses mit leidenschaftlicher Hingabe bemüht. Es gibt kaum ein Gebiet der Geschichtswissenschaft, das nicht Nebenprodukte für die Königswahllehre abwerfen könnte; man empfindet es so mit besonderer Beglückung, daß unser ganzes Fach eine große lebendige Einheit bildet, und die einzelnen Teilgebiete durch den Strom des Geistes, der sie alle durchflutet, in steter Wechselwirkung stehen. Die Königswahlforschung noch mehr als bisher von diesem Strom befruchten zu lassen war schon das Anliegen der ersten Auflage; die zweite strebt dem gleichen Ziele zu; indem sie dankbar die Anregungen verwertet, die aus der Kritik an jener zu gewinnen waren, sucht sie unter grundsätzlicher Beibehaltung des Charakters des Buches die historische Grundlage der Darstellung zu verbreitern und die Beweisführung noch schlüssiger zu gestalten.

Unsre Untersuchung beschränkt sich aber auch jetzt wieder streng auf die *Rechtsgrundlagen* der deutschen Königswahl. Sie verzichtet bewußt darauf, in das volle Licht des historischen Geschehens einzutauchen und den Hergang der einzelnen Königswahlen sowie ihre Begleitumstände in zeitlicher Reihenfolge vorzuführen. Es kommt uns einzig und allein darauf an die leitenden Grundgedanken aufzuzeigen, die das Recht der deutschen Königswahl von der Gründung des Ersten Reiches bis zur Goldenen Bulle beherrscht haben. Diese Aufgabe ist nur unter

---

[9]) Vor allem durch *Herbert Meyer*, Das Wesen des Führertums in der german. Verfassungsgeschichte, 1938; *H. Naumann*, Das altdeutsche Volkskönigtum, 1941; *B. Rehfeldt*, König, Volk und Gefolgschaft im nordischen Altertum, Bonn 1942 u. a. m. Grundlage für alle ist *W. Groenbech*, Kultur und Religion der Germanen, dtsch. Ausg. 1937.

Anwendung einer *spezifisch rechtsgeschichtlichen Methode* lösbar, die darauf ausgeht, die Fülle der Erscheinungen ordnend zu erfassen und systematisch zu durchdenken. Das methodisch geschulte Denken des Juristen wird aber nur dann richtig angewandt, wenn es nicht Begriffe der Gegenwart in den Stoff hineinträgt, sondern eigene sachgerechte Begriffe aus den Verhältnissen der Vergangenheit auf induktivem Wege gewinnt und herausentwickelt[10]. Dieses Vorhaben wird dem Rechtshistoriker dadurch erleichtert, daß auch für den Dogmatiker des modernen Rechtes der Begriff nicht mehr Selbstzweck, sondern nur noch Mittel zum Zwecke der Beherrschung des Stoffes und zu sinnvoller Ordnung der scheinbar regellosen Lebensvorgänge ist. Das Aufstellen rechtlicher Kategorien und ihre Anwendung auf geschichtliche Tatbestände wird die Rechtsgeschichte niemals aufgeben, sieht sie doch darin ihr höchstes Ziel, in allen geschichtlichen Abläufen das Wirken rechtlicher Vorstellungen nachweisen zu können. Diese Zielsetzung führt dazu, daß die Rechtsgeschichte in das große Ganze der Geschichtswissenschaft eingegliedert wird. *Die Geschichte als Erscheinung der Rechtsidee* ist der eigentliche Gegenstand rechtsgeschichtlicher Arbeit. Es ist vielleicht unmöglich, dieses Ziel je ganz zu erreichen, aber es ist immer wieder verlockend, ihm auf steilem Wege zuzustreben. Anderseits aber wird die Rechtsgeschichte sich immer wieder vor Augen halten müssen, daß sich in allen von ihr erfaßten rechtlichen Entwicklungen und Vorgängen doch nur große *politische* Wandlungen und Umschichtungen spiegeln, die stets den — mehr oder weniger scharf belichteten — Hintergrund der Darstellung zu bilden haben, aber ihrerseits wieder gerade dem Auge des Rechtshistorikers ihre markantesten Züge enthüllen[11].

II. Die Einteilung des Stoffes ist gegeben durch den tiefen Einschnitt, den die *Doppelwahl des Jahres 1198* bildet. Daß mit ihr

---

[10]) Hierin weiß ich mich einig mit dem strengsten Vertreter dieser methodischen Forderung an die Verfassungsgeschichte, *Otto Brunner*, Land und Herrschaft, 3. A. 1944. Vgl. meine Bespr. der 1. Aufl. HZ. 163, 255 ff., 471 ff.

[11]) Vgl. dazu insbes. *Theodor Mayer*, Z. f. Kirchengesch. 1936, 694; *Otto v. Zwiedineck-Südenhorst*, Jahrb. f. Nationalökonomie u. Statistik 143, 1936, 11; Finanzarchiv 1936, 159.

etwas Neues beginnt, wurde schon immer gelehrt; es wird sich herausstellen, daß dies noch in höherem Maße zutrifft als man bisher annahm. Und doch wurde damals nur eine latente Krise offenbar, deren Anfänge bis in die ausgehende Karolingerzeit zurückreichen[12], die aber erst im Investiturstreit ihre letzte Schärfe erhielt. Wie so oft in der Geschichte, so ist auch hier ein Einzelereignis nur das Symptom einer lange vorbereiteten inneren Umschichtung. Bis auf Heinrich VI. bildete die Königswahl nur ein Glied in einer ganzen Kette von Handlungen, die alle zusammen zur Thronerhebung des deutschen Königs notwendig waren. Dieser ganze staatsrechtliche Vorgang bewegte sich noch durchaus in den volkstümlichen Rechtsformen, die aus der germanischen Frühzeit stammten; er war eine Bekundung des spontan geäußerten Volkswillens, der keine festen Regeln kannte, weil er als festliches Erlebnis von Fall zu Fall neu gestaltet, improvisiert wurde. Durch diese ganze Epoche läuft die ungebrochene Linie der „germanischen Kontinuität". Diese zeigt sich aber noch in einem andern Punkte: in der Stellung nämlich, die die *Fürsten des Reiches* bei der Erhebung des Königs einnahmen. In ihr lebt die alte, schon von Tacitus[13] bezeugte, schwer in formale Regeln faßbare und doch auf das *Recht* gegründete Prärogative der Fürsten fort. Und zwar war es das *Volksrecht*, in dem sie wurzelte; die Fürsten waren nach germanischer Auffassung die Organe, die Sprecher, die Repräsentanten des in Stämme gegliederten Gesamtvolkes, und diese Auffassung ist bis in das hohe Mittelalter hinein wenigstens der Idee nach erhalten geblieben, wenn sich auch in der Praxis Brechungen des Ideals zeigten, die später zu schweren Mißbräuchen des Fürstenrechtes führen sollten. Es ist aber immerhin erlaubt, den hier angedeuteten Gesichtspunkt zur Gliederung unsrer Arbeit zu verwenden und den Zeitraum bis 1198 als Zeit der (durch die Fürsten getätigten) *Volkswahl* der mit 1198 beginnenden Zeit der reinen *Fürstenwahl* gegenüberzustellen.

Dieses ursprüngliche Auskommen ohne feste Regeln aber

---

[12]) Ich denke hier besonders an die Krönungszusagen, die damals schon von Königen gemacht wurden; *Kern*, Gottesgnadentum und Widerstandsrecht (1914) 349, 355.

[13]) Tac. Germ. c. 11.

setzte eine unzerstörte Einheit der tiefsten und wesenhaftesten Grundlagen, des Weltbildes und Lebensgefühles voraus, eine unerschütterte Gleichförmigkeit der Gesinnung und politischen Zielsetzung. All dies wird schon im Investiturstreit weithin in Frage gestellt. Der „Kampf um die rechte Ordnung der Welt"[14] konnte an der Königswahl nicht spurlos vorbeigehen; die Gegenkönige Heinrichs IV., Rudolf v. Schwaben und Hermann v. Salm, standen dem Papst schon mit gebundenen Händen gegenüber. Aber das hätte noch eine belanglose Episode bleiben und an der Kraft der staufischen Dynastie zunichte werden können. Erst das Scheitern des *Erbreichsplanes*, mit dem Heinrich VI. sein Lebenswerk hatte krönen wollen, riß einen breiten Abgrund auf und zeigte die ganze Unzulänglichkeit des bis dahin geltenden Königswahlrechtes. Und nun traten Folgen ein, die nicht wieder zu beseitigen waren. Nicht zum ersten Male machen sich kirchliche Einflüsse auf das Königswahlrecht geltend, jetzt aber werden sie entscheidend und unwiderruflich. Die Anfänge der romanistisch-kanonistischen Rechtswissenschaft schlagen das volkstümliche Recht in die Fesseln ihrer Begriffsbildung. Sie lösen die Königswahl aus dem Gesamtzusammenhang der Thronfolge und machen aus ihr ein an bestimmte Regeln gebundenes Rechtsgeschäft; sie technisieren und schematisieren den von Haus aus frei gestalteten Vorgang. Jetzt erst kann die Frage nach dem Verhältnis von Wahl und Krönung, ja nach dem Gegensatz zwischen ihnen gestellt werden; jetzt erst können subjektive Wahlrechte Einzelner entstehen, während bis dahin jede Wahlbeteiligung aus der Gliedstellung in der Gemeinschaft, aus der Teilhabe jedes Einzelnen am Gesamtrecht sich ergab; jetzt erst grenzt sich ein fester Wählerkreis ab und müssen Berechnungen angestellt werden, um das Ergebnis der Wahl zu ermitteln. Die Folge ist die Monopolisierung der Wahl durch sieben Fürsten, ihre Loslösung von den volkstümlichen Grundlagen, ihr Einbezogenwerden in das Spiel und die Wechselfälle der Weltpolitik. Diese inneren Wandlungen sind aber selbst wieder nur Teile viel

[14]) Diesen Ausdruck prägte *Gerd Tellenbach* in seinem Buche Libertas, Kirche und Weltordnung im Zeitalter des Investiturstreits, Forschungen zur Kirchen- und Geistesgeschichte hsg. von *E. Seeberg*, *E. Caspar*, *W. Weber* 7, Stuttgart 1936.

umfassenderer Prozesse, die die deutsche Reichsverfassung in ihrer Gesamtheit ergriffen haben. Aus den deutschen Stammesherzogtümern sind Gebietsherrschaften geworden, der Reichsfürstenstand hat sich abgeschlossen und sucht die Leitung der Reichsgeschäfte in seine Hand zu bekommen; seit dem Wormser Konkordat sind auch die geistlichen Reichsfürsten auf dem Wege zur Landeshoheit und beanspruchen im Reichsfürstenstand den ersten Platz. Die anderen Nationen, vor allem die westeuropäischen, beginnen zu erwachen und ihren Einfluß auf die Wahl des deutschen Königs auszuüben; die ihres Eigenrechtes bewußt gewordene Kirche macht ihre Ansprüche geltend, besonders seit mit der Königswahl der Anspruch auf die Kaiserkrone verbunden wird. In all diese großen geschichtlichen Zusammenhänge muß das Königswahlrecht hineingestellt werden; betrachtet man es für sich allein, so kann man vielleicht äußerliche Veränderungen feststellen, aber niemals zu einer umfassenden Würdigung des Entwicklungsganges kommen, den es durchlaufen mußte.

Vor 1198 dürfte man streng genommen von einer „Königswahl" gar nicht reden, weil es diesen Begriff nicht für sich allein, sondern nur als Teilerscheinung eines größeren Vorgangs, der Thronerhebung, gegeben hat. Also dürfte im ganzen ersten Teil der Arbeit (Kap. 1—3) auch nur dieses oder ein ihm sinnverwandtes Wort gebraucht werden. Es geschieht nur aus stilistischen Gründen, wenn doch gelegentlich von „Königswahl" gesprochen wird, besonders wo es sich darum handelt, den Begriff des konstitutiven Aktes, der zur Erlangung der Königswürde führt, mit einem zusammenfassenden Ausdruck zu bezeichnen und von anderen Möglichkeiten abzugrenzen, die dabei eine Rolle spielen können, besonders vom *Erb-* und *Geblütsrecht*. Das Verhältnis der Wahl zu diesen Normenkreisen zu prüfen, ist unsere erste Aufgabe, der wir uns nunmehr zuwenden.

ERSTER TEIL

DIE VOLKSWAHL

Erstes Kapitel

WAHLRECHT, ERBRECHT, GEBLÜTSRECHT

I. Die letzten Worte der Einführung haben bereits das Thema festgelegt, das im 1. Kapitel zur Erörterung steht. Ehe wir damit beginnen können, die einzelnen Wahl- und Thronerhebungsakte nach Form und Gehalt zu untersuchen, ist es methodisch notwendig, die Vorfrage zu klären, ob wir diese Untersuchung überhaupt unter einem einheitlichen Gesichtspunkt durchführen können. Dies wäre nur dann ohne weiteres zu bejahen, wenn die deutsche Königswahl ein völlig freier Willensakt der Wählerschaft gewesen wäre, so wie man sich etwa die Wahl der Organe in demokratischen Gemeinwesen vorzustellen pflegte. Das war aber nicht der Fall; es gab noch andere Faktoren, die bei der Thronerhebung Rücksicht heischten, so etwa die Zugehörigkeit zu einer Königssippe oder sonstige verwandtschaftliche Beziehungen zu früheren Herrschern. Mit diesen anderen Faktoren des Thronfolgerechtes ist die Wahl Verbindungen verschiedenster Wahl eingegangen. Es ist daher zu erwägen, ob nicht zwischen den einzelnen Wahlen so große Verschiedenheiten bestehen, daß sich eine einheitliche Aussage über sie schlechthin verbietet. In der Tat legen die Ergebnisse der bisherigen Forschung diese Möglichkeit nahe; wir müssen sie daher zunächst durchmustern, wobei sich uns manches in einem neuen Lichte zeigen wird.

1. Grundlegend ist die Frage, wie sich *Wahl* und *Erbrecht* zueinander verhalten haben. Daß sie überhaupt gestellt werden kann, daß man lange darüber streiten konnte, ob das Deutsche Reich des Mittelalters ein Wahlreich oder ein Erbreich gewesen ist, hat seinen Grund darin, daß wiederholt der Sohn auf den Vater gefolgt ist; so standen jeweils etwa ein Jahrhundert lang das sächsische, das salische, das staufische Herrscherhaus auf die Sohnesfolge fest gegründet und es konnte der Eindruck entstehen, als habe in diesen Zeiträumen nicht die Wahl, sondern das Erbrecht die Thronfolge geregelt, oder,

vorsichtiger ausgedrückt, wenigstens das „Erbprinzip" oder der „Erbgedanke" einen bestimmenden Einfluß geübt[15]. Indessen tritt auch die Sohnesfolge stets im Gewande der Wahl auf; folgerechterweise wird diese in ihrer Bedeutung abgewertet, sie erscheint als ein lediglich feststellender, rechtsbekundender, deklaratorischer Formalakt. Wäre dies richtig, so müßte auch unsere Darstellung diese „Sohneswahl nach Erbrecht" von der „echten", konstitutiven Wahl trennen und jede Gruppe für sich gesondert untersuchen. „Echte" Wahlen wären dann nur zunächst die dynastiebegründenden, also die Wahl Heinrichs I. von 919 für das sächsische, die Wahl Konrads II. von 1024 für das salische, die Konrads III. von 1138 für das staufische Haus. Ferner aber wären hierher zu rechnen die Wahl Konrads I. von 911, die Heinrichs II. von 1002, die Lothars von Supplinburg von 1125; endlich aber auch die Wahlen der Gegenkönige im Investiturstreit, Rudolfs von Rheinfelden (1077) und Hermanns von Salm (1081)[16]. Nur diese „echten" Wahlen wären daraufhin zu untersuchen, ob sie „absolut" frei waren oder nur „relativ" freier als die Sohneswahlen innerhalb einer Dynastie; es wird sich uns ergeben, daß auch bei ihnen außerhalb des Wahlrechtes liegende, aus Familienzusammenhängen ableitbare Bindungen bestanden, zu deren Kennzeichnung uns der Begriff des *Geblütsrechts* dienen wird[17].

Eine Reihe von Quellenzeugnissen, die für die Erbtheorie zu sprechen scheinen, hat bereits *Georg Waitz* gesammelt[18]; aber

---

[15]) Dieser Sprachgebrauch ist besonders bei Historikern stark verbreitet; er findet sich vor allem bei *W. Maurenbrecher*, Geschichte der deutschen Königswahlen, Leipzig 1889, durchgehend. Ihm sind viele gefolgt, vgl. etwa *Joh. Krüger*, Grundsätze und Anschauungen bei den Erhebungen der deutschen Könige 911–1056, *Gierkes* Untersuch. 110, Breslau 1911, 13 ff. mit weiteren Angaben, und neuerdings noch *R. Holtzmann* in *Gebhards* Handbuch der deutschen Geschichte I⁷ 1931, 382 (etwas anders jetzt Geschichte der sächs. Kaiserzeit 1941, 66).

[16]) Vgl. unten bei A. 60. Die Doppelwahl von 1198 folgt ihren eigenen Gesetzen und scheidet hier aus.

[17]) Vgl. unten Abschn. II.

[18]) G. *Waitz*, DVG. VI² hsg. v. *Seeliger* 163 ff. — Auf den Erbgedanken zugeschnitten ist auch die berühmte Sta et retine-Formel des sog. Deutschen Krönungs-

die vorsichtige Fassung seines Textes spricht nicht dafür, daß er ein echtes Erbrecht als gegeben annahm. Den vollen Beweis dafür, daß es nicht gegolten hat, wird die Geschichte des Geblütsrechtes erbringen. Ein vollziehbarer Gedanke liegt höchstens darin, daß der Erbgedanke den entfernteren Grund, das Motiv der Sohnesfolge abgegeben und auf diese insofern eingewirkt habe, als er einen väterlichen Bestimmungsakt, die *Designation* möglich machte, und dadurch dem Vater die Herrschaft über die Wahl verschaffte; darüber wird in Abschnitt III noch mehr zu sagen sein.

Bei dieser Sachlage genügt eine kurze Überschau über die verschiedenen Kombinationen, in denen Wahl und „Erbrecht" im Schrifttum auftreten, wobei das Wort Erbrecht meist im untechnischen Sinne gebraucht wird:

Entweder werden Wahl und Erbrecht als Gegensätze aufgefaßt, oder das Wahlrecht gilt als Ergänzung des Erbrechtes[19]; oder es wird angenommen, das Wahlrecht habe ein als von Anfang an gegeben gedachtes Erbrecht eingeschränkt[20], oder es habe umgekehrt vom Erbrecht her Beschränkungen seiner ursprünglichen Freiheit erfahren[21]. Zu diesen Theorien gilt es zunächst Stellung zu nehmen.

2. Die Vorstellung, daß zwischen Wahl und Erbrecht ein kontradiktorischer Gegensatz, ein Verhältnis gegenseitiger Aus-

---

ordo aus der Ottonenzeit (bei *Schramm* III 320): Sta et retine locum amodo, quem hucusque paterna successione tenuisti, *hereditario jure* tibi delegatum per auctoritatem Dei omnipotentis et praesentem traditionem nostram ... Dazu *Schreuer*, Grundgedanken 143 ff., 154 ff. und *Schramm* III 271 f. Vgl. auch DH. II Nr. 34 für Straßburg, 1003 Jan. 15: ut Deo praeside concors populorum et principum nobis concederetur electio et *hereditaria* in regnum sine aliqua divisione successio. Doch auch diese Stellen weisen nicht zwingend auf ein technisches Erbrecht hin.

[19]) So die meisten Rechtshistoriker; für alle die klassische Formulierung *Brunners*, Grundzüge der deutschen Rechtsgeschichte[6] 15: „Der König wird aus dem königlichen Geschlecht gewählt, indem die Wahl den Mangel einer festen Erbfolgeordnung ersetzt."

[20]) So von Neueren besonders *Werminghoff*, Die Wahl des Staatsoberhauptes in der deutschen Geschichte, Neue Jahrbücher für das klassische Altertum 23, 1920, 420 ff.

[21]) So z. B. *Dietrich Schäfer*, Deutschland als Wahlreich, Preußische Jahrbücher 196, 1924, 227 ff.

schließung bestehe[22], wird man schon aus ganz allgemeinen Erwägungen heraus als unsachgemäß bezeichnen müssen[23]. Das Mittelalter dachte nicht in Gegensätzen. Es gab keine Antithese, die nicht in einer Synthese aufgehoben werden konnte. Diesem Leitsatz entsprechend konnten Wahl und Erbgedanke nur Erscheinungsformen eines *gemeinsamen Grundprinzips* sein, wonach sich in der Bestimmung eines Thronfolgers stets ein *höherer Wille* kundgab. Dieser konnte sich zeigen in der Gewährung einer regierungsfähigen Nachkommenschaft, ebenso aber in der Lenkung der Wahl auf einen zur Führung des Volkes Geeigneten. Die Wahl ist also niemals ein Akt reiner Willkür, sie ist eigentlich niemals ganz „frei" im Sinne einer individuellen Willensbetätigung; sie ist vielmehr ein Akt der Erkenntnis einer sich offenbarenden, objektiv gegebenen Wahrheit. Das alles tritt in christlicher Zeit mit voller Deutlichkeit hervor[24]; aber man wird nicht fehlgehen, wenn man dieselben Grundanschauungen schon für die germanische Zeit als wirksam annimmt; befinden sie sich doch im Einklang mit den allgemein gültig angesehenen Grundlagen gemeingermanischer Rechtsauffassung, wonach jeder Rechtsakt, vor allem das Urteil, Findung einer objektiv vorgegebenen Wahrheit ist.

---

[22]) Zuletzt noch *Aloys Schulte*, Die Kaiser- und Königskrönungen zu Aachen 813 bis 1531, Rhein. Neujahrsblätter, hsg. vom Institut für geschichtl. Landeskunde Bonn III, 1924, 14. Von Älteren hat diese Ansicht besonders vertreten *W. Sickel*, Zum karolingischen Thronrecht, Festschrift für *A. S. Schultze*, Straßburg 1903, 97 ff.; eine Arbeit, deren Materialreichtum und Scharfsinn heute noch bestechen, während ihre begriffslogische Ausrichtung unbefriedigend wirkt, so wenn etwa behauptet wird, eine auf den Erben gerichtete Wahl sei unmöglich gewesen, wer kraft Erbrechts folgte, konnte nicht zugleich kraft Wahlrechts folgen, eine Wahl konnte niemals für, nur gegen den Erben ausfallen usw. Neuere Forschungen, besonders *P. E. Schramms*, haben gezeigt, wie stark das deutsche Recht zur Häufung der Rechtstitel neigte; auch unsere Darstellung wird Beispiele dafür bringen.

[23]) Zum folgenden bes. *Schramm* III 215 ff. Zustimmend *H. Meyer*, Das Wesen des Führertums in der german. Verfassungsgeschichte (1938), 48.

[24]) Es zeigt sich schon ganz klar in der oben Anm. 10 gegebenen Sta-et-retine-Formel und der Urkundenstelle, wo ebenfalls Wahl und Erbgang „Deo praeside" gedacht sind. Byzantinische Parallelen bei *O. Treitinger*, Die byzantinische Kaiser- und Reichsidee 1938, 34 f.: Der göttliche Wille kann aus einer Entscheidung der Wahlberechtigten ebenso sprechen wie aus der Designation durch den regierenden Kaiser oder dem Gottesurteil des Kampfs um die Herrschaft.

Ganz ähnliche Einwände lassen sich gegen diejenigen machen, die das Wahlrecht oder das Erbrecht als etwas von Anfang an Gegebenes postulieren und dann das gegenteilige Prinzip jeweils nur als *Einschränkung* gelten lassen. Auch sie gehen von der Vorstellung aus, daß im Grunde zwei gegensätzliche Prinzipien vorliegen, die dann irgendwie aufeinander eingewirkt haben.

3. Der Wahrheit erheblich näher kommt die Auffassung, daß die beiden Grundsätze sich gegenseitig *ergänzen*, weil sie eben aus einer gemeinsamen Wurzel entspringen. Insbesondere erweist sich die Vorstellung als fruchtbar, daß die Wahl die *notwendige Ergänzung* jeder auf verwandtschaftlichen Beziehungen beruhenden Berufung zur Thronfolge bilden mußte, vor allem auch des Geblütsrechts. Das folgt ja schon aus der Unsicherheit der verwandtschaftlichen Beziehungen im Mittelalter[25]. Stets bedurfte es der näheren Bestimmung, der Konkretisierung für den Einzelfall. Damit ist ein wichtiger Grundbegriff gewonnen: *Jede Wahl ist ihrem Wesen nach Auswahl*[26], *Auslese zwischen verschiedenen Möglichkeiten.* Hierin liegt das Gemeinsame aller Wahlen; so erhält das ältere Thronfolgerecht seine Einheitlichkeit und Geschlossenheit zurück, die ihm schon verloren zu gehen drohten. Die bestehenden Unterschiede verlieren an Bedeutung, sie schrumpfen zu bloßen *Gradunterschieden* zusammen; für den Plan unserer Untersuchung können sie nicht die Grundlage bilden. Denn jetzt ist es klar, daß

a) *keine Wahl im vollsten und eigentlichen Sinne eine freie ist,* da immer eine wenn auch schwache Bindung an einen irgendwie bestimmten Personenkreis besteht,

b) *keine Thronerhebung ohne Wahl geschehen kann;* es gibt keinen völlig frei gewählten, aber auch keinen ungewählten deutschen König.

An diesen Sätzen können auch einzelne Aussprüche von Quellen nichts ändern, aus denen eine weitgehende Freiheit der Wahl zu folgen scheint. Das Höchstmaß stellt die Norm des Sachsen-

---

[25]) Darüber vielleicht am eindrucksvollsten *L. A. Lerche,* Die politische Bedeutung der Eheverbindungen in den bayrischen Herzogshäusern von Arnulf bis Heinrich d. Löwen, Langensalza 1915.

[26]) So neuestens auch *Schramm* III 248; Engl. Königtum (unten A. 101) 141.

spiegels[27] dar, wonach nichts andres erfordert wird, als daß der zum König zu Wählende frei von körperlichen Gebrechen, frei vom geistlichen Banne, frei und makellos von Geburt und unbescholten an seinem Rechte sei. Selbst diese scheinbare Anerkennung eines völlig freien Wahlrechts birgt doch eine gewisse Beschränkung der passiven Wahlfähigkeit in sich, und diese verstärkt sich noch, wenn man bedenkt, daß das Rechtsbuch offenbar nur eine Reihe von Mindesterfordernissen aufstellen wollte, ohne damit weitere ausschließen zu wollen; überblickt man die Stellung des Königs im ganzen, die ihm der Sachsenspiegel zuweist, insbesondere an der Spitze der Heerschildordnung, der Gerichtsbarkeit, des Reichsheeres, so wird man es für ganz ausgeschlossen erachten müssen, daß ein andrer als ein Hochfreier für ihre Bekleidung in Frage kommen sollte[28]. Ähnlich steht es mit einer andern, oft für das ganz freie Wahlrecht angeführten Stelle, der bekannten Äußerung Ottos v. Freising anläßlich der Wahl Friedrich Barbarossas[29]: auch hier wird man auf die Verhältnisse Rücksicht zu nehmen haben, die zur Aufstellung dieser Theorie Anlaß gegeben haben mögen, und wird allzu weitgehende Verallgemeinerungen besser vermeiden[30]. Gleiches gilt

[27]) SLdR. III 54 § 3: Lamen man unde miselsuchtigen man noch den, der in des pâbeses ban mit rechte comen is, den ne mût man nicht zu kuninge kiesen. Der kuning sol sîn vrî unde echt geborn, sô daz her sîn recht behalden habe.

[28]) *Ficker*, Rfst. II 1, 33 f. Man sollte m. E. mehr darauf Rücksicht nehmen, daß der Ssp. überwiegend das Recht der ritterlichen Klassen darstellt, jedenfalls aber für Leser aus diesem Kreis berechnet ist. Vgl. v. *Amira* ZG. 27, 393. *W. Merk* in „Die großen Deutschen" I (1936) 163.

[29]) Gesta Friderici imperatoris II, 1 (Kr. 27): Nam id iuris Romani imperii apex, videlicet non per sanguinis propaginem descendere, sed per principum electionem reges creare, sibi tamquam ex singulari vendicat prerogativa. Darüber *Schramm* ZK. 56, 256 und König v. Frankreich 108.

[30]) Die Ansichten über die Bedeutung der Stelle gehen weit auseinander. Sie schwanken zwischen höchst grundsätzlicher Wertung (so z. B. *Krammer*, Kurfürstenkolleg 8: Niederschlag eines in der Wahlversammlung gefundenen Weistums!) und fast völliger Abwertung als Äußerung des schlechten Gewissens über die Zurücksetzung des Königssohns (so *Lindner*, Königswahlen 58). *Schramm* a. a. O. legt Gewicht auf den Gegensatz zu Frankreich, wo Otto seine Ausbildung erfahren hatte; dann läge eine Entsprechung zu der bekannten Stelle über das Erstgeburtsrecht Gesta II 48, vor; wie dort, so scheint Otto die französische Entwicklung vorausgeahnt zu haben, vgl. LSt. 230. – Ich möchte aber noch auf eine bisher nicht verwertete Erklärungs-

aber auch für die Wahlen in der Zeit des Investiturstreits. So folgenschwer es uns erscheinen mag, daß es damals kirchlich gesinnten Kreisen gelang, der legitimen Dynastie in relativ freier Wahl erkorene Gegenkönige entgegenzustellen, so berechtigt doch nichts zu dem Schlusse, damals habe sich eine grundstürzende Wandlung des Königswahlrechts vollzogen; für den wirklichen Geschichtsverlauf ist es vielmehr entscheidend geworden, daß es den Staufern glückte, die Nachwirkungen des Investiturstreits weitgehend einzuschränken und hier wie in manchen anderen Punkten zu den älteren Verfassungsgrundsätzen zurückzukehren[31]. Immerhin schuf natürlich auch schon

möglichkeit hinweisen. An einer Stelle seiner Chronica (VII 26 zu 1143, ed. *Hofmeister* 1912) wirft Otto dem Herzog Welf II. vor, er habe zu Unrecht das bayrische Herzogtum für erblich erklärt: Guelfo enim princeps praefatum ducatum se jure haereditatis contigisse calumpnians armata manu . . . Baioariam ingreditur. Vielleicht wollte er an weithin sichtbarer Stelle die Nicht-Erblichkeit des Königtums als Grundsatz aussprechen, um auch die Erbansprüche der Territorialherren als rechtswidrig hinstellen zu können! Man denke im Zusammenhang damit an die Behandlung der Erbfrage im Privilegium minus (*Zeumer*, Quellens.[2] Nr. 11), das ja gerade bewußt keine Thronfolgeordnung gibt, sondern nur die Erbfolge nach dem gesamtbelehnten Herzogspaar regelt; und nicht einmal das erwähnt Otto in seinem Bericht über den Regensburger Tag (Gesta II 55)! Es liegt ein erster Fall des vertragsmäßigen Leihezwangs (auf Einräumung eines „benannten Gedinges", LSt. 648) vor, und ein zweiter ergibt sich aus der sog. Georgenberger Handfeste von 1186 (bei *Schwind-Dopsch*, Ausgew. Urkunden zur Verfassungsgeschichte der deutsch-österreichischen Erblande Nr. 13). In dem jus affectandi steckt das Versprechen *reichsrechtlicher* Anerkennung einer nach *Landesrecht* (etwa durch donatio mortis causa) geregelten Nachfolge. Die Akte von 1156 und 1186 verhalten sich derart zueinander, daß wir 1156 nur die reichsrechtliche, 1186 nur die landesrechtliche Seite sehen. Vgl. jetzt auch *K. Rauch*, Die Übertragung der steirischen Allode an das österreichische Herzogsgeschlecht der Babenberger, ZK. 58, 452 und *H. Hirsch*, Das Recht der Königserhebung durch Kaiser und Papst im hohen Mittelalter, Festschr. E. Heymann I, 1940, 223.

31) Man darf daher die Ereignisse von 1077 und 1081 bei aller Anerkennung ihrer symptomatischen Bedeutung nicht überbewerten. Der Satz *Maurenbrechers* (Königswahlen 133): „Sie (die Fürsten) verkünden die Freiheit der Königswahl als einen Grundsatz der deutschen Verfassung", gegen den schon *Lindner* (Königswahlen 47) Einspruch erhob, hat doch vielfach nachgewirkt, so z. B. bei *v. Amira*, Grundriß des germ. Rechts[3] 1913, 153. Wie die Rolle der Gegenkönige von den Zeitgenossen selbst eingeschätzt wurde, zeigen am besten die Berichte, die voll Genugtuung ihren schmählichen Untergang melden, vgl. *Meyer v. Knonau*, Jahrbücher Heinrichs IV. III, 340.

die Betonung einer *relativen* Wahlfreiheit dem Deutschen Reiche große Schwierigkeiten; sie verhinderte, daß das Königtum schließlich doch erblich wurde, wie es in Frankreich geschah[32]. Im Deutschen Reiche wurde umgekehrt das aktive Wahlrecht bei den weltlichen Kurfürsten vererblich, und es entstanden die merkwürdigsten Unstimmigkeiten zwischen der aktiven und der passiven Wahlfähigkeit, indem die erste an viel strengere Voraussetzungen gebunden wurde als die zweite[33]. Bei den geistlichen Kurfürsten aber wirkte die Standestradition ähnlich wie bei den weltlichen die Erblichkeit.

II. Nachdem so das Feld bereinigt ist, kommt es darauf an, die Grundnorm zu bestimmen, nach der sich altem Herkommen gemäß der Kreis der Wählbaren bemaß. Sie liegt in dem bereits wiederholt erwähnten *Geblütsrecht*[34]. Bei diesem bedürfen zwei Punkte genauerer Erörterung: einmal die Rechtswirkungen, die es erzeugte, und zum zweiten die tatsächlichen Grundlagen, auf denen es ruhte.

1. Für die germanische Zeit steht fest, daß es einen regelmäßig beachteten *Vorrang eines Geschlechtes* oder bestimmter Geschlechter aus dem Kreise des Geburtsadels bei der Thronbesetzung

---

[32]) Der Unterschied ist schon so oft beobachtet worden, daß es keiner weiteren Ausführung bedarf. Den 9 französischen Königen stehen im gleichen Zeitraum 23 deutsche gegenüber (*D. Schäfer*). Vgl. noch E. *Maschke*, Die deutschen Königsgeschlechter des Ma. als Schicksalskräfte unserer Geschichte, Z. f. dtsch. Geisteswiss. 6, 1943, 1 ff. Meist wird die Stetigkeit der Dynastie in Frankreich als Grund angegeben, die aber keineswegs reiner Zufall ist, sondern auf rücksichtsloser Heiratspolitik beruht, wozu die Kirche ganz anders als in Deutschland Hilfsstellung leistete.

[33]) So galt nur für die Wähler, nicht für den Gewählten das Erfordernis deutscher Nationalität (SLdR. III 52 § 1, 57 § 2). Ja der Ausländer mochte sich besonders empfehlen, weil er nicht im Reichslehnsverband stand, *Ficker* Rfst. II, 1, 26. Gegen Ottokar v. Böhmen (als Thronwerber, nicht als Kurfürsten!) scheint man gelegentlich seine Nationalität eingewendet zu haben, *Philipps*, Königswahl 131. *Hugelmann* M. 36, 417. HJb. 31, 472[159].

[34]) Die Literatur bis 1911 bei *Krüger*, Grundsätze; später vor allem *Kern*, Gottesgnadentum und Widerstandsrecht im früheren Mittelalter (1914) 14 ff., 296 ff. *G. v. Below*, Der deutsche Staat des MA.[2] 1925, 179 f. *W. Berges*, Die Fürstenspiegel des hohen und späteren Mittelalters (Schriften des Reichsinstituts für ältere deutsche Geschichtskunde 2, 1938) 15 f. *Schramm*, König v. Frankreich 71 f. *Mitteis*, Die germanischen Grundlagen des französischen Rechts, ZG. 63, 1943, 206.

gab[35]. Wo überhaupt ein Königtum zur Anerkennung gelangte, da bildete sich auch eine Königssippe, stirps regia, küneges künne[36]. Ihre Stellung hängt mit dem germanischen Glauben an übernatürliche, geheimnisvolle Kräfte und Begabungen einzelner Geschlechter von legendarischer Herkunft zusammen, an ihre schon in der äußeren Erscheinung wahrzunehmende götternahe Stellung[37]. Wie stark diese Vorstellungen noch in die Auseinandersetzungen zwischen Merowingern und Karolingern, zwischen Karolingern und Kapetingern hineingespielt haben, braucht nicht näher ausgeführt zu werden[38]. Aber um so stärker bedarf es der Hervorhebung, daß dieses Geblütsrecht *niemals als subjektives Recht*, als durchsetzbarer Anspruch, als jus ad rem[39] oder Näherrecht aufgefaßt werden darf, weder des Geschlechtes noch gar irgend einer bestimmten zu ihm gehörenden Person[40]. Es kam wohl vor, daß gelegentlich bei Thronstreitigkeiten eine Berufung auf verwandtschaftliche Zusammenhänge von seiten einer Partei erhoben wurde[41]. Aber es fehlte an dem Forum, vor dem und an der Form, in der solche

---

[35]) Für alle: *Schroeder- v. Künßberg* DRG.[7] 26 ff. mit weiteren Angaben.

[36]) Der nibelunge nôt ed. *Lachmann* 355, 3.

[37]) *Amira*, Grundriß des germ. Rechts[3] 150 ff. *Kern*, Gottesgnadentum 20 f. *Schramm*, König v. Frankreich 172 ff. *Groenbech*, Kultur und Religion der Germanen. Deutsche Ausg. 1937, I 105 f. *H. Naumann*, Altdeutsches Volkskönigtum 1941, 20 ff. *H. Meyer*, Wesen des Führertums 38.

[38]) Dazu *Kern* 24 ff. *Hans v. Schubert*, Geschichte der christl. Kirche im Frühmittelalter (1921) 313 ff. *Derselbe*, Der Kampf zwischen geistlichem und weltlichem Recht (Heidelberger SB. 1926) 16 ff.

[39]) So *Kern* a. a. O. 18, *Krüger*, Grundsätze 14[21], nach *J. Harttung*, Die Thronfolge im Deutschen Reich bis zur Mitte des 11. Jhdts., Forschungen zur D. Gesch. 18, 131. Bei *Waitz-Seeliger* DVG. findet sich der Ausdruck nicht; gegen seine durch die Quellen nicht gestützte Verwendung vor dem 13. Jahrhundert bestehen auch methodische Bedenken; vgl. unten A. 579.

[40]) So durchaus zutreffend *v. Schwerin* bei *Brunner*, Deutsche Rechtsgeschichte II[2] 29 Anm. Gute Bemerkungen auch in dem vergessenen Aufsatz von *J. Held*, Staatsrecht und Thronfolge, Zschr. f. dtsch. Staatsrecht und Verfassungsgesch., hsg. von *Aegidi* I, 1867, 77 f.

[41]) So seitens Eberhards nach Konrad I. nach den Casus Sti. Galli, ebenso Arnulfs v. Bayern, *Krüger*, Grundsätze 35, 42. Aber andrerseits nimmt Otto I. in DO. I, 1 ausdrücklich darauf Rücksicht, daß ein anderer aus anderem Geschlecht vom Volke gewählt werden könnte, *Waitz-Seeliger* DVG. VI[2] 164[2].

Ansprüche hätten geltend gemacht werden können. Wohl aber läßt sich ein *Satz des objektiven Rechtes* feststellen, des Inhalts, *daß vom Königsgeschlecht ohne zwingende Not nicht abgegangen werden sollte.* Das war nicht etwa bloß moralische Bindung, dauernder Gebrauch und ständig geübte Gewohnheit, sondern echtes objektives Recht, getragen von der Gewißheit, daß es so sein müsse; seine Grundlage ist der *Grundsatz des folgerechten Handelns,* der als ein Grundpfeiler des ganzen germanischen Rechtes angesehen werden muß, als ein Leitgedanke, an den das Volk sich selbst und jeden einzelnen unlösbar gebunden fühlte. Auch in anderen Rechten ist er nachweisbar[42]; aber je naturnäher und ungebrochener in seinem Fühlen ein Volk noch ist, um so stärker wird sich in seinem rechtlichen Denken die Abneigung gegen widerspruchsvolles Handeln, der Zwang zum Einhalten der einmal eingeschlagenen Richtung geltend machen. Auf diesem letzten Grunde ruht vielleicht die germanische Rechtssymbolik, die Formensprache und Plastik des Rechtes, das Vertrauen in äußere Tatbestände, die Wirkung des Rechtsscheins — alles Mittel, durch die ein widerspruchsfreies Handeln sichergestellt werden soll, wobei in ältester Zeit der Gedanke einer magischen Bindung im Spiele gewesen sein mag. Aber ein subjektives Recht des Einzelnen braucht daraus nicht hergeleitet zu werden, seine Stellung war durch die Teilhabe am objektiven Recht genügend gesichert. So handelt es sich auch beim Geblütsrecht nur um eine *objektive Auslesenorm* unverbrüchlichen Charakters, um eine Regel für die Ausübung des aktiven Wahlrechts, nicht um die Begründung subjektiver Wahlansprüche.

Es bestätigt sich also, daß ein *Thronerhebungsakt* im System des Geblütsrechts *stets unentbehrlich* war. Erst durch ihn konnte sich die in der objektiven Auslesenorm liegende Aussicht zum Thron zu gelangen zu einem festen Recht verdichten. Vorher war überhaupt nichts rechtlich Faßbares vorhanden. Hierin liegt ein wesentlicher Unterschied des Geblütsrechtes vom Erbrecht. Geblütsrecht und Erbrecht sind aber auch verschiedener Herkunft; stammt das Erbrecht seinem Ursprung

[42]) Vgl. *Erwin Riezler,* Venire contra factum proprium, 1912.

nach aus der *Hausgemeinschaft*, so geht das Geblütsrecht auf die *Sippenverfassung* zurück. Es liegt also eine Entsprechung zu dem Verhältnis vor, das nach der Lehre *Alfred Schultzes*[43] zwischen dem Erbenwarterecht und dem Beispruchsrecht der Sippe besteht; genau wie dieses kein „jüngeres" Wartrecht, keine Abschwächung des Wartrechts, so stellt auch das Geblütsrecht *keine Abspaltung des Erbrechts* dar. Vom Erbrecht führt kein Weg zum Geblütsrecht; beide Institute liegen auf verschiedenen Ebenen. Damit hängt ein Weiteres zusammen: Wie sich überhaupt die Hausverfassung immer mehr gegenüber der Sippe durchsetzte, so mußte auch die Lockerung des Sippebandes in fränkischer Zeit das Geblütsrecht zugunsten des dynastischen Erbrechts in den Hintergrund treten lassen. Aber *Gierkes* Erklärung[44] dafür, das Geblütsrecht habe sich zum Erbrecht „gesteigert", stößt auf Bedenken. Sie betont allzu sehr den Charakter als *subjektives* Recht, der, wie bereits gezeigt, dem Geblütsrecht fehlte. Stellt man sich auf den Standpunkt des *objektiven*, im Volksbewußtsein wurzelnden Rechtes, so mußte das Erbrecht eher als eine *Abschwächung*, eine Verkürzung der dem Volke verbliebenen Auslesemöglichkeit erscheinen. Aber das Erbrecht siegte nicht vollständig. Daher blieb das fränkische Thronerbrecht von dem, was wir heute unter Erbrecht verstehen, sehr weit entfernt. Unterschied es sich doch in höchst bezeichnender Weise von den für die Franken schlechthin geltenden Erbnormen[45]; und man kann diese Abweichungen keinesfalls etwa auf ein in der Bildung begriffenes „Privatfürstenrecht" zurückführen[46]. Vielmehr stellen sie sich dem Rechtshistoriker dar als *Restbestände geblütsrechtlicher Gestaltungen innerhalb des Erbrechtes*. So z. B. die bekannte Berücksichtigung der unehelichen Merowinger, ferner und ganz besonders aber das Zurückdrängen der Nachkommen vorverstorbener Erbanwärter,

---

[43]) Augustin und der Seelteil des germanischen Erbrechts, Leipzig 1928 (Abh. d. Sächs. Ak. d. Wiss. Phil.-hist. Klasse IV), 212. Seither allgemein angenommen.

[44]) Im Nachwort zu *Krüger*, Grundsätze S. 143.

[45]) So schon *W. Sickel*, Gött. Gel. Anz. 1889, 952, und ihm folgend *L. Schücking*, der Regierungsantritt, 1899, 119 ff.

[46]) So *Schücking* a. a. O.

denen ihr Eintrittsrecht in der ganzen Merowinger-, ja noch in der Karolingerzeit und darüber hinaus von den Seitenverwandten heftig bestritten wurde[47]. *Der Kampf um das Eintrittsrecht ist geradezu ein Kampf zwischen Erb- und Geblütsrecht.* Endlich gehören hierher noch die Fälle, in denen Merowinger, die nach allgemeinem Erbrecht gar keinen Rechtsanspruch hatten, ihre Rechte auf den Thron geltend zu machen versuchten[48]. Auch die Adligen der ausgehenden Merowingerzeit, selbst die Hausmeier ließen sich bei der Einsetzung eines neuen Königs von geblütsrechtlichen Grundsätzen leiten[49]. Nicht einmal im *karolingischen* Thronrecht ist der reine Erbgedanke zum Durchbruch gelangt, ebensowenig jedoch das reine Wahlrecht[50]. Wo Erbgang vorzuliegen scheint, bildet in der Regel eine Designation den wahren Titel, und von einer freien Volkswahl kann überhaupt nicht die Rede sein; wenn überhaupt Wahlen vorkommen, so haben sie eine viel beschränktere Bedeutung; sie bezwecken entweder, einen aus anderem Grunde Berufenen zu bestätigen oder einen möglichen Anwärter von der Thronfolge auszuschließen[51]. So ergibt sich uns die notwendige Folgerung, daß auch noch die karolingische Zeit eine vom Geblütsrecht her bestimmte Thronfolgeordnung kannte. In ihren Kreis gehört auch die vielbesprochene *Wahl Arnulfs von Kärnten*[52], die erste, die von den späteren deutschen Hauptstämmen vollzogen wurde, aber noch keinen deutschen, sondern einen ostfränkischen König schuf; sie diente dazu, die nach Geblütsrecht gegebene, nach dem legitimen Erbrecht nicht unanfechtbare Herrschaft Arnulfs fester zu begründen.

So ergibt sich uns: Nicht einmal das fränkische Recht hatte das Erbprinzip folgerecht durchgeführt. Ein weiterer Punkt,

---

47) Näheres bei *H. Mitteis*, Der Vertrag von Verdun im Rahmen der karolingischen Verfassungspolitik, in *Th. Mayer*, Der Vertrag von Verdun, 1943, 77 ff.

48) *Schücking* a. a. O. 123.

49) *Schücking* a. a. O. 166.

50) Vgl. jetzt *J. Dhont*, Election et hérédité sous les Carolingiens et les premiers Capétiens, Rev. belge de philologie et d'histoire 1939, 918 ff. Über die ältere Arbeit von *W. Sickel*, Zum karolingischen Thronrecht s. oben A. 22.

51) *Brunner- v. Schwerin*, D. RG. II² 39. *Mitteis* a. a. O. 71.

52) Näheres und Schrifttum bei *Mitteis* a. a. O. 81 f.

in dem sich ein grundlegender Unterschied zwischen Erb- und Thronrecht zeigte, ist folgender: Keinesfalls setzte sich beim Thronwechsel der sofortige Eintritt des Erben in die Rechte des Nachlasses durch, der Satz „Der Tote erbt den Lebendigen" gilt noch im Mittelalter für das Thronfolgerecht *nicht*. Stets muß die Herrschaft ergriffen werden. Hier liegt wieder die noch an anderen Stellen zu beobachtende[53] Entsprechung zwischen Thron- und Lehnrecht vor. Im Lehnrecht[54] ging ja nicht einmal die Gewere des Gutes ohne weiteres auf den Lehnfolger über; es bedurfte stets neuer Verleihung, zu der der Herr allerdings später gezwungen sein konnte, wenn kein triftiger Grund entgegenstand. In Frankreich ist sogar durch die Zahlung einer Erbgebühr (rachat, relief) die Erinnerung an den früheren Mannfall besonders sinnfällig aufrechterhalten worden. In demselben Frankreich ist aber wiederum bei der Thronfolge am ehesten das grundsätzliche Erbrecht anerkannt worden[55]; dorther stammt der Satz „Le roi est mort, vive le roi", der sprechendste Ausdruck des Legitimitätsgedankens, dessen allgemeine Anerkennung erst die dem hohen Mittelalter unbekannten Erbfolgekriege entstehen ließ[56]. In Deutschland kam es umgekehrt zu einer vollen Vererbung der Lehnsgewere, aber auf das Thronrecht des Reiches hatte das keine rechtliche Wirkung. Bis 1806 blieb das Wahlprinzip Verfassungsgrundsatz des Reiches. Die Verdrängung des Geblütsrechts durch das Erbrecht gelang noch weniger als in der fränkischen Zeit. Ein deutsches Erbkönigtum hat es nicht gegeben; das Deutsche Reich war niemals ein Erbreich im eigentlichen Sinne. Die früher aufgeworfene Frage, ob man im Deutschland des Mittelalters von einer Erblichkeit des Thrones sprechen dürfe, ist also zu verneinen.

2. Eine andre Beobachtungsreihe betrifft die *tatsächlichen Grundlagen des Geblütsrechts*. Es scheinen sich da zwischen der germa-

---

[53]) Vgl. LSt. 651.

[54]) Zum Folgenden LSt. 643 f.

[55]) *E. Chénon*, Histoire générale du droit français public et privé I 571, 813; II (ed. *Olivier-Martin*) 337, wo weitere franz. Literatur. *Schreuer*, Grundgedanken 29 ff. *Holtzmann*, Franz. Verfassungsgeschichte 309.

[56]) *Kern*, Gottesgnadentum 48.

nischen Zeit und dem Mittelalter Wandlungen vollzogen zu haben, deren Nichtbeachtung leicht dazu führen kann, daß unter Geblütsrecht etwas ganz Verschiedenes verstanden wird. Die stirps regia der germanischen Zeit setzt offenbar die Geltung der sog. „festen", streng agnatischen Sippe, aber auch die Möglichkeit und Zulässigkeit endogamer Heiraten voraus; im Grunde wäre die Geschwisterehe der Idealfall, die aber wohl nicht gemeingermanisch ist[57]. Mit dem Einbruch der weiblichen Verwandtschaft in die Sippenverfassung, mit dem stärkeren Auftreten kirchlicher Einflüsse mußte eine Veränderung im Begriffe des Geblütsrechts vor sich gehen. Vielleicht ist sogar der Kampf der Kirche für das freie Wahlrecht zum Teil — neben anderen Motiven — auch ein Kampf gegen das in heidnischen Vorstellungen wurzelnde ältere Geblütsrecht gewesen[58]. Vor allem mußte es durch die kanonischen *Ehehindernisse* in seinen Grundlagen betroffen werden. Eine einzige stirps regia im Rechtssinne konnte es jetzt schwerlich mehr geben[59]. Eher könnte man von einem *Geblütsrecht neueren Stils* in dem Sinne sprechen, daß die Verwandtschaft der zur Thronfolge ausersehenen mit der vorhergehenden Dynastie ein erheblicher Faktor der Auslese war.

---

[57]) *Brunner*, Deutsche RG. I² 90, II² (*v. Schwerin*) 857; *Rietschel* bei *Hoops*, Reallexikon der germanischen Altertumskunde IV 417 unter „Verwandtenehe"; *Mogk* ebenda 482 unter „Wanen". *Köstler* ZG. 63, 1943, 109.

[58]) Bezeichnend ist, wie die kirchlich inspirierte Narratio de electione Lotharii (Kr. I 21) den Versuch Friedrichs von Schwaben, sich auf den Geblütsvorzug zu berufen, geradezu als rechtswidrigen Angriff gegen das freie Wahlrecht auffaßt. – Natürlich war der Kampf lange unentschieden, man denkt unwillkürlich an die Zeit, wo in der Ornamentik christliche und heidnische Motive durcheinandergehen, wie im schwäbischen Hirsau und im kärtnerischen Millstatt.

[59]) Der Versuch, die Karolinger als solche zu erweisen, den bekanntlich *v. Dungern* unternommen hat, Thronfolgerecht und Blutsverwandtschaft der deutschen Kaiserzeit seit Karl d. Gr.,² 1910, ist nicht voll geglückt; seine weiteren einschlägigen Schriften siehe DW. Nr. 7023. Gegen ihn spricht entscheidend, daß man in Deutschland und Frankreich, dort 1039, hier 1137, den reditus ad stirpem Caroli gefeiert hat, ohne gegen die Regierungsakte der „interreges" Bedenken zu hegen. Vgl. *Hugelmann* M. 36, 419. *Kern*, Gottesgnadentum 30 [59]. W. *Kienast*, Deutschland und Frankreich in der Kaiserzeit 1943, 127 f. Die tatsächlichen Verhältnisse veranschaulicht die Tafel bei *Fried. Schneider*, Kaiser Heinrich VII., 1928. Aber selbst wenn tatsächliche Beziehungen zu den Karolingern bestanden, so ist erst noch die Frage, ob sie rechtlich gewertet wurden.

Dem Nichtverwandten „fehlte das vierte Rad am Wagen" (Thietmar 4, 52). Dies galt nach v. *Dungern* ja sogar für die Gegenkönige Heinrichs IV. und Friedrichs II., wobei allerdings zuzugeben ist, daß im Investiturstreit die Gefügigkeit der Kirche gegenüber ein stärkeres Auslesemotiv war als irgendwelche Bande des Blutes[60]. Es entsteht so die Vorstellung *einer Gruppe königsmäßiger Geschlechter*, die aber nicht mehr auf der Grundlage der Abstammung ruht; galten doch Frauen aus dem eigenen Stamm eigentlich nicht mehr als ebenbürtig[61]. Der neue Begriff des Geblütsrechts ist nicht mehr von der Gleich*art*igkeit, sondern von der Gleich*wert*igkeit des Blutes her geprägt, von einer Ebenburt, die nur noch zwischen gekrönten Geschlechtern besteht; nicht mehr physische, sondern politische Werturteile geben den Ausschlag. Daher jetzt die Werbungen um ausländische, vornehmlich kaiserliche, d. h. byzantinische Prinzessinnen[62]. All dies bedarf noch genauester Einzeluntersuchung mit allen Mitteln der Genealogie, zu der hier nur angeregt werden kann. Ferner wäre die Frage zu prüfen, inwieweit im Rahmen des Geblütsrechts die persönliche Eignung zum Königsamt, zu der im weiteren Sinne auch das Vorhandensein von Kindern[63] ge-

---

[60]) Vgl. *v. Dungern* a. a. O. 86 f.; für Rudolf v. Rheinfelden auch schon *Waitz-Seeliger* DVG. VI² 169; zweifelnd u. a. *R. Holtzmann*, H. Z. 160, 564 und *Heimpel*, Kaiser Friedrich Barbarossa und der Wandel seiner Zeit, Straßb. Univ.-Reden 5, 1942, 6.

[61]) Vgl. bes. *Brandi*, Deutschland als Wahlreich, HZ. 1921, auch separat als Göttinger Universitätsrede; *Kern* a. a. O. 33 ff.; *Krüger*, Grundsätze 16, 84, 120, wo auch über die fehlgeschlagenen byzantinischen Werbungen berichtet wird; *Kirchner*, Die deutschen Kaiserinnen in der Zeit von Konrad I. bis Lothar v. Supplinburg, 1910; *Kowalski*, Die deutschen Königinnen und Kaiserinnen von Konrad III. bis zum Ende des Interregnums, 1913. Wo eine Frau aus dem deutschen Adel stammte, ließ sich das Ehehindernis der Verwandtschaft nur allzu leicht konstruieren, so bei Kunigunde, Gisela, Adelheid v. Vohburg, den Gemahlinnen Heinrichs II., Konrads II., Friedrichs I.; ob es zur Ehevernichtung kam, ist hier belanglos; über den letzten Fall vgl. *Rundnagel* in Festg. f. R. Holtzmann, 1933, 145 ff.

[62]) Nach byzantinischer Auffassung überträgt sich die Göttlichkeit des Kaisers mystisch durch das Blut, *Treitinger* a. a. O. 62; *E. Winter*, Reich, Imperium und Byzanz, Zschr. f. dtsch. Geisteswiss. 5, 1942, 152.

[63]) Zum folgenden bes. *Krüger*, Grundsätze 19 ff., 117; *Scheffer-Boichorst*, Ges. Schriften II 384; *Hampe-Baethgen*, Kaisergeschichte 177; *Perels*, Erbreichsplan 61; *Güterbock* HVjschr. 1935, 536. Bezeichnenderweise scheint aber Lothar III. gewählt

rechnet wurde, eine Rolle spielte. Sicher hat die Kirche, ihrer Auffassung vom Amtscharakter des Königtums folgend, auf die persönliche Eignung großen Wert gelegt; das beweist schon ihre Stellung zu minderjährigen Thronanwärtern[64]. Aber sie hätte sich niemals durchsetzen können, wenn nicht Ansätze zu derartigem Denken auch schon in germanischer Zeit gegeben gewesen wären[65].

III. Am engsten ist die Auslese begrenzt im Falle der *Sohnesfolge*. Ist es richtig, daß jede Thronerhebung nicht der Einzelperson, sondern dem ganzen Geschlechte gilt[66], so konnte die Wahl des Vaters eine Aussicht auf Folge erst recht dem Sohn eröffnen, in dem ja durch eine im obigen Sinne ebenbürtige Ehe das königliche Blut noch gebessert war. Aber auch in diesem Falle wird man sich davor hüten müssen, einen festen Erbanspruch oder gar ein Erstgeburtsrecht anzunehmen. Auch bei Sohnesfolge ist die Wahl nicht etwa schlechthin nur die Form, in der sich der Erbgedanke verwirklicht. Vielmehr gibt wieder nur das Geblütsrecht eine Auslesenorm im objektiven Sinne, eine reine Sollensnorm ohne Haftung im Einzelfalle[67]. Stets be-

---

worden zu sein, gerade weil er *keinen* Sohn hatte, und Rudolf v. Rheinfelden wurde juristisch in die gleiche Lage versetzt, indem er auf jede Designation verzichten mußte.

[64]) *Kern*, Gottesgnadentum 43, 57, 60. Man sollte aber daran denken, daß die Anerkennung eines unmündigen Königs umgekehrt wieder im Interesse der Fürsten lag, und es würde sich wohl beobachten lassen, wie die geistlichen Fürsten immer mehr vom streng kirchlichen auf den ständisch-weltlichen Standpunkt übergehen, weil gerade während der Regierung eines Minderjährigen ihr Weizen blühte; im späteren Ständestaat ist dann die Vormundschaftsregierung ein Hauptfaktor des ständischen Einflusses. Es ist einer der größten Mängel der Reichsverfassung, daß der minderjährige König wie in fränkischer Zeit (*Brunner-v. Schwerin* DRG. II ² 41 ff., wo weitere Lit.) als selbstregierend galt und so die Ausbildung fester Rechtsnormen für die Regentschaft unterblieb, so daß sich stets nur eine de-facto-Regentschaft bilden konnte, die dann das Kampfobjekt zwischen der Königin-Mutter und dem geistlichen und weltlichen Adel abgab.

[65]) Darüber einiges bei *Kern* a. a. O. Anm. 26 mit Hinweisen auf Beowulf, vgl. auch schon *Waitz*, D. Verf. gesch. I ³ 320 f., *Berges* a. a. O. 15 f.

[66]) So schon *Waitz*, D. Verf. Gesch. I³ 140.

[67]) Von solchen unsanktionierten Normen, denen auch keine subjektive Berechtigung entspricht, die also nur auf dem Pflichtgedanken und Gemeinschaftsgefühl ruhen, ist das Mittelalter erfüllt. Sie entsprechen dem allgemeinen Bau der Verfassung.

darf es zum Übergang der Herrschaft vom Vater auf den Sohn einer Rechtshandlung des Vaters, die schon unter Lebenden vollzogen wird. Nur insofern wirkt der Erbgedanke ein, als es dem Vater besonders bei Sohnesfolge zukommt, diese Rechtshandlung unter Lebenden zu vollziehen, einen *bindenden Wahlvorschlag* zu erstatten, der dann angenommen werden und die ganze Thronerhebung in die Wege leiten soll.

1. Der technische Ausdruck für diesen Wahlvorschlag – im weiteren Sinne für den ganzen Erhebungsvorgang – ist *Designation*. Unter diesem Worte sind nun allerdings im Schrifttum die verschiedensten Vorgänge verstanden worden. Wer jeden Vorschlag eines Nachfolgers durch seinen Vorgänger so nennen will, kann auch darin eine „Designation" sehen, daß Konrad I. den Sachsenherzog Heinrich durch Übersendung der Reichsinsignien zu seinem Nachfolger bestimmte[68]; ähnlich soll Heinrich II. seinen Nachfolger Konrad II.[69], auch Friedrich I. Heinrich den Löwen für den Fall seines Todes „designiert" haben (1159)[70]. Diese Fälle, wo die Grenze zur bloßen Empfehlung kaum zu ziehen ist, scheiden im folgenden aus. Wir gebrauchen den Begriff von jetzt an nur noch für die Bestimmung eines Nachfolgers, regelmäßig eines Sohnes, die zu seiner Wahl *noch zu Lebzeiten des Vorgängers* führt. Die unbedingte Notwendigkeit, gerade einen *Sohn* zu designieren, besteht nicht; die Designation kann umgekehrt gerade zur Ausschließung eines Sohnes führen (so im Falle Konrads III.), ohne daß dem Übergangenen dann irgend ein Anfechtungsrecht zustünde. Auch ist die Designation nicht etwa nur einem Kaiser gestattet; daß der Kaisersohn „römischer" König wird, ist der Normalfall, aber nicht rechtsnotwendig[71].

---

[68]) Widukind, Res gestae Saxonicae ed. *Kehr* I 25. Der Überbringer Eberhard erscheint dabei in der Stellung eines Treuhänders.

[69]) Nicht unbestritten; vgl. *Krüger*, Grundsätze 107 m. Lit.

[70]) *Hans Haimar Jacobs*, Heinrich der Löwe (1933) 18; *H. Mau*, Heinrich der Löwe (1943) 37.

[71]) So richtig *F. Becker*, Das Königtum der Thronfolger im Deutschen Reich des Mittelalters, QuSt. V, 3, 1913, 115 gegen die herrschende Meinung. Nur so erklären sich die Designationen Heinrichs I. und Konrads III. Wegen Friedrich II. (1220) vgl. unten Kap. 5 I 3. Vielleicht machten die Kaiser ihre Söhne deswegen zu römi-

2. Bei der Designation im engeren Sinne können wieder zwei Formen unterschieden werden: Entweder soll die königliche Gewalt erst nach dem Tode des Vaters wirksam werden (designatio de futuro könnte man sie in Angleichung an den kanonistischen Ausdruck sponsalia de futuro nennen) oder sofort (designatio de praesenti), dann ist sie Erhebung, Bescheidung zum Mitregenten[72]. Der Unterschied darf aber nicht überschätzt werden. Praktisch ist er nahezu bedeutungslos, weil auch dem pro futuro Designierten Regierungsrechte übertragen werden konnten und die Abgrenzung der Zuständigkeit in beiden Fällen Sache des Vaters war; die Designation schuf nur den Rahmen für die im Einzelfalle zu bestimmende Tätigkeit des Sohnes, sie trug Blankettcharakter. Die Betrauung des Sohnes kann sogar bis zu einer Art von Unterkönigtum gehen, wie im Falle Heinrichs (VII.). Rechtlich ist der Unterschied ebenfalls gering; in beiden Fällen wird eine Gewere begründet, nur daß sie de futuro eine anwartschaftliche, potentielle, de praesenti eine gegenwärtige, aktuelle, aber doch gesamthänderisch gebundene ist. In beiden Fällen tritt mit dem Tode des Vaters Erstarkung ein, im ersten zum Voll-, im zweiten zum Alleinrecht. Beidemale vollzieht sich eine Anwachsung; es besteht nur ein Gradunterschied[73]. Ein Erbrecht im eigentlichen Sinne liegt auch hier nicht vor. Das Thronrecht ist sozusagen auf der erbrechtslosen Stufe

schen Königen, weil die Königserhebung eben ein Kaiserrecht erster Ordnung war, *Hirsch*, Das Recht der Königserhebung durch Kaiser und Papst im Mittelalter, Festschr. f. Heymann I, 209 f. (der aber auf diesen Punkt nicht eingeht).

[72]) Die einzelnen Fälle hat *Becker* a. a. O. zusammengestellt, wobei aber terminologisch zu bemerken ist, daß er unter „Designation" die Designation pro futuro, aber auch das bloße *Versprechen* verstehen will, den Sohn nach des Vaters Tode zu wählen, also etwas rechtlich von der Sohneswahl völlig Verschiedenes. Ein solcher Fall ist aber einwandfrei nur ein einziges Mal bezeugt, nämlich 1075 bei Heinrichs IV. 1074 geborenem Sohn Konrad, der aber 1087 doch noch gewählt und gekrönt, später abgesetzt wurde; *Becker* 25 f. In allen andern Fällen findet die Wahl schon zu Lebzeiten des Vaters statt. Otto I. läßt seinen Sohn aus erster Ehe Liudolf 946 zum regem post se wählen, dann 961 Otto (II.) zum Mitkönig (*Becker* 5) – das sind also Beispiele für die im Text gebrauchte Unterscheidung.

[73]) Daher kann auch die schwächere Form nachträglich in die stärkere übergehen, so z. B. bei Heinrich III. und Konrad, dem Sohn Heinrichs IV., der 1075 de futuro, 1087 de praesenti designiert wird.

stehen geblieben, die die ganze germanische Rechtsentwicklung einmal aufgewiesen hatte, als es jenseits der Anwachsungsrechte in der Hausgemeinschaft nur Heimfallsrechte an die Gesamtheit gab.

3. Ein Unterschied besteht aber wieder insofern, als die Anwachsung nicht nur den Tod, sondern auch einen Rechtsakt des Vaters unter Lebenden voraussetzte. Dieser war im Thronrecht eine unbedingte Notwendigkeit. Nur väterliches Handeln konnte verhindern, daß das Thronerbrecht wieder auf den gleichen verhängnisvollen Weg geriet wie in der Merowingerzeit. Damals war ursprünglich auch nur eine interne Verwaltungsteilung geplant gewesen, die in Verbindung mit dem echt germanischen Gedanken der Samtherrschaft[74] die Reichseinheit hätte gewährleisten sollen. Aber in den Sippefehden der Merowinger ging diese Konzeption verloren, und erst den Karolingern gelang es, an der Spitze des Adels die Reichseinheit wiederherzustellen. Bei ihnen findet sich denn auch häufig ein väterlicher Bescheidungsakt[75], der die Gefahren der Teilung bannen sollte. Selbst die Reichsordnung Ludwigs des Frommen von 817 schafft ja eine Samtregierung mit herrschaftlicher Stellung des Ältesten, welch letztere nach dem Willen des Kaisers auf dem Wege der Designation weiter übertragen werden konnte[76]. Auch daß die einzelnen Teilreiche ungeteilt bleiben sollten[77], ist eine in die Zukunft weisende Bestimmung. In der Tat ist es ja dann in den Tochterstaaten der fränkischen Monarchie, in Deutschland und Frankreich, nicht mehr zur Teilung gekommen. Darin ist die wesentlichste verfassungsrechtliche Wandlung im Übergang vom fränkischen Reich zu seinen Nachfolgestaaten zu erblicken[78]. Wann allerdings der Zeitpunkt eingetreten ist, in dem die zunächst *faktische Ungeteiltheit* sich in eine *rechtliche Unteilbarkeit* ver-

---

[74]) Darüber, daß Teilung und Samtherrschaft untrennbar zusammengehören, s. *Mitteis*, Vertrag von Verdun (oben A. 47) 67.

[75]) S. oben bei Anm. 50.

[76]) M. G. Const. I 271. Die Designation geht allerdings in der Form einer Wahl vor sich, bei der der Kaiser als Erstwähler erscheint; das entspricht dem im Text zu [4]) Gesagten.

[77]) Ord. imp. c. 14, a. a. O. 272.

[78]) Darauf hat energisch hingewiesen *Tellenbach*, Die Unteilbarkeit des Reiches, H. Z. 163, 20 ff. und DA. 6, 29 ff.

wandelt hat, entzieht sich genauer Feststellung ebenso wie die Faktoren, die diesen Fortschritt herbeigeführt haben[79]. Für das Deutsche Reich kommt in erster Linie in Betracht, daß es von Anfang an auf die *Stämme* als die vorgegebenen Gliederungen des Reichsvolkes gegründet war; die deutschen Stämme waren so geschlossen, daß eine Reichsteilung über sie hinweg aussichtslos gewesen wäre; jeder Versuch einer Herrschaftsteilung innerhalb der Königssippe in Verbindung mit einer Samtherrschaft älteren Stiles wäre an die Stämme gebunden gewesen oder hätte sich mit ihnen auseinandersetzen müssen. Es darf nun aber nicht übersehen werden, daß in Ottos I. ursprünglichem Regierungsprogramm *tatsächlich ein solcher Versuch gewagt wurde.* Ließ er doch die Stammesherzogtümer (regna!) bestehen, vergab sie aber an Mitglieder des königlichen Hauses, allerdings in straffer Unterordnung unter seine zentrale Leitung, die er durch Designation ungeteilt zu übertragen gedachte. Dieses System steht der Reichsordnung Ludwigs d. Fr. durchaus nicht fern, wobei dahingestellt bleiben muß, ob es sich um eine bewußte Anlehnung handelt oder ob ähnliche politische Verhältnisse von sich aus zu ähnlichen Maßnahmen führten. Auch sonst steht ja Ottos I. Regierung im Zeichen der Wiederaufnahme des fränkischen Verfassungsrechtes. Welche Gefahren für die noch nicht fraglos gefestigte Reichseinheit dieser Plan in sich barg, zeigen die Aufstände des Jahres 953 in Schwaben, Baiern und Lothringen. Sie wurden zum Glück in kurzer Zeit überwunden dank der großen Persönlichkeit Ottos und seinem glorreichen Kampfe gegen die Ungarnnot, die dem Separatismus Vorschub geleistet hatte. Mit dem Siege auf dem Lechfeld war auch der Stammespartikularismus aufs Haupt geschlagen. Und doch verzichtete Otto darauf, seinen ursprünglichen Plan weiter zu verfolgen,

---

[79]) *Tellenbach* führt in H. Z. 163 eine ganze Reihe solcher Faktoren an, so die Festigung der Verfassung im Allgemeinen, das Bedürfnis des Lehnsstaats nach einer einheitlichen Spitze, auch die Regelung des Thronrechts und schließlich eben auch die stämmische Gliederung; letztere stellt er D. Arch. 6, 29 ff. in den Vordergrund. So auch *Klewitz* Welt als Gesch. 7, 216. Die anderen Faktoren bedurften jedenfalls längerer Zeit, um sich zur Geltung bringen zu können, und können sonach hier außer Ansatz bleiben.

ging vielmehr dazu über, die Kirche zur Basis eines neuen Zentralismus zu machen. Die Herrschaft über die Reichskirche aber konnte nur durch das *Imperium* gesichert werden; hatte Otto auf dem Lechfeld eine überstämmische Führerstellung im Reichsgebiet und damit die kaiserliche Waltung errungen, so mußte ihm jetzt die Krönung in Rom die *plenitudo potestatis* auch der Kirche gegenüber verschaffen. Dieses Imperium ist aber in der Folgezeit zur stärksten Bürgschaft für die Unteilbarkeit des Reiches geworden – auch dies gehört zu den positiven Wirkungen der Kaiserpolitik, die ihre Gegner meist nicht in Rechnung zu stellen pflegen[80].

Bei alledem bleibt es indessen richtig, daß das sicherste technische Mittel, in jedem einzelnen Falle eine Teilung von vornherein aus dem Bereiche der Möglichkeit zu verbannen, in einem väterlichen Bestimmungsakt, einer paterna suggestio[81], zu finden war. Nur sie konnte in jedem einzelnen Falle die Teilung verhindern. Sie kann daher keineswegs als bloße rein deklaratorische Anerkennung eines schon bestehenden Sohnesrechtes aufgefaßt werden; sie ist *Konstitutivakt* nicht nur bei Vorhandensein mehrerer Söhne, indem sie die übrigen vom Thron ausschließt, sondern auch für den einzigen Sohn, indem sie das Recht auch ihn auszuschließen (s. oben unter 1) beseitigt.

4. War also die Designation, wie wir nunmehr ermittelt haben, genau so ein Konstitutivakt wie jede andre Wahl, so kann nicht mehr überraschen, daß sie auch äußerlich in die Form der Wahl gekleidet auftrat. Auch der einzige Sohn des regierenden

---

[80]) In diesem Sinne halte ich es aufrecht, was ich in der 1. Auflage, S. 29 im Anschluß an *Werminghoff*, Der Rechtsgedanke der Unteilbarkeit des Staates in der deutschen und preußischen Monarchie, Hallische Universitätsreden 1, 1915 gesagt hatte, entgegen den Bedenken von *A. M. Tellenbach* H. Z. 163, 24.

[81]) Diesen Ausdruck (der in einigen Handschriften eines Krönungsrituals an Stelle von paterna successio gebraucht wird) hält *Schreuer*, Grundgedanken 144[7] mit Recht für gleichbedeutend mit designatio. Im langobard. Edikt (ed. *Bluhme* 73) bedeutet suggestio einfach die Zustimmung (pro suggestione judicum omniumque consensu; *Dahn*, Könige der Germanen 12, 120). – Eine privatrechtliche Parallele zum väterlichen Bestimmungsakt bildet das „arrangement familial", durch das die Erbfolge näher geregelt werden kann, *Olivier-Martin*, Contume de la prévoté et vicomté de Paris II, 1929, 303 ff.

Königs konnte nur dann sein legitimer Nachfolger sein, wenn er von den später zu Beherrschenden im Zusammenwirken mit dem Vater gekoren worden war. Bestritten ist nur die Art dieses Zusammenwirkens, die Rolle des Vaters bei der Designationswahl. Das liegt an der Unklarheit der Quellen. Einige lassen ihn ganz unbeteiligt oder nur auf eine Genehmigung beschränkt sein[82], andere machen ihn gleich zum Wähler seines eigenen Sohnes, ja sogar zum einzigen Wähler; daraus wollte man sogar einen Fall der späteren electio per unum konstruieren[83]. Beides ist nicht richtig. Der Vater ist sehr wohl beteiligt, *indem er die Wahl leitet und selbst den Wahlvorschlag erstattet.* Das ist gar nichts Unerhörtes, sondern Gleiches findet sich im Gerichtswesen, wo der Richter, selbst wenn er nicht Urteilsfinder ist, doch nicht gehindert sein kann, einen Urteilsvorschlag zu erstatten, der dann angenommen oder abgelehnt werden kann[84]. Hier endet allerdings die Entsprechung; denn die Designation ist ein *bindender* Wahlvorschlag. Die Wahl des Sohnes ist nicht nur die am strengsten gebundene, sie ist geradezu eine *befohlene Wahl.* Dem Vorschlag des regierenden Königs, der, wie der Urteilsvorschlag bei Tacitus, den bezeichnenden, wenn auch mißverständlichen Namen „consilium" trägt[85], nicht zu folgen wäre schwere Pflichtverletzung[86]. Er muß angenommen werden; zu-

[82]) So das Promemoria (nicht Protokoll!) des Erzbischofs v. Rheims über die Wahl Philipps I., 1059, *Bouquet,* Recueil des Historiens de la Gaule XI 131, wo es nur heißt: Tunc *annuente patre* eius Heinrico elegit eum (sc: der Erzbischof) in regem. Vgl. dazu *Stutz,* Rheims und Mainz in der Königswahl des 10. und 11. Jahrhunderts, SB. der Preußischen Akademie der Wissenschaften 1921, 429 mit Lit.; *Schramm,* König v. Frankreich 100 ff.; unten A. 213.

[83]) Vgl. *Hugelmann,* Die deutsche Königswahl im Corpus juris Canonici (Gierkes Unt. 98), 1909, 150[3]) mit Stellen; *derselbe* M. 28, 691; z. T. auch *Krammer,* Kurfürstenkolleg 11; 56 ff.; Kurrecht und Erzkanzleramt (Histor. Aufsätze für *Karl Zeumer,* Weimar 1910, 353); a. M. *Bloch,* Kaiserwahlen (1911) 331; *Rosenstock* ZG. 34, 528; Königshaus u. Stämme 218 f.; dagegen hat *Stutz,* Erzbischof v. Mainz 76[1]) schon die richtige Auffassung, daß ein Fall des Vorsprechers gegeben ist.

[84]) *Brunner* D. RG. I[2] 209.

[85]) So bei Otto v. Freising, Chronica, VI 16 u. 28, *Krüger,* Grundsätze 108.

[86]) Gelegentlich findet man die Auffassung, der *Befehl* habe sich zu einer bloßen *Empfehlung* abgeschwächt. So *Simonsfeld,* Friedrich I., nach *Waitz-Seeliger* DVG. VI[2] 172. Aber ist denn wirklich einmal eine echte Designation ganz unbeachtet geblieben?

gleich wird der vom Herrscher Vorgeschlagene als neuer König „angenommen“; insofern kann man den der Designation entsprechenden Akt der Wähler auch als „*Königsannahme*“ bezeichnen.

Dabei ist die Folgepflicht auf verschiedene Rechtsgrundlagen gestützt, die Bindungswirkung tritt gleichsam stufenweise ein. Am schärfsten erfaßt werden die Muntunterworfenen, also zunächst der Designierte selbst – eine Ablehnung seinerseits kommt nicht in Frage! – und seine Brüder; im weiteren Sinne die übrigen Muntunterworfenen, die unmittelbaren Hofbeamten, palatini, die dabei so stark hervortreten, daß eine berühmte Stelle sie allein als Wähler nennen kann[87]; im weiteren Sinne unterstehen der Königsmunt auch die Geistlichen; aber damit ist der Kreis der Folgepflichtigen noch nicht erschöpft. *Rosenstocks*[88] Gedanke, die Sohneswahl als reine Angelegenheit des königlichen Hauses aufzufassen, ist aus inneren Gründen unvollziehbar und quellenwidrig. Denn es werden uns stets auch noch nicht Hausangehörige als Wähler genannt, so die principes. Diese waren Vasallen; aber das Lehnrecht vermittelte keine Gliedstellung im Königshaus; die Vasallen haben sich längst aus der Herrenmunt gelöst – wenn sie ihr in Deutschland je unterstanden haben. Auch der Vasall muß jedoch gehorchen – wenn auch sein Gehorsam im Hochmittelalter anfängt abzubröckeln; möglicherweise sind auch Designationswahlen nicht immer reibungslos vollzogen worden[89]; am Rechts-

---

[87]) Gervasius v. Tilbury über den Erbreichsplan Heinrichs VI. (Kr. I 36): ut, cessante pristina palatinorum electione, imperium . . . transiret . . . Allzu weitgehende Folgerungen darf man aus ihr nicht ziehen; palatini könnten schließlich auch andre als Hofbeamte sein. Dies gegen *Rosenstock*, Königshaus 267.

[88]) Königshaus und Stämme 38 ff. und öfters. Dort auch die schiefe Ableitung der Vasallität aus der Hausgewalt (s. oben im Text). Wie rein konstruktiv R. denkt, sieht man daraus, daß er S. 68 ein Lehnsverhältnis zwischen Vater und Sohn für „undenkbar“ erklärt, weil man nicht in ein Haus eintreten könne, dem man schon angehört. Es ist aber ein solches quellenmäßig sicher bezeugt zwischen Heinrich IV. und V., *Becker*, Königtum der Thronfolger 28.

[89]) Sicher nicht die Ottos I., dem viele den jüngeren Heinrich als den in Purpur Geborenen vorziehen wollten, *Kern*, Gottesgnadentum 32[62], und ebensowenig die Friedrichs I., vgl. *Holtzmann* HVjschr. 1, 1898. Für Frankreich: *Chénon*, Histoire générale I 571.

grundsatz ändert das nichts. Und endlich wird — Rosenstock[90] hat selbst Belege dafür! — fast stets das *Volk* als zustimmend bezeugt. Noch gab es einen Untertanenverband, ein Staatsvolk, dessen Zustimmung zur Sohneswahl notwendig war, aber auch gefordert wurde. Es liegt also ganz ähnlich wie bei den *Reichslandfrieden*, die ihre Kraft auch aus der Beschwörung der Untertanen ziehen, aber aus einer befohlenen, deren Verweigerung selbst wie Landfriedensbruch bestraft wird[91], worin sich gerade der Gesetzescharakter der Landfrieden zeigt.

5. Der Kreis der „Wähler" ist also bei der Designationswahl genau der gleiche wie bei der „echten Wahl"; es besteht daher kein zwingender Grund sie aus der Untersuchung auszuscheiden. Demgegenüber fällt wenig in Betracht, daß sie in formeller Beziehung gewisse Vereinfachungen zeigt; das erklärt sich daraus, daß sie zwar nicht in der Gesamtwirkung, wohl aber in der Einzelausgestaltung doch nur als eine Ergänzungswahl zu einer Hauptwahl, die dem Königshaus als solchem gegolten hatte, angesehen werden konnte. Daher ist sie z. B. nicht an fränkische Erde gebunden[92]; und das Volk erscheint bei ihr nicht so deutlich in Stämme gegliedert[93], wiewohl z. B. bei der Wahl Heinrichs II., die doch auch eine Designationswahl war, die Stämme auftreten. Aber allzu weitgehende Folgerungen sind daraus wohl nicht zu ziehen; man könnte darauf hinweisen, daß ja auch die Fürsten zugleich in ihrer Eigenschaft als Stammesfürsten mitwirkten[94].

---

[90]) A. a. O. 41. Die Quellen zur Bescheidung Heinrichs III. 1028 (bei *Bresslau*, Konrad II. I, 240[8]) sprechen wiederholt von cleri populique electione, ebenso der bei Wipo (ed. *Bresslau*[3] 1915, 104) überlieferte Krönungshymnus. Ernst *Mayer*, Zu den germanischen Königswahlen, ZG. 23, 40.

[91]) So wenigstens nach dem schwäbischen Landfrieden von 1104/8, M. G. Const. I, 614 c. 7: Si quis noluerit jurare . . . eandem penam quam violator pacis subire debet. Das ist nichts andres als eine Norm des Reichsrechts in stammesrechtlicher Ausfertigung. Später wurde den Eidweigerern nur noch der Schutz des Landfriedens versagt, Const. III Nr. 280, § 22, 1221.

[92]) *Lindner*, Königswahlen 63. Otto III. wurde z. B. in Verona gewählt.

[93]) Darauf legt *Rosenstock*, Königshaus und Stämme (40 ff., 89 f., 364) übergroßes Gewicht.

[94]) So ausdrücklich die bei *Rosenstock* 93[20] zitierte Stelle Script. XVI, 157 zu 983.

Im Ergebnis können wir demnach feststellen: *Alle Thronerhebungen deutscher Könige vor 1198 sind auf den gleichen rechtlichen Grundgedanken aufgebaut, alle folgen denselben inneren Baugesetzen, alle können gemeinsam untersucht werden.* Stets war eine Auslesebandlung notwendig, die nur in verschiedenem Grade an eine objektive Auslesenorm gebunden war. Nur durch sie ließ sich die Unsicherheit überbrücken, die sonst, bei Geltung privater Erbrechtssätze, entstanden wäre[95]. Man denke nur an die unlösbaren Schwierigkeiten, die das Vorhandensein von Söhnen aus mehreren Ehen hätte bereiten können, an die Verlegenheiten, die das Eintrittsrecht der Enkel schaffen mußte[96]. In diesem Sinne *war also Deutschland wirklich ein Wahlreich.* Keine andere Gestaltung der Thronfolge hätte dem Grundsatze der Unteilbarkeit entsprochen. Nur als Motiv für die Auslese konnte die Idee wirksam werden, daß kraft des Geblütsrechtes der Thron gewissen Geschlechtern vorbehalten sei. Sie war tief im Rechtsbewußtsein des Volkes verankert, konnte sich aber nur durch das Mittel der Wahl Geltung verschaffen. Ein Erb*recht* im eigentlichen Sinne erzeugte sie *nicht.* In der größeren oder geringeren Bindekraft des Wahlvorschlags kam ihre Stärke zum Ausdruck; im Fall der Designation läßt diese Bindekraft schließlich nur noch eine „Annahme" zum König übrig[97]. Aber niemals war

---

[95]) Daß die Erstgeburtsfolge nicht galt, ergibt sich schon aus dem oben im Text zu III 3 Gesagten. Über die berühmte Streitfrage, ob Heinrich VI. der Erstgeborene Barbarossas war oder nicht, vgl. jetzt in letzterem Sinne *Güterbock* HVjschr. 1935, 509 ff. *Perels* Erbreichsplan 61. LSt. 669. Ob aber der Grund zur Übergehung des älteren Friedrich in der prinzipiellen Wahrung des freien Thronfolgerechts oder in der den Fürsten zuliebe erfolgten Trennung des schwäbischen Herzogtums von der Krone zu suchen sei, ist noch nicht voll geklärt.

[96]) Vgl. *Krüger,* Grundsätze 60 (noch Liudolf, Ottos I. Sohn aus erster Ehe, mußte fürchten, daß Adelheids Erstgeborener ihm vorgezogen werden würde; seine eigenen Söhne durchzusetzen konnte, er trotz des Urteils von Stela [Widukind, Res gestae Sax. 2, 10] nicht hoffen).

[97]) Genau so unterscheidet das altnordische Recht das taka, die Annahme des Königssohns, vom kjosa, der Wahl in den übrigen Fällen. *Karl Lehmann,* Königsfriede der Nordgermanen (1886) 176. *v. Schwerin,* Gött. Gel. Anz. 1909, 828. *Lehmann* sagt richtig, daß das taka mehr als eine bloße Anerkennung bestehenden Erbrechts sei, will ihm aber Wahlcharakter nur bei Vorhandensein mehrerer Söhne zuschreiben. Aber in der Möglichkeit der Ablehnung des *einen* Sohnes liegt eben doch auch ein Wahlmoment.

die Wahl bloß Bestätigung eines schon kraft Erbfolge Berechtigten. Die oft erwähnte „Mischung" oder „Ergänzung" von Geblütsrecht und Wahlrecht ist also nicht andres als der notwendige *Ausgleich zwischen Volksüberzeugung und Staatsnotwendigkeit.* Das blieb so, solange es eben eine gesunde und einheitliche Volksüberzeugung geben konnte. Als diese im Verlauf des Investiturstreits durch die verschiedenartigsten Einflüsse mehr und mehr ins Wanken gebracht wurde, mußte sich auch die Struktur der Thronerhebung ändern; und das durch Landeshoheit und Vogtei immer mehr mediatisierte Volk mußte es dulden, daß es aus der Wahl hinausgedrängt und schließlich auf eine formale Akklamation bei der Krönungsfeier beschränkt, die Wahl aber vollends zum Bollwerk der Adelsherrschaft wurde.

Zweites Kapitel

DAS VERFAHREN BEI DER THRONERHEBUNG

I. Die nächste Aufgabe ist es, über den Hergang der Thronerhebung, das „Wahlverfahren", Klarheit zu gewinnen. Indessen soll nicht die Hoffnung darauf erweckt werden, daß etwa bisher verborgene Regeln des rechtlichen Handelns, die dann allgemeine Gültigkeit für sich beanspruchen könnten, aufgedeckt werden sollen. Ihre Bildung hätte ja auch dem spontanen Charakter widersprochen, der den deutschen Königswahlen ganz wie den germanischen Führerwahlen ursprünglich anhaftete und der immer wieder durchbrach, auch wenn er zeitweise von kühleren Erwägungen überwuchert zu werden drohte. Die jeweils wechselnde politische Lage, der sich die Träger des staatlichen Handelns gegenübersahen, zwang zu immer neuer Gestaltung und verlieh den Königserhebungen mehr als einmal den Charakter kühner Improvisationen. Es herrschte so eine überraschende Mannigfaltigkeit, die wiederum einen Beweis für die unversiegbare Formkraft des älteren deutschen Rechtes liefert. Neben streng geregelten und in ihrem Ablauf im voraus festgelegten Staatsakten, wie etwa der Wahl Ottos I. (936) oder Lothars (1125), finden sich Volksfeste, wie die von Wipo[98] so eindrucksvoll beschriebene Wahl Konrads II. von 1024, in der die Entscheidung schließlich unter allgemeinem Jubel zu seinen Gunsten und gegen seinen jüngeren gleichnamigen Vetter fiel und von diesem anerkannt wurde. Solche Wahlen wirkten zugleich als Höhepunkte staatlichen und volklichen Lebens, integrierend und mit symbolhafter Macht; in ihnen trat das „emotionale" Moment, das ja auch sonst im deutschen Recht, vor allem im Prozeß — man denke an die Urteilsschelte, bei der der Scheltende „sich entsetzen" mußte! — eine so große Rolle spielt, in seiner reinsten Form in Erscheinung.

Es ist daher auch ein verfehltes Beginnen, die einzelnen zur Erhebung in ihrer Gesamtheit gehörenden Handlungen für sich be-

[98]) Wipo c. 2 (*Bresslau* ³ 14).

trachten, aus dem Rahmen des Gesamtverlaufs lösen und voneinander streng sondern zu wollen. Die Rechtsgeschichte hat den Zweck, rechtserhebliche Sachverhalte der Vergangenheit verständlich zu machen; sie erfüllt ihre Aufgabe aber nicht durch Zerlegen und Zerfasern, sondern durch Zusammensehen und Verbinden. Daher muß die ganze Herrschererhebung *als ein einheitlicher, sich stufenweise verwirklichender Akt* gesehen werden. Die selbständige Bedeutung, die etwa einzelnen Teilakten in seinem Rahmen zukommen kann, ist von durchaus untergeordneter Bedeutung. Nur in ihrer Gesamtheit, in ihrer geschlossenen Folge geben sie die Gewalt am Reich, oder, wie man auch gesagt hat, die Gewere des Reiches[99], wobei man sich aber darüber klar sein muß, daß dieser dem Privatrecht entlehnte Ausdruck eigentlich zu eng ist, da ja die Anknüpfung nicht nur *sachen*rechtlicher, sondern vor allem auch *personen*rechtlicher Beziehungen die erste Aufgabe des neuen Herrschers bildet[100]. Nicht bloß das, was man im engeren Sinne die „Wahl" nennen könnte, gehört in diesen Bereich, sondern auch alle sonstigen weltlichen Thronerhebungsakte, die geistliche Salbung und Krönung, die – oft nicht genügend gewürdigte – Erlangung der Reichsinsignien, endlich aber auch die faktische, reale Machtergreifung im Reich, ohne die keiner der vorhin genannten Teilakte wirklich zum Herrscher zu machen vermag. Zu ihr gehören teilweise wieder sogenannte „Nachwahlen" zur Gewinnung der bisher noch Zögernden, und, wo sie fehlen, tritt die symbolische Handlung des Königsrittes an ihre Stelle. In dieser Handlungskette, in

---

[99]) Namentlich *Schreuer* hat versucht, die Kategorien der Gewerelehre, wie sie zuletzt *Gierke* im 2. Bande seines Deutschen Privatrechts (1905) aufgestellt hatte, auf die Thronerhebung anzuwenden. Vor allem charakteristisch ist sein Aufsatz über die Wahl und Krönung Konrads II. in HVjschr. 14, 1911, 329–366, der, wenn auch die Grundthese, daß Wipo einen verloren gegangenen Krönungsordo benutzt habe, nicht haltbar ist (Genaueres bei Schramm III 231 [4], aber auch schon bei *H. Bresslau* in Wiponis opera [3] p. 21 n. 1), doch für die Auffassung der Erhebung als Stufenakt wertvoll bleibt. Über den ganz analogen Bau der kanonischen Wahlen („Kette von Zustimmungshandlungen, in der kein Glied fehlen darf") vgl. *Paul Schmid*, Der Begriff der kanonischen Wahl in den Anfängen des Investiturstreits, Stuttgart 1926, 66.

[100]) S. unten bei A. 268.

der kein Glied fehlen darf, stehen also geistliche und weltliche Akte nebeneinander. Von den letzteren, insbesondere der Krönung, wird im folgenden nicht ausführlich gehandelt, da wir darüber durch eine Reihe von Einzeluntersuchungen verhältnismäßig gut, ja für die Zeit bis zu den Saliern nahezu erschöpfend unterrichtet sind[101].

II. 1. Eine ganz erstaunliche Mühe ist im bisherigen Schrifttum darauf verwendet worden, die einzelnen Stufen des Sukzessivaktes, als welcher die Thronerhebung erscheint, aus dem *Sprachgebrauch* der zeitgenössischen Quellen genauer zu ermitteln. Es muß daher zunächst gerechtfertigt werden, warum auf diese terminologischen Streitfragen im folgenden verhältnismäßig wenig Gewicht gelegt wird. Man wird bedenken müssen, daß wir es ausschließlich mit erzählenden Quellen meist geistlichen Ursprungs zu tun haben, von denen sich keine einzige eines durchdachten und technischen Sprachgebrauchs befleißigt. Erst nach 1200 setzen sich Ausdrücke durch, die dem Sprachschatz der Reichskanzlei entstammen, und selbst sie geben uns gelegentlich noch Rätsel auf. Ferner ist zu erwägen, daß wir lediglich lateinische Ausdrücke kennen, nicht aber ihre deutschen Entsprechungen, die doch in Wirklichkeit gebraucht worden sein dürften. Seit *Philipp Heck* auf die Bedeutung des Übersetzungsproblems hingewiesen hat[102], wird man diesem Punkt eine erheblich größere Bedeutung zumessen müssen. Deutsche Rechtsausdrücke für die Wahlvorgänge treten ebenfalls erst nach 1200 auf, und es ist mit der Möglichkeit zu rechnen, daß die ihnen gleichlaufenden lateinischen Worte bis dahin schon einen Bedeutungswandel durchgemacht haben. Vor allem ist von Anfang an die *Mehrdeutigkeit* jedes einzelnen Ausdrucks in Rechnung zu stellen. Die häufigste Erscheinung ist dabei die, daß ein und derselbe Terminus *zugleich den gesamten Erhebungsvorgang und auch einen einzelnen Teilakt* bezeichnet, daß also im ersteren Falle

---

[101]) Vgl. *Schramm* III, wo auch die ganze ältere Krönungsliteratur angeführt ist, und jetzt *desselben* Bücher über das englische Königtum im Lichte der Krönung, Weimar 1937, und über den König von Frankreich, 1939; H. W. *Klewitz*, Die Festkrönungen der deutschen Könige, ZK. 59, 48 f.

[102]) *Philipp Heck*, Übersetzungsprobleme des frühen Mittelalters, Tübingen 1931.

sozusagen pars pro toto gebraucht wird. Das sprechendste Beispiel dafür bietet electio, eligere. Gehen wir, was sich von vornherein mehr empfiehlt, vom Verbum als dem Ursprünglicheren aus, so bedeutet *eligere* zweifelsfrei in manchen Fällen den gesamten Vorgang, so wenn vom „eligere" eines Herzogs gesprochen[103] oder von Otto I. gesagt wird: *omnis populus elegit sibi in principem*[104], in welchem Zusammenhange dann auch die substantivische Wendung universalis electio auftritt. Aber ebenso sicher kann eligere, dem Wortsinne nach, ein Aus-lesen aus Mehreren bedeuten, so wenn gesagt wird, daß die Angehörigen der nobilitas im Jahre 1024 propter virtutem et probitatem den älteren Konrad auserlesen hatten („eligerent")[105], oder, substantivisch gewandt, daß bei der Wahl Lothars III. 1125 der noch zu besprechende Ausschuß eine electio vornehmen sollte[106]; sie schlugen mehrere Kandidaten vor, aus denen sie die Versammlung „eligere persuaserunt"; auch hier handelt es sich noch um eine Auswahl aus Mehreren, und doch klingt schon die dritte mögliche Bedeutung an, die von Kur, Kürruf, die gemeint ist, wenn es in der bekannten Wipostelle heißt: *Verba electionis saepissime repetebant*[107], und an vielen anderen Stellen. Ja sogar die Tätigkeit des konsekrierenden Geistlichen[108] und des Vaters,

[103]) So Thietmar v. Merseburg (ed. *Holtzmann*, Scriptores rer. Germ. in usum scholarum, 1935) V, 14: Non scitis ... Bavarios ab initio ducem eligendi liberam habere potestatem ...? Die allerdings nicht sehr zahlreichen Stellen über Herzogswahlen, die fast alle nach Bayern führen, stellt zusammen *Gerhard Läwen*, Beiträge zur Frage der Rechsstellung von Herzog und Stamm im Mittelalter, jurist. Diss. Freiburg. Berlin 1935, 62 ff.

[104]) Widukind, Res gestae Sax. II, 1 (Kr. I 2). Die Häufung von Beispielen ist weder hier noch im Folgenden beabsichtigt. – Auch das deutsche „irwelen" kann den Gesamtakt bedeuten, so in der Sächs. Weltchronik und in der Kaiserchronik; *Lindner*, Hergang 23. Möglicherweise ist auch das rätselhafte „coren" der Quedlinburger Handschrift (unten Anm. 487) so zu erklären.

[105]) *Wipo* c. 2 (ed. *Bresslau*³ 14, Kr. I 11): et quamquam maiorem Chuonomen secretiori consilio et avido desiderio propter virtutem et probitatem illius pene omnes eligerent ...

[106]) Narratio de el. Loth. c. 2 (Kr. I 22).

[107]) S. unten bei Anm. 226.

[108]) Lambert v. Hersfeld ed. *Holder-Egger* 168 Kr. I 16, dazu *Lindner*, Hergang 20, M. 19, 412; *Stutz*, Erzbischof v. Mainz 69. *Lindner* macht darauf aufmerksam, daß mit eligere eine Wahltätigkeit überhaupt nicht gemeint zu sein braucht, da es auch

der bei der Designation seines Sohnes den Wahlvorschlag erstattet[109], können mit eligere gemeint sein. Stets aber bedeutet eligere eine Handlung, die für die Thronerlangung konstitutive Bedeutung hat, während ihm der farblose Sinn einer bloßen Anerkennung des schon vollzogenen Faktums nicht innewohnt[110]. Auf die Vieldeutigkeit des Wortes *nominare* hat schon *Lindner*[111] aufmerksam gemacht. Es kennzeichnet einen der Hauptakte der ganzen Thronerhebung, wenn es das nominare in regem, die Bezeichnung mit dem königlichen Namen, gefa konungs nafn der nordischen Quellen[112] meint, wodurch der Gewählte über seine Mitmenschen hinaus zum königlichen Rechtssubjekt erhoben wird[113]; es kann aber auch das erste Nennen des Namens in den Vorverhandlungen (tractatus) bedeuten, also den Moment, wo der Name zum ersten Male in die Debatte geworfen wird. – Der erbittertste Streit herrschte lange über *laudare, laudatio*. Hier ging *Lindner*[114] zunächst von dem Sinne geloben, huldigen als dem einzig möglichen aus und fand dabei die Zustimmung *Puntscharts*[115], der aber doch schon versuchte, die Laudatio mit der Wahlhandlung sinnvoll zu verbinden. Später[116] räumte *Lindner* dann ein, daß laudare auch nominare oder eli-

vom Erzbischof von Mailand gebraucht wird, der zwar ein Krönungs- aber sicher kein Wahlrecht hat. Ähnlich steht es mit der electio principum Aquisgrani der Reinhardsbrunner Annalen (Scr. 30, 549), während doch Heinrich VI., auf den die Stelle geht, in Bamberg gewählt wurde; vgl. *Kalbfuß* M. 34, 503.

[109]) So in der Stelle aus Ekkehard, Chron. universale, bei Kr. I 20 (und weiter bei Lindner, Hergang 36 N. 10), wo Heinrich V. a patre electus heißt.

[110]) Dies gegen *Ficker*, Rfst. II, 1, 8. Richtig und daher von *Puntschart* zu Unrecht für *Ficker* angezogen *Waitz-Seeliger* DVG. VI[2] 206[3].

[111]) Insbesondere Hergang S. 31.

[112]) *Konrad Maurer*, Vorlesungen über Altnordische Rechtsgeschichte I (1907) 260; *Lehmann*, Königsfriede 177.

[113]) Nach *Puntschart* M. 24, 502.

[114]) Königswahlen 68 ff. Auf die in diesem Buche vertretene sog. „Elektortheorie" nochmals einzugehen besteht kein Anlaß. Sie ist von Anderen bereits gründlich widerlegt. Vgl. *Stutz*, Erzbischof v. Mainz 78; Reims und Mainz 429.

[115]) A. a. O. (Anm. 93) und noch bei *Ficker* Rfst. II, 1, 8 Note. Er zieht die Parallele zum geloven der sächsischen Rechtsquellen, die aber nicht in allen Fällen durchschlägt.

[116]) Hergang 35 ff. Vgl. auch *Mayer*, Germ. Königswahlen 44[1], anders noch Deutsche und franz. Verfassungsgeschichte II 394.

gere im Sinne des späteren Kiesen synonym sein kann, vor allem in der Verbindung in regem laudare, das nichts andres ist als super se elevare[117]. Also auch wieder das Nennen, Verkünden des Königs – ähnlich wie noch Gottfried Keller ein Kapitel seines „Grünen Heinrich" mit „Lob der Eltern" überschreibt. Diese Erklärung kann einzeln oder von allen zusammen abgegeben werden, als collaudare[118]; aber collaudare kann auch wieder der Einzelne, indem er eine den übrigen Erklärungen gleichlautende abgibt[119].

2. Bei dieser Gelegenheit kann gleich auf das Verhältnis von *Wahl* und *Huldigung* eingegangen werden. Dem modernen Juristen wird es nahe liegen, sie streng zu trennen; aber wenn man die Thronerhebung als Kettenhandlung faßt, gehört die Huldigung eben doch dazu. In der freudigen Erregung, die ein großer Staatsakt auszulösen pflegte, konnten die Grenzen nicht genau eingehalten werden; das Ausrufen des Königsnamens mochte sofort in Huldigungs- und Unterwerfungshandlungen[120] übergehen, wobei jeder nach seiner Art huldigte, der Vasall als Vasall[121], der Dienstmann als Dienstmann, das Volk durch Handerheben[122] und Zuruf, soweit es nicht einigen Bevorzugten glückte, die Königshand selbst zu ergreifen. Jede „Wahl" ist

---

117) Vor allem Bruno de bello Saxonico (Kr. I 18), wo das regem laudare dem super se elevare vollkommen gleichgesetzt wird, vgl. unten A. 133.

118) Beispiele bei *Lindner*, Hergang 36.

119) So sagt Otto v. S. Blasien c. 46 (ed. *Hofmeister*) vom Erzbischof Adolf v. Köln, der der Designation Friedrichs (II.) 1196 widerstrebt hatte: qui . . . postea puerum in regem collaudavit. Über collaudare als technischen Ausdruck für den Kürspruch bei den italienischen Königswahlen (die erste sicher bezeugte ist die Widos v. Spoleto zu Pavia 889) *Kröner*, Wahl und Krönung der deutschen Könige und Kaiser in Italien, 1901, 42.

120) Die allenfalls später wiederholt oder von anderen nachgeholt wurden; so, wenn sie überhaupt noch stattfand, die Leistung des Untertaneneids, worüber einiges LSt. 430[600], dazu *E. Mayer* ZRC.[2] G. A. 23, 35[4]. *Schramm*, König von Frankreich 93 f. *Schreuer*, Grundgedanken 163 ff.

121) Durch manus dare, fidem promittere usw. Stellen bei *Lindner*, Hergang 46 f. *Mayer* a. a. O. 36 f. *Schramm* III 246[2], 288, 294. Aus der Wendung rex et senior (Wipo zu 1024) ist freilich nicht viel zu entnehmen, da senior mehrdeutig ist, vgl. LSt. 210[15].

122) Über den „Königsgruß" jetzt *Schramm* III 204 f. mit weiteren Nachweisungen.

also zugleich ein Gelöbnis der Treue und Unterordnung, wie man sich umgekehrt nach germanischer Auffassung nur dem willig unterordnet, den man selbst erhoben hat. Daher läßt sich auch nicht etwa sagen, daß all dies der eigentlichen Wahl als bloße Zustimmung[123], consensus, gegenübersteht. Auch das Wort consensus hat in diesem Zeitraum noch keinen präzisen Sinn – vor allem nicht den einer zeitlich festlegbaren Zustimmungshandlung[124]. Vielmehr ist stets an ein *Einigsein* unter den Beteiligten, ein Einverstandensein vom Standpunkt des Einzelnen aus gesehen zu denken, also an einen Zustand, der die ganze Dauer der Kettenhandlung über gegeben sein mußte, aber auch als gegeben angesehen werden konnte, solange nicht ein erklärter Protest dagegen sprach[125].

3. Die Unsicherheit der Terminologie bestärkt also wiederum den Eindruck, daß man es bei der Königserhebung mit einer geschlossenen Handlungseinheit ohne deutliche Zäsur zu tun hat. Der ganze Vorgang läuft *uno actu*, in *einem* Zuge ab, dafür *fehlt* dem eigentlichen Wahlgeschäft noch die später so wichtig werdende Einheit des Ortes, der Zeit und der Handlung, die *unitas actus* im technischen Sinne. Wir können aber noch weiter feststellen, daß eine geschlossene Kette von *Erklärungen* vorliegt.

---

[123]) Auch der rechtlich nicht faßbare Ausdruck „Akklamation" ist besser zu vermeiden. – Wie schon in der Antike Akklamation und Abstimmung ineinander übergehen konnten, darauf machte Altmeister *Eduard Schwartz* in einem Kolleg aufmerksam, das ich im W. S. 1934/5 in München hören durfte. Er wies auf das Einführungsprotokoll zum Codex Theodosianus (Gesta senatus Romani de Theodosiano publicando, ed. Mommsen p. 1 ss.) hin, in dem die Stimmen derer zahlenmäßig festgestellt sind, die sich einer bestimmten Akklamationsformel angeschlossen haben.

[124]) Das wird wichtig bei der Interpretation der Formel „ex praetaxatione et consensu" bei Albert v. Stade (s. unten A. 563), wo man also auch nicht an eine förmliche Konsenserklärung zu denken braucht. Vgl. auch ex consensu ex petitione principum (bei der Krönung der Königin Gisela) bei Wipo c. 4, wo auch nicht ein Konsensakt gemeint ist. Vgl. zum Ganzen *Schmid*, Begriff der kanonischen Wahl 66, und über consensus im allgemeinen auch *Krawinkel*, Zur Entstehung des Lehnswesens, Weimar 1936, 16; Untersuchungen zum fränkischen Benefizialrecht (1937) 95.

[125]) Ähnlich wie bei der Einigung des Sachenrechts, die noch heute ein solches Einigsein darstellen muß, *Cosack-Mitteis*, Bürgerliches Recht II, 1, 146.

Keiner der Einzelakte spielt sich im Verborgenen ab, alles geschieht im hellen Licht der Öffentlichkeit, wie es ja Wipos Erzählung über die Königswahl Konrads ganz deutlich macht[126]; an jedem Stadium der Handlung nimmt das Volk lebhaften Anteil; und wenn sich einer der Beteiligten zu einer Beratung mit seinen Getreuen zurückzieht[127], so ist das nicht anders als wenn im mittelalterlichen Prozeß eine der Parteien „gespräches bittet", wodurch die grundsätzliche Unmittelbarkeit und Öffentlichkeit des Verfahrens keineswegs berührt wird[128]. Das alles muß hervorgehoben werden, weil es später anders wurde. Schon im Sachsenspiegel findet die eigentliche „Wahl" nicht mehr öffentlich statt, die Kur tritt jetzt zu ihr in das Verhältnis, in dem die Erklärung zu einem intern gefaßten Willen steht[129]. Davon ist in unserm Zeitraum noch nicht die Rede. Daher sind die verschiedenen Kettenglieder gar nicht an eine feste Reihenfolge gebunden; sie können sich ineinander verschlingen wie die Zweige bei einem Laubgewinde. Dem deutschen Recht eignet überhaupt eine gewisse Gleichgültigkeit gegen die Reihenfolge von Akten, die zusammen ein Ganzes bilden[130]. Die Akte, die wir heute als Wahlakte charakterisieren können, liegen teilweise *zeitlich nach* der Krönung; die Wahlhandlung zieht sich in die Krönungshandlung hinein. Sehr schön zu sehen ist das schon

---

[126]) Das trifft natürlich auch noch bei anderen Erhebungen zu, so etwa 1125, wo auch die Verhandlungen der Wahlausschüsse, die Unterwerfungserklärungen der Kandidaten usw. öffentlich sind. Damit soll natürlich nicht geleugnet werden, daß sich so manches hinter den Kulissen tat. Aber wer der eigentliche „Königsmacher" gewesen ist, ist eine rein historische Frage, eine Tatfrage des einzelnen Falles (s. *M. Buchner*, Kaiser- und Königsmacher, Hauptwähler und Kurfürsten, HJb. 55, 1935, 182 ff.). Bekanntlich gehörte der „Königsmacher" nach Abgrenzung eines engeren Wählerkreises diesem nicht einmal immer an.

[127]) Wipo c. 2: Junior Chuono, paululum cum Liutharingis placitans, statim reversus . . ., elegit. Um so mehr mußte es als ungehörig empfunden werden, daß Friedrich von Schwaben sich 1125 endgültig aus der Versammlung entfernte, consilium suum et aspectum curiae jam subtraxit, Narratio de el. Lotharii c. 3 a. E.

[128]) *Planck*, Das deutsche Gerichtsverfahren im Mittelalter, I 217.

[129]) S. unten Kap. 5 II 3 a.

[130]) So ist es noch heute im Wechselrecht bekanntlich gleichgültig, in welcher Reihenfolge sich die Wechselerklärungen auf dem Wechsel einfinden. RGZ. 58, 172; 99, 8; 108, 389 u. ö.

bei der Erhebung Ottos I., und ich halte es nicht für notwendig, mit *Stutz*[131] von einer „rituellen Feststellungswahl" zu sprechen, um den Augenblick zu kennzeichnen, wo der zur Krönung berufene Geistliche noch einmal den Willen des Volkes erfragt[132]. Es ist das nur eine Fortsetzung der vor dem Münster begonnenen Wahlhandlung, wie diese wieder nur eine Fortsetzung der schon von einzelnen Teilstämmen begonnenen Erhebung, diese wieder eine Fortsetzung der noch zu Lebzeiten Heinrichs I. vollzogenen Designationswahl[133]; es hat keinen Sinn, zu streiten, ob der universalis electio in Aachen förmliche „Vorwahlen" vorausgegangen sind[134]; es gibt überhaupt damals noch keine „wiederholten" Königswahlen, weder Nachwahlen noch Neuwahlen[135], sondern nur *eine fortgesetzte* Wahl, die unter Umständen sich jahrelang hinziehen kann, besonders wenn es darum geht, noch abseits stehende Stämme zu gewinnen; jedesmal wird dann auch

---

131) Erzbischof v. Mainz 63; Die rheinischen Erzbischöfe und die deutsche Königswahl, Brunner-Festschrift 1910, 59; Reims und Mainz 416.

132) *Schramm* III 206 sagt mit Recht, daß die Handlung des Volks im Münster mehr ist als eine bloße „Feststellungswahl", sondern ein nachgeholtes „*Vollwort*". (Richtiger Vollbort, die zweite Silbe von beran tragen, bringen abzuleiten; die Ableitung Vollwort von Folge-Wort bei *Schramm*, Engl. Königtum 143 ist von ihm selbst aufgegeben, vgl. König von Frankreich II 14, Anm. 3 zu I 16.) In der Sache selbst zustimmend *W. Heimpel*, Bemerkungen zur Geschichte König Heinrichs I., Berichte über die Verh. der Sächs. Akademie der Wiss. Phil.-hist. Klasse Bd. 88 Heft 4, 1937, 24.

133) Nach Widukind I, 41 (Kr. I 2) designierte Heinrich I. convocato omni populo filium suum Oddonem regem, caeteris quoque filiis predia cam thesauris distribuens; ipsum vero Oddonem . . . fratribus et omni Francorum imperio prefecit. Weiter II 1: Defuncto itaque patre . . . omnis populus Francorum atque Saxonum iam olim designatum regem a patre, filium eius Oddonem, elegit sibi in principem. *Universalisque electionis* notantes locum jusserunt esse ad Aquasgrani palatii . . .

134) Über den status controversiae *Schramm* III 198[5].

135) Deswegen bleibt das Material doch wertvoll, das *Rodenberg*, Über wiederholte deutsche Königswahlen, Gierkes Unters. 28, 1889, zusammengetragen hat. Die Bemerkungen *K. Rauchs* gegen den Begriff der fortgesetzten Wahl (in s. Aufsatz Die Kärtner Herzogseinsetzung nach alemannischen Handschriften, Festschrift *A. Zycha* 1941, 190) haben mich nicht überzeugt. R. scheint die Krönung für den endgültig abschließenden Akt, nachherige *echte* Wahlvorgänge für ausgeschlossen zu halten. Aber auch der gekrönte König konnte noch durch echte Wahl bestätigt (konfirmiert) werden, s. unten S. 78, ohne daß man darin, was modernem juristischem Denken nahe liegen mag, nur eine Art Heilung von Akten mit zweifelhafter Gültigkeit zu erblicken braucht.

gehuldigt, und jeder solche politische Akt stärkt auch bei seinen Anhängern die Macht und das Ansehen des Königs.

4. Die Erhebung Ottos I. gibt uns aber noch Gelegenheit zu weiteren Beobachtungen. Dieselbe Verflechtung oder „Verzahnung", um einen Ausdruck *P. E. Schramms* zu gebrauchen, die sich bezüglich der zeitlichen Reihenfolge der Handlungen feststellen läßt, *findet sich auch in der Form des Ineinandergreifens geistlicher und weltlicher Akte wieder.* Diese Behauptung bedarf allerdings genauerer Rechtfertigung; denn gerade die scharfe *Trennung* der geistlichen und weltlichen Anteile bei der Erhebung von 936 ist von der Literatur der letzten Zeit in den Vordergrund gestellt worden. So legt *Stutz* in seiner Akademieschrift über Reims und Mainz in der Königswahl des 10. und 11. Jahrhunderts das Hauptgewicht darauf, daß die „Wahl", die der kirchlichen Krönung vorausging, von jeder kirchlichen Mitwirkung frei war. Sie fand in der Vorhalle, dem Xystus, des Aachener Münsters statt; dort wurde Otto von den Herzögen und den „Ersten der Grafen" zusammen mit den übrigen militärischen Befehlshabern auf einen (wohl eigens dazu errichteten) Thron erhoben und zum König gemacht, indem ihm zugleich Hulde und Mannschaft geleistet wurde[136]. Der Erzbischof von Mainz mit dem übrigen Klerus und dem versammelten Volk wartete inzwischen in der Kirche selbst den Eintritt des Königs ab, wo sich dann die schon erwähnte Zeremonie der Vorstellung vor dem Volk und der Zurufswahl abspielte. Danach wäre die „Wahl" eine rein weltliche Angelegenheit gewesen, die Bischöfe wären noch nicht zu den Wahlfürsten gerechnet worden, mochten sie auch an der Thronerlangung, aber außerhalb der förmlichen Wahl, beteiligt gewesen sein[137]. Ganz ähnlich faßt auch

---

[136]) Widukind II, 1: duces ac prefectorum principes cum caetera principum militum manu congregati in sixto basilicae Magni Karoli cohaerenti collocarunt novum ducem in solio ibidem constructo, manus ei dantes ac fidem pollicentes operamque suam contra omnes inimicos spondentes, *more suo* fecerunt eum in regem. Daß der Thron eigens errichtet war, nimmt auch *Schramm* III 210 an.

[137]) So *Stutz*, Reims und Mainz, 417 unter Berufung auf *Hauck*, Kirchengeschichte Deutschlands III[3, 4] (1906) 27, *Köpke-Dümmler*, Kaiser Otto der Große (1876) 34. Vgl. auch *Stutz*, Erzbischof v. Mainz 65, wo er übrigens der hier vertretenen Ansicht näher steht, als in der zuerst angeführten späteren Arbeit.

noch *Schramm* den Vorgang auf, wiewohl er in seiner Wertung als Ganzes und des Zusammenhangs der Teile erheblich weiter geht. Ihm schließt sich doch aus den Einzelakten ein „Rechtsorganismus" zusammen; das Nebeneinander von Faktoren, das Zusammenzwingen heterogener Traditionen ist ihm für die Ottonenzeit charakteristisch, ihr Zusammenspiel „das Spiegelbild des ersten glücklichen Tages in der deutschen Geschichte, an dem mit Gottes Segen Fürsten, Geistlichkeit und Volk sich geschlossen für denselben Fürsten entschieden, an dem dieser alle Anrechte unbestritten geltend machte, die ein Herrscher dieser Zeit vorbringen konnte, an dem er alle symbolischen und kirchlichen Sicherungen empfing, die das Jahrhundert kannte"[138]. Aber andrerseits soll dieses glückhafte Zusammenspiel doch nicht reibungslos abgelaufen sein; *Schramm* [139] will in Widukinds fein abgewogener Darstellung noch die Spuren eines Konflikts zwischen Herzögen und Bischöfen wahrnehmen, dessen Beilegung nur durch ein Kompromiß möglich geworden sei. Das Ergebnis faßt er in die Worte: „Den Fürsten die Wahl, den Bischöfen Salbung und Krönung, bzw. den Fürsten kein Anteil an der Salbung, Investitur und Krönung, dafür den Bischöfen kein Anteil an der Wahl, den Fürsten der Raum vor der Kirche, den Bischöfen das Münster, und jenen die Einweisung auf dem Throne dort, diesen die Einweisung auf dem Throne hier." Ich weiß nicht, ob die Rechnung wirklich so sauber aufgeht, wenn man einmal ernstlich den Gesamtvorgang der Erhebung Ottos ins Auge faßt. Schon *Lintzel*[140] hat in dieser Richtung Bedenken geäußert. *Schramm* hat schon einen wesentlichen Schritt getan, indem er sich von der „rituellen Feststellungswahl" freigemacht hat; er hätte noch den zweiten tun sollen, zu erkennen, daß die Handlung des Volkes im Münster nicht Vollbort, Akklamation des „Umstands" zu der Handlung der Fürsten vor dem Münster

---

[138]) *Schramm* III 214.

[139]) a. a. O. 210.

[140]) In seinen kurzen aber inhaltsreichen Bemerkungen zur Königswahl Ottos I., M. 48 (1934) 423 ff. Für ihn laufen die Akte nicht gegeneinander, sondern parallel nebeneinander her. So auch G. *Tellenbach*, Königtum und Stämme in der Werdezeit des Deutschen Reichs, QuSt. Bd. 7, Heft 4, Weimar 1939, 101 f.

war, sondern Fortsetzung der schon zu Zeiten Heinrichs begonnenen Volkswahl; daß die Handlung der weltlichen Fürsten im Xystus überhaupt nicht eigentlich Wahl ist, sondern in erster Linie Thronsetzung, auf deren rechtliche Bedeutung später einzugehen sein wird, daß nicht sie, sondern der gesamte Vollzugsvorgang in Aachen mit „universalis electio" gemeint ist, was nach dem oben zu 1) Gesagten durchaus möglich ist; daß aber an jener Volkswahl und ebenso an ihrer Fortsetzung durch Sachsen und Franken als Repräsentanten des Reichsvolks sehr wohl die Geistlichen beteiligt gewesen sein können[141]. So liegt in dem Akt von 936 noch nicht die leiseste Spur einer Disharmonie, eines Mißverhältnisses zwischen weltlicher und geistlicher Beteiligung[142], wie es sich später herausgebildet hat, zu einer Zeit, wo die ottonische Staatskirchenverfassung zwar im Prinzip noch bestand, aber in der Praxis schon zu mannigfachen Reibungen führte. Dann erst mußte sich das Schwergewicht immer mehr auf die geistliche Seite verlegen, die Erhebungen mußten sich immer mehr vom Typus der ersten deutschen Regierungsantritte, von denen Arnulfs und Heinrichs I., entfernen, die noch rein weltliche Akte gewesen waren[143]. Wir können den Vor-

---

[141]) Die Geistlichkeit beteiligte sich also nur an der weltlichen *Thronsetzung* nicht – vielleicht weil ihr noch etwas von der heidnischen Schilderhebung anhaftete; das scheint mir sogar Widukind durch das etwas geringschätzige „more suo" anzudeuten, ähnlich wie man in der Normandie eine Ehe nach weltlich-germanischem Recht ein matrimonium more danico nannte, vgl. *R. Besnier*, Le mariage en Normandie, Normannia 1934, 21 ff.; *Westrup*, Le mariage des trois premiers ducs de Normandie, ebenda 1933, 411 ff.

[142]) Es ist sogar anzunehmen, daß Laien damals an der geistlichen Thronsetzung Anteil nahmen, so daß auch hier keine ganz strenge Trennung herrschte. Man könnte das daraus folgern, daß bei der Thronsetzung Ottos besonders hervorgehoben wird, daß er omnes videre et ab omnibus ipse videri posset. Noch die von Wibald verfaßte Anzeige an den Papst vom Regierungsantritt Friedrichs I. sagt ausdrücklich (M. G. Const. I p. 191), daß er pari et eodem consensu (sc. principum) cum benivola populi acclamatione gesalbt und gekrönt worden sei. *Kern*, Gottesgnadentum 102 spricht treffend von einer „Ermächtigung" die Herrscherweihe vorzunehmen und bezeichnet sie als Gesamtakt. Vgl. auch *Schreuer*, Grundgedanken 148 ff. 165 (bes. A. 2), und für später das Geleit der Kurfürsten nach Aachen unten A. 652.

[143]) „Bis über den Herrschaftsantritt König Arnulfs hinaus war man im Osten bei dem Zustand stehen geblieben, wie er sich unter Ludwig d. Fr. herausgebildet

gang jetzt in seiner stufenweisen Entwicklung verfolgen. Es bedeutet eine der wichtigsten Wandlungen des Königswahlrechts, daß die Geistlichen sich von den Weltlichen trennen, und daß die geistliche Kurie sich zuerst hierarchisch unter ihren Prälaten als Wahlführern formiert. Das 936 noch herrschende Gleichgewicht beginnt sich schon nach zwei Menschenaltern zu verschieben. Damit ist schon angedeutet, daß wir der Erhebung von 1002 dieselbe Bedeutung wie *Stutz* beimessen, der die erstmalig bei ihr auftretende geistliche Leitung sichergestellt und auf das französische Vorbild, die Wahl Hugo Capets von 987, eindrucksvoll hingewiesen hat[144]. Hingegen fällt die „Wahl" von 961 nicht in Betracht; daß *Schramm* in ihr eine „Zwischenstation" zwischen 936 und 1002 sieht[145], erklärt sich nur daraus, daß er an die „bewußte Fernhaltung" des Klerus von der weltlichen Erhebung von 936 glaubt. Dann aber kommt gleich die Wahl von 1024, bei der schon die Geistlichen geschlossen vor allen Weltlichen ihre Erklärungen abgeben[146]; bei der Gegenkönigswahl von 1077, die überhaupt in verschiedener Richtung eine verhängnisvolle Rolle spielt, bilden sich geradezu

hatte: Salbung und Krönung nur beim Kaiser nicht bei den Königen", *Schramm* III 190. Hingegen ist bei Zwentibold 895 eine „Benediktion", d. h. wohl Salbung bezeugt, vielleicht nach westfränkischem Muster, dazu *Schramm* II 140 ff. Ebenso bekanntlich bei Konrad I., während wir über die Erhebung Ludwigs des Kindes zu mangelhaft unterrichtet sind. Daß Heinrich I. Salbung und Krönung ablehnte, ist bekannt; über die Motive besteht noch keine völlige Klarheit, vgl. *Schramm* III 196[1]. *Heimpel*, Bem. zur Gesch. König Heinrichs I. 37. *R. Holtzmann*, Gesch. der sächs. Kaiserzeit 69. *Erdmann*, Der ungesalbte König, D. A. 2, 311, 339 f. Auch die durch die Annales Juvavienses maximi sichergestellte Erhebung Arnulfs von Bayern zum König in regno Teutonicorum war rein weltlich. *Bresslau*, Die ältere Salzburger Annalistik, Abh. der Berl. Akademie 1923, Nr. 2, 57.

[144]) In seiner Studie Reims und Mainz in der Königswahl des zehnten und zu Beginn des elften Jahrhunderts, JB. der Preuß. Akademie der Wiss. 1921, 414 ff.

[145]) *Schramm* III 251[3].

[146]) Nach Wipo (Kr. I 12) war die „Sententia" des Erzbischofs von Mainz ante alios accipienda, ihr folgen die anderen Erzbischöfe und reliqui sacrorum ordinum viri, dann stimmt Konrad der Jüngere, und singuli de singulis regnis eadem verba electionis saepissime repetebant. Dann fit clamor populi – darunter könnten allerdings noch die Geistlichen gerechnet werden, die nicht zu den sacri ordines gehören. Nicht ohne tieferen Sinn nennt Wipo Konrad schon nach der Wahl durch die Geistlichen rex, *Lindner*, Königswahlen 31.

zwei Kurien, die getrennt verhandeln[147]; keine Rede mehr davon, daß die Geistlichen noch innerhalb ihrer Stammesgemeinschaft stehen. Dieses Prinzip der „itio in partes"[148] scheint dann allerdings wieder aufgegeben worden zu sein. Denn 1125 und bei den späteren staufischen Wahlen sind geistliche und weltliche Magnaten wieder vereint[149]; vielleicht war das schon eine Wirkung des Wormser Konkordats, das geistliche und weltliche Fürsten (im Sinne des älteren Reichsfürstenbegriffs) zu einer Interessengemeinschaft band, in der sich bereits die spätere Abschließung des Reichsfürstenstandes vorbereitete[150]. Trotzdem blieb es bei der Sonderstellung der Geistlichen innerhalb der Gesamtwählerschaft. Auf all dies wird in anderem Zusammenhange noch zurückzukommen sein.

III. Aber noch in einer ganz anderen Beziehung weisen die Erhebungen des 11. Jahrhunderts nicht mehr die ideale Geschlossenheit der ottonischen Zeit auf. Es treten bei ihnen doch schon voneinander trennbare Elemente auf, oder, vielleicht richtiger gesagt, die Quellen der Zeit zeigen selbst die Neigung, solche Trennungen vorzunehmen; denn möglicherweise wird es sich uns ergeben, daß sie im Keime doch schon zur Ottonenzeit vorhanden waren. Wenn wir diesen Erscheinungen nunmehr nachgehen, treten wir nicht in Widerspruch mit unsrer Grundauffassung von der Einheitlichkeit des Erhebungsaktes; denn

---

[147]) Bertholdi annales (Kr. I 18): Episcopi seorsum et senatorius ordo seorsum pro constituendo rege diu multumque consiliati sunt. Dazu *H. Bruns*, Das Gegenkönigtum Rudolfs v. Rheinfelden in seinen zeitpolitischen Voraussetzungen, Diss. Berlin 1939, 57; *Soehngen*, Die Bestätigung der deutschen Königswahl durch Gregor VII., Diss. Münster 1936.

[148]) *Stutz*, Erzbischof v. Mainz 79; streng im Sinne des späteren Reichstagsrechtes ist der Ausdruck hier allerdings nicht gebraucht.

[149]) Womit nicht geleugnet werden soll, daß das geistliche Element in der Führung war. S. unten Kap. 3 II 1 c.

[150]) Hingegen ist in der Republik Venedig, demjenigen europäischen Staatswesen, das dem Wahlrecht stets die größte Bedeutung zuerkannt hat, der Klerus im 12. Jahrhundert gänzlich aus der Wahl verschwunden. *Maranini*, Constitutione di Venezia (1927) bemerkt dazu p. 10: „La straordinaria vigoria dell' organismo statale veneziano non avrebbe potato consentire un maggiore accortamento ai principii del concordato di Worms. Vgl. p. 175: Il netto principio di separazione fra interessi ecclesiastici e statali, che caratterizò poi . . . tutta la gloria veneziana . . ."

nicht in seine Zerlegung in einzelne zeitlich getrennte Teilakte handelt es sich im folgenden, vielmehr in eine sinnvolle Gliederung nach rein inneren Kriterien, die uns zugleich das Wesen des Erhebungsaktes besser erkennen lehren.

Zum ersten Male tritt die innere Gliederung deutlich hervor bei der Erhebung des Gegenkönigs Rudolf v. Rheinfelden. Dort sehen wir zuerst die Auswahl „aus vielen", wie Bruno[151] wohl übertreibend sagt, aus der Rudolf als Sieger hervorgeht; dann aber zum zweiten die *Verhandlungen* mit ihm, in denen ihm *Bedingungen* gestellt werden, von deren Gewähr seine Erhebung abhängt. Diese werden zuerst von einzelnen formuliert, bis der päpstliche Legat unter Berufung auf das gemeine Beste auf eine Gesamtvereinbarung[152] drängt. Man sieht also ganz deutlich: Der aus Auswahl Hervorgegangene ist noch nicht definitiv gewählt, er muß sich noch einer Art von Prüfung unterziehen; auf die Verhandlung *über* die (mehreren) Kandidaten[153] folgt noch die Verhandlung *mit* dem einen, zum Schluß übrig gebliebenen; auf das Neinsagen zu den andern das definitive Jasagen zu dem einen; auf die *Ausscheidung* die *Eignungsprüfung*, deren Schluß dann die förmliche Ausrufung bildet. Man kann nun unter Vorwegnahme des späteren deutschen Sprachgebrauchs ruhig schon das erste „Wahl", das zweite „Kur" nennen[154], man muß, darauf verzichten nur lateinische Entsprechungen dafür zu suchen. So soll es fortan gehalten werden. Diese beiden Akte finden sich ja auch im Sachsenspiegel, das „irwelen", bei dem noch mehrere im Spiele sein können, und das „Kiesen", das

---

[151]) De bello Saxonico c. 91, Neuausgabe von *H. E. Lohmann* (1937) 85, Kr. I 18: Ex multis . . . tandem Rodulfum . . . concorditer elegerunt. At cum singuli deberent eum regem laudare, quidam voluerunt aliquas *condiciones* interponere, ut hac lege eum super se levarent regem . . .

[152]) In ihr liegt dann aber auch das ganze kirchliche Programm: Freie kanonische Bischofswahl, Verzicht auf Designation, freie Volkswahl.

[153]) Es ist natürlich nicht gesagt, daß diese *jedesmal* stattfand.

[154]) Das ist auch sprachlich begründet, da kiesen mit gustare, kauen, schmecken, kosten, wählen, mit veljan wellen, herausnehmen nach Wunsch und Willen zusammenhängt; im 13./14. Jahrhundert verblassen dann die Bedeutungen und die Ausdrücke beginnen synonym zu werden. Vgl. *Grimm*, Deutsches Wörterbuch 5, 692 ff. – Ähnlich schon *Philipps*, Königswahl 32 und *Lindner*, Hergang 41.

notwendig auf einen gerichtet ist und eine rechtsförmliche Erklärung darstellt. Dort ist zwar von „Bedingungen" scheinbar gar nicht die Rede; es muß aber doch darauf hingewiesen werden, daß an einer anderen Stelle das berühmte sog. Krönungsversprechen des Königs eben in Verbindung mit dem Kiesen gebracht ist und somit eigentlich eine Kurbedingung bildet[155]. Und von hier führt eine direkte Linie zurück zum Jahre 936, wo ja, da es sich um eine Sohnesfolge handelte, die Auswahl Sache des Vaters war[156], so daß alles folgende, wie wir jetzt genauer sagen können, zur Kur gehört; die Verhandlung mit dem zu Kürenden hat sich aber in den Rahmen des Krönungsordo zurückgezogen, wo sie dann die Gestalt einer Befragung des Königs angenommen hat[157]. Dafür darf man sich natürlich nicht auf den sog. Deutschen (besser Mainzer) Ordo berufen, der ja sicher erst nach 936 entstanden ist; wohl aber auf seine Vorlagen, denen er gerade in diesem Punkte folgt, einen Kaiserkrönungsordo aus dem ausgehenden 9. Jahrhundert[158] und den von *K. Erdmann* wieder ans Licht gezogenen westfränkischen Ordo von ungefähr 900[159], an den man sich 936 wohl gehalten haben dürfte. Diesen Vorbildern gegenüber zeigt der sog. Deut-

---

[155]) SLdR. III 54 § 2: Alse men den Kuning kieset, sô sol her deme rîche hulde dûn unde sweren, daz her recht sterke unde unrecht krenke unde daz riche vorstâ an sîme rechte, alse her kunne unde muge . . .

[156]) Dabei kommt es natürlich nicht darauf an, ob im Einzelfalle mehrere Söhne vorhanden waren. Auch die Entscheidung des Vaters, ob er einen Sohn designieren oder übergehen wolle, war eine „Wahl", bei der es auf persönliche Eignung nicht ausschließlich ankam.

[157]) Vgl. *Schramm* III 242 ff.

[158]) Im sog. Kaiserordo B (Cencius I) zuletzt gedruckt bei *Schramm* I 371, heißt es: *Promissio imperatoris:* In nomine Christi promitto, spondeo atque polliceor ego N. imperator coram Deo beato Petro apostolo, me protectorem ac defensorem esse huius sanctae Romanae aecclesiae in omnibus utilitatibus, *in quantum divino fultus fuero adiutorio*, secundum scire meum et posse. Zu den Formeln vgl. LSt. 56 ff.

[159]) Gedruckt bei *Schramm* II 201: *Promitto* vobis et perdono, quia unicuique de vobis et ecclesiis vobis commissis canonicum privilegium et debitam legem atque justitiam conservabo et defensionem, quantum potuero, adiuvante Domino exhibebo, sicut rex in suo regno unicuique episcopo et ecclesiae sibi commissae per rectum exhibere debet. Hier tritt also die Verpflichtung der Kirche gegenüber rein hervor. Über die Verwendung des Ordo bei der Krönung von 936 vgl. *Schramm* III 201; eine weitere Vorlage M. G. Capp. II 363 (877).

sche Ordo[160] eine Erweiterung insofern, als neben den Zusicherungen an die Kirche Schutz und gerechte Beherrschung des Volkes ausdrücklich zum Gegenstand des Versprechens gemacht werden; man könnte darin einen Beweis sehen, wie stark die Kirche zur Zeit Ottos I. sich noch mit dem Volke verbunden fühlte; sie war es, die im Rahmen der feierlichen Handlung den neuen Herrscher an seine Pflichten dem Volke gegenüber gemahnte. Auf der andren Seite gab man diesem Versprechen zunächst nur die milde Form einer professio[161]; erst in der Umarbeitung von etwa 980 wird das profiteri durch ein promittere ersetzt, und jetzt tritt auch die Auflösung in einzelne Fragen und Antworten nach Muster des scrutinium bei der Bischofsweihe auf[162]. Wahrscheinlich unter Lothar III. hat die Promissio, neuerdings verschärft unter Heranziehung einer älteren Formel, den Charakter eines Schwurs angenommen[163]. Da wir nun bereits wissen, daß die Krönung mit ihrem Zeremoniell nicht etwa den Abschluß der ganzen Königserhebung bildet, sondern immer noch mit Wahl- oder wie wir jetzt genauer sagen können Kurakten durchsetzt ist, bei denen das Volk mitwirken kann[164], können wir auch feststellen, daß die der Salbung oder Thronsetzung vorgelagerte Prüfung im Grunde zum Kurverfahren

---

160) Von *Schramm* Mainzer Ordo genannt, verfaßt um 961 im dortigen Sankt Albankloster (*Schramm* III 312 c. 7): Sublatus autem princeps interrogetur a metropolitano, si sanctas Dei ecclesias ac rectores ecclesiarum *necnon et cunctum populum sibi subiectum* iuste et religiose regali providentia iuxta morem patrum suorum defendere ac regere velit.

161) Illo autem profitente, *in quantum divino fultus adiutorio* (vgl. oben A. 185!) ac solatio omnium fidelium valuerit, ita se per omnia fideliter esse acturum. Zu solatium Trost vgl. LSt. 20[18].

162) Vgl. *Schramm* III 326: Sublevatumque principem interroget domnus metropolitanus his verbis: „Vis sanctam fidem a catholicis viris tibi traditam tenere et operibus iustis observare?" Resp.: „Volo." „Vis sanctis ecclesiis ecclesiarumque ministris tutor et defensor esse?" Resp.: „Volo." „Vis regnum tibi a Deo concessum secundum iustitiam patrum tuorum regere et defendere?" Resp.: „In quantum divino fultus adiutorio ac solatio omnium fidelium suorum valuero, ita me per omnia fideliter acturum esse *promitto*."

163) Vgl. Schramm III 242 f.

164) Wenn auch die Volksbeteiligung schließlich in einen Chorsatz zusammenschrumpfte, *Stutz*, Erzbischof v. Mainz 65, *Schreuer*, Grundgedanken 169.

gehört[165]; und das gerade bei der Sohnesfolge, auf die der Ordo im übrigen, wie Formel „Sta et retine“ zeigt, zugeschnitten war.

Zwischen 936 und 1077 finden sich aber auch schon Fälle besonders formulierter Kurbedingungen. Einmal gehört hierher, daß Heinrich II. noch nach seiner Krönung den Sachsen die Wahrung ihres alten Rechtes zusichern mußte[166]; und wenn er dabei auch nichts versprach, als wozu er von Rechtswegen schon verpflichtet war[167], so ist es doch bezeichnend, daß bei seiner Kur durch die Sachsen überhaupt darüber verhandelt wurde. Heinrich III. erreichte nach Hermann v. Reichenau die Designation seines Sohnes nur unter der Bedingung „*si rector justus futurus esset*“[168]; bezieht man, wie grammatikalisch zulässig, den Konditionalsatz auf den Sohn[169], so hat man hier wieder eine Kurbedingung; nur daß sie, wie bei der designatio pro futuro eines Unmündigen begreiflich, dem Vater gestellt wurde; dieser konnte ja auch das Seine zur Erfüllung tun, indem er den Sohn zu strengster Wahrung des Rechtes erzog. Und nicht anders war es dann in der Zeit nach den Gegenkönigen, so wenn Heinrich V. bei seinem förmlichen Regierungsantritt 1106 vom Erzbischof Ruthard von Mainz angedroht wurde, wenn er nicht gerecht regieren und seine Schutzpflicht der Kirche gegenüber erfüllen sollte, werde ihn das Schicksal seines Vaters ereilen[170]. – Weitaus bedenklicher sind die Fälle, in denen individuelle

---

[165]) Weswegen also nicht mit *Schreuer* 55 ff. 136 von Krönungszusagen gesprochen wird. Der früheren Lehre war eben die Vorstellung des Ineinanders von Wahl- bzw. Kur- und Krönungsakten nicht geläufig; sie stellte die Akklamation zu Unrecht außerhalb des Wahlverfahrens. Ziemlich nahe kommt dem hier vertretenen Standpunkt schon *Kern*, Gottesgnadentum 154.

[166]) Thietmar V 16 (Kr. 5, jetzt ed. *Holtzmann* 239): Legem igitur vestram non in aliquo corrumpere, sed ... in omnibus adimplere ... (sc. affirmo).

[167]) So schon *Lindner*, Königswahlen 29.

[168]) Kr. I 13: Imperator ... filium aequivocum regem a cunctis eligi eique post obitum suum, si rector iustus futurus esset, subiectionem promitti fecit.

[169]) Die Auslegung wird gestützt durch die Stelle bei Paul v. Bernried, Vita Gregorii VII 97 (bei *Krüger*, Grundsätze 132[4]): Praeterea, liberi homines Henricum eo pacto sibi praeposuerunt in regem, ut electores suos iuste iudicare et regali providentia gubernare satageret.

[170]) Hildesheimer Annalen bei Kr. I 20.

Sondervereinbarungen getroffen wurden. So wenn nach Burchard v. Worms Heinrich II. dem Erzbischof Willigis v. Mainz und dem Bischof Burchard selbst alles versprach, was sie wollten, um sie für sich zu gewinnen[171], und das dürften nicht die Einzigen gewesen sein, die Sondervorteile erreichten[172]. Konrad II. warb vor seiner Erhebung eifrig um Anhänger, denen er Zusicherungen für seine Regierungszeit machte[173], und das in einem Augenblick, wo noch nicht einmal die Auswahl zwischen ihm und seinem jüngeren Vetter getroffen war. In der narratio de electione Lotharii hören wir schon von einem zum Zwecke der Wahlwerbung versprochenen Rentenlehen, das allerdings vom Begünstigten ehrenhafterweise ausgeschlagen wurde, da der stürmische Verlauf der Kur ihn gar nicht hatte zum Zuge kommen lassen[174]. Aber hier kündigen sich schon deutlich die später so häufigen Versprechungen an, die der Erhebung eines deutschen Königs so sehr den Charakter des Geschäftlichen aufprägen sollten, weit entfernt von ihrem ursprünglich spontanen Verlauf.

---

[171]) *Stutz*, Reims und Mainz 431 mit Anm. 6.

[172]) *Krüger* a. a. O. 75[12]. *Usinger* in Jahrb. Heinrichs II., I 442.

[173]) *Maurenbrecher*, Königswahl 91. Nach Radulfus Glaber (bei *Lindner*, Königswahlen 39) soll er Trennung von seiner Gemahlin Gisela versprochen haben.

[174]) Kr. I 24: Herzog Friedrich v. Schwaben . . . ducentas marcas, quibus eum rex prius inbeneficiare promiserat, satis honeste refutans . . .

Drittes Kapitel

DIE RECHTLICHE BEDEUTUNG DER ERHEBUNGS-AKTE

I. Die bisherigen Untersuchungen haben ergeben, daß in der Salierzeit *sachliche* und *personelle Scheidungen* auftraten und das ursprüngliche Wahlverfahren sich aufzuspalten begann. Wir stehen nunmehr vor der Aufgabe, uns über die *rechtliche Natur* der jetzt schon als einzelne faßbaren Erhebungsakte Rechenschaft zu geben und den Zusammenhängen nachzuspüren, in denen die einzelnen Akte untereinander stehen.

1. Wir beginnen mit der *Kur* als dem Mittelpunkt der ganzen Thronerhebung. Äußerlich betrachtet treten uns die Kuren als völlig selbständige Einzelerklärungen entgegen. Einzelne Wähler aus den einzelnen Stammesreichen läßt Wipo die verba electionis[175] immer und immer wiederholen[176], scheinbar wählt sich jeder seinen eigenen König; in schärfster Form wird es bei der in kleinem Kreise vollzogenen Wahl Konrads III. gesagt, daß einige Wähler *privatum regem sibi elegerunt*[177]. Die Einzelerklärungen werden in von Fall zu Fall bestimmter Reihenfolge abgegeben; der Mainzer führt, wie hinreichend bekannt ist, normalerweise die prima vox[178]; unter den ihm folgenden hat sich, wie aus der Kaiserlichen Erklärung über das Wahl- und Krönungsrecht von

---

[175]) Die vermutliche deutsche Form des Kurspruchs s. bei *Waitz-Seeliger* DVG. VI^2 202^2.

[176]) Vgl. oben Anm. 88.

[177]) Ann. Magdeburgenses zu 1138, M. G. Scr. 16, 186, bei *Frensdorff*, Nachr. der Göttinger Ges. der Wiss. 1923, 90. Vgl. Chronik des Erfurter Petersklosters, Anfang des 13. Jhdts., bei *Rodenberg*, Wiederholte deutsche Königswahlen 53 Anm. 6. Lantgravius, reprobato *rege suo* Ottone, Philippo regi se iuramento et hominio obligavit.

[178]) Damit soll gesagt sein, daß die prima vox von Haus aus kein selbständiges, auf die Kur zugeschnittenes Recht des Mainzers ist, sondern ein Annex seines Primats, der ihm bei Anwesenheit stets die erste Stelle verschaffen mußte. Doch scheint die Erklärung Barbarossas von 1158 (M. G. Const. I 233, *Stutz*, Erzbischof v. Mainz 76) schon ein selbständiges Recht anerkennen zu wollen. Daher sagt Arnold von Lübeck (Kr. I 61) sehr fein, daß bei der Halberstädter Wahl Ottos v. Braunschweig

1158[179] zu entnehmen ist, bereits ein Ordo gebildet, worunter aber nicht notwendig eine eigens für die Zwecke der Kur geschaffene Rangfolge, also eine feste „Stimmenfolge" oder Stimmordnung, verstanden zu werden braucht; dagegen spricht vor allem, daß der Besuch der Hoftage in dieser Epoche noch keinen festen Normen unterworfen war[180]; es soll wohl nur auf die unter den Fürsten schon nach allgemeinen Regeln bestehende „Hofrangordnung" Bezug genommen werden, die auch bei der Kur unter den am Hofe gerade Anwesenden beachtet werden mußte[181]. Die rechtliche Bedeutung aller dieser Erscheinungen soll erst später erörtert werden. Schon hier ist aber darauf hinzuweisen, daß mit diesen Einzelerklärungen unmöglich das Wesen der Kur erschöpft sein kann. Sie alle zusammen bilden darüber hinaus einen *Gesamtakt*, in ihnen liegt der *Gesamtwille* aller im Sinne des älteren Genossenschaftsrechtes[182]. Zwar gibt es noch keine abstrakte, neben und über den Einzelnen stehende Wahlkörperschaft; aber diese handeln doch auch wieder nicht nur als Individuen, als unverbunden nebeneinander stehende Willensträger, sondern sie haben sich zu einem gemeinsamen Ziele, eben der Königserhebung, verbunden und erreichen dieses Ziel, indem sie übereinstimmend und zur gesamten Hand tätig werden[183]. Nicht bloß jeder einzelne erhebt den Thronwerber über sich, sondern auch alle zusammen erheben ihn zum Subjekt der

---

1208 Erzbischof Albrecht v. Magdeburg primam vocem *habere videbatur;* d. h. er befand sich nur in der *Ausübung*, in der *Gewere* des Erststimmrechts; damit war jeder Verdacht einer Usurpation Mainz gegenüber beseitigt.

[179]) Kr. I 31. Die Erklärung wurde den Fürsten gegenüber ab- und von ihnen an Papst Hadrian IV. weitergegeben.

[180]) *Schröder-v. Künßberg* DRG.[7] 554 f. *Ficker* RfSt. II, 2, 1 ff.

[181]) In dieser Auffassung bestärkt mich vor allem die Wortstellung: deinde quod superest *caeteris secundum ordinem principibus* recognoscimus, wo das secundum ordinem als nähere Bestimmung zu principes, nicht zum Verbum gezogen ist.

[182]) Zum folgenden *Gierke*, Deutsches Genossenschaftsrecht II 476 ff.; *Edoardo Ruffini Avondo*, Il principio maggioritario nelle elezioni dei Re e Imperatori romano-germanici, Atti della Accademia Reale di Torino, Bd. 60, p. 441 ss. (dazu *Stutz* ZG. 47, 653 ff., der vor allem den Anschluß *Ruffini Avondos* an die inzwischen allgemein aufgegebene Elector-Theorie *Lindners* zurückweist).

[183]) Vgl. das oben bei Anm. 118 zu „collaudare" Gesagte.

Regierungsgewalt, zur Reichsspitze[184]. Die einzelnen Erklärungen sind also von vornherein dazu bestimmt, in die Gesamterklärung einzugehen und gemeinsam einen *Beschluß* zu bilden; selbständiger Wert kommt ihnen dann nicht mehr zu, weshalb sie auch nicht mehr anfechtbar oder rücknehmbar sind[185]. Daraus ergibt sich des weiteren, daß man die Thronerhebung nicht etwa als *Vertrag* zwischen dem König und den Wählern auffassen darf[186], wenn auch einzelne Aussprüche der Quellen es nahelegen könnten[187]. Zweifellos enthält sie einzelne Vertrags*elemente*, wie z. B. das Handerheben, in dem eine Selbstverpflichtung liegen kann – führt es doch auf dieselbe Wurzel zurück wie die germanische Waffenrührung, für die – vor allem in der Kirche! – kein Raum mehr war, deren Zusammenhang mit der adhramitio, dem Gelöbnis, aber erst jüngst wieder betont worden ist[188]. Indessen das ganze Königsrecht des Mittelalters auf einen bei der Thronerhebung geschlossenen Herrschafts- oder Unterwerfungsvertrag zurückzuführen wäre ein Anachronismus[189]; es hieße dies seine Grundlagen im Königs-

---

[184]) Das liegt ja schon in einer Erklärung wie der des Mainzer Erzbischofs bei der Kur Konrads II. (Kr. I 12): laudavit et elegit . . . suum in dominum et regem atque emrector et defensorem *patriae*. Dazu *Schreuer* HVjSchr. 1911, 354.

[185]) Insofern liegt also auch in der noch unentwickelten, durch viele Sukzessivakte verwirklichten „Kurgenossenschaft" ein sozialrechtlicher Zug. Vgl. etwa *Gierke*, Deutsches Privatrecht I 675; *Feine*, Die Gesellschaft mit beschränkter Haftung (1928) 171 mit nicht bloß für das moderne Recht beachtlichen Erwägungen.

[186]) Vgl. *Koch*, Manegold v. Lautenbach (1902) 131 f. *Kern*, Gottesgnadentum 265[483].

[187]) Diese früher sehr häufige Auffassung (vgl. *Kern* a. a. O. 371) wird zuletzt noch vertreten von *Krammer*, Wahl und Einsetzung des deutschen Königs (QuSt. I 2) 76 f., 107. Vgl. auch *Schreuer*, Grundgedanken 45 f.

[188]) *Herbert Meyer*, Hantgemal (1934) 88 f.: Adhramire ist von framea abgeleitet (bestr. von *v. Schwerin* bei Brunner II[2] 495[7]). *Karl v. Amira*, Die Handgebärden in den Bilderhandschriften des Sachsenspiegels (Abh. d. K. Bayr. Akademie der Wiss.) 1905, 199; auch im Norden tritt das lofatak an Stelle des vapnatak. Über lofatak (Handreichung) s. *v. Amira*, Nordgerm. Obl.R. II 306.

[189]) *Kern* a. a. O. 157 und vor allem *Walther Schönfeld*, Das Rechtsbewußtsein der Langobarden, Festschrift f. *Alfred Schultze*, 1934, 305 f. – Noch die förmlichen Wahlkapitulationen des 16. Jahrhunderts geben sich bekanntlich als einseitige Zusagen des Herrschers, betreffend die ihm vorgelegten Programmpunkte der Kurfürsten.

bann, in der Gewalt zur Leitung der herrschaftlichen Gemeinschaft verkennen, als welche das Reich des Mittelalters aufzufassen ist. Höchstens das könnte man annehmen, daß die schon in der Rechtsordnung selbst begründeten Pflichten durch gegenseitige Versicherungen *bestätigt* und *bestärkt* werden sollten. Dann würde eine ähnliche Vorstellung gewaltet haben wie bei der Beschwörung der Landfrieden[190]. Weitergehende Übersteigerungen des Vertragsgedankens gehören nicht der Wirklichkeit des staatlichen Lebens, sondern der theoretischen Rüstkammer des Investiturstreits an. Auch soweit die Wähler Reichsvasallen waren, bewegten sie sich nicht auf der Ebene des Vertragsrechts, sondern handelten als Angehörige des Reichsverbandes, des Herrenstandes oder der Fürstenschaft[191].

2. Etwas mehr Zeit und Raum wird die Auseinandersetzung mit einer anderen Auffassung beanspruchen, jener nämlich, in der die Erhebung des Königs als eine Art von *Gerichtsverfahren*, die „Wahl" als ein *Urteil* erscheint. Zwar hat eigentlich nur Ernst *Mayer*[192] die Gleichung ex professo durchzuführen versucht und aus ihr beachtliche Folgerungen gezogen. Bei anderen Schriftstellern taucht die Vorstellung eines „Wahlurteils" mehr beiläufig auf[193]. Die Frage ist an sich der Erörterung durchaus wert,

[190]) Oben A. 75. Solcher „bestätigender" Verträge gibt es noch viele. So z. B. den Zeugenziehungsvertrag, der die allgemeine Genossenpflicht zum Zeugnis konkretisiert. So erledigt sich wohl der Widerspruch zwischen *Brunner* DRG. II[1] 392 und *Amira* Gött. Gel. Anz. 1896, 205 sowie zwischen Text und Note 12 von II[2] 530.

[191]) *Krammer*, Wahl und Einsetzung 92. – Es ist übrigens darauf hinzuweisen, daß eine Erklärung des Gewählten über die Annahme der Wahl ursprünglich nicht bezeugt ist und erst durch kanonisch-rechtliche Beeinflussung vermittelt worden sein dürfte. *Bloch*, Kaiserwahlen 343, vgl. *Hugelmann* M. 34, 358; vgl. unten bei A. 582.

[192]) In seinem Aufsatz „Zu den germanischen Königswahlen", ZG. 23 (1902) S. 1 ff. geht er vom Urteil aus, um dessen Sätze dann auf die Wahlen zu übertragen.

[193]) So z. B. bei *Stutz*, Erzbischof v. Mainz 81; *Schreuer*, Grundgedanken 61 u. öfters; ferner Emil *Werunsky*, Geschichte Karls IV. und seiner Zeit III, 1892, S. 120: „Solange Stimmeneinhelligkeit bestand, hatte die Königswahl die Form der gerichtlichen Urteilsfindung über die Frage, wem der Besitz am Reich gebühre." Dazu *Hoyer*, Die Selbstwahl in, vor und nach der Goldenen Bulle, ZG. 42, 1921, 38. *Schramm* II 147 (über das franz. Protokoll oder besser Memorandum von 1059); dazu ferner König v. Frankreich 100. *Hugelmann*, Königswahl im Corpus jur. Can. 17 ff., 162[2]). M. 27, 226. Zweifelnd *Wretschko*, Einfluß der fremden Rechte auf die Königswahl, ZG. 20, 1899, 166[1]). *Buchner*, Das Herzogtum Bayern 27 ff.

da sich bei dieser Gelegenheit wichtige Grundgedanken des Thronerhebungsrechts gewinnen lassen. Sicher ist auch der Ausgangspunkt durchaus richtig; die Nebeneinanderstellung von Thronerhebung und Gerichtsverfahren entspricht vollkommen ihrer gemeinsamen Wurzel im Verfahren der germanischen Landsgemeinde. Diese war der Mittelpunkt allen politischen Handelns und, soweit es sich um Achtsachen handelte[194], auch Trägerin der Gerichtsbarkeit; in übrigen dürfte das Verfahren der Hundertschaftsgerichte vollkommen dem der Landsgemeinde entsprochen haben[195]. Sicher ist der Prozeß bis ins hohe Mittelalter hinein das Vorbild für viele wichtige Staatsakte geblieben, und es spricht eine starke Vermutung dafür, daß auch die Thronerhebung ihm nachgebildet war. Aber es kommen dabei doch wohl mehr *formale* als sachliche und inhaltliche Entsprechungen in Betracht. Man darf über den äußeren Ähnlichkeiten die *tiefgreifenden Unterschiede* in den Zielen und im ganzen Wesen der beiden Einrichtungen nicht übersehen. Das gerichtliche Verfahren hatte seiner ganzen Natur nach die Schlichtung eines Rechtsstreites zum Gegenstand. Der magischen, kultischen Struktur der Parteihandlungen, Beweismittel und Rechtsmittel[196] nach konnte es bei dem engen Zusammenhang von Religion und Recht um nichts andres gehen als um *Rechtsfragen*, nicht aber um Ermessens- oder Tatfragen. Aus dem ursprünglich rein strafprozessualen Charakter des Rechtsgangs[197] folgt, daß Schuld oder Unschuld des Angeklagten zur Entscheidung standen, also Rechtsfragen im eigentlichsten Sinne des Wortes. Darum gerade konnte es sich bei der „Königswahl" nicht han-

[194]) Tac. Germ. c. 12. *Brunner*, Deutsche Rechtsgesch. I² 238.

[195]) *Brunner* a. a. O. 202, 252.

[196]) Die den eigentlichen Grund für den Formalismus des älteren deutschen Prozeßrechtes bildet. Vgl. etwa *Herbert Meyer*, Heerfahne und Rolandsbild, Untersuchungen über „Zauber" und „Sinnbild" im germanischen Recht, Nachr. von der Gesellschaft der Wissenschaften zu Goettingen, phil.-hist. Klasse 1930, 499 f. mit Lit. Vgl. oben bei A. 442.

[197]) Dieser wird besonders stark betont von *U. Stutz*, Die Beweisrolle im altdeutschen Rechtsgang, ZG. 49, 1929, 1 ff. Dieser auf dem Internationalen Historikertag in Oslo gehaltene Vortrag setzt sich besonders mit der Lehre *Mayer-Hombergs* (Beweis und Wahrscheinlichkeit 1921) auseinander.

deln, da es kein subjektives Recht zum Throne gab[198], und die Frage, wer König werden sollte, eben nicht vom rechtlichen Standpunkt aus beantwortet werden konnte. Es handelte sich vielmehr um eine Frage reinen Ermessens, und die Entscheidung darüber trug viel eher die Natur eines *Beschlusses* als die eines Urteils. Im Urteil soll zunächst ein in der Vergangenheit spielender Rechtsstreit beigelegt werden — mag es daneben auch in die Zukunft wirken, indem es die Verhältnisse zwischen den Parteien neu gestaltet oder für die Allgemeinheit den Wert eines Vor-Urteils (Präjudizes) erlangt. Der Beschluß ist rein auf die Zukunft gerichtet, er soll gegebenenfalls die staatlichen Schicksale von Volk und Reich in neue Bahnen lenken. Diesen grundlegenden Unterschieden gegenüber ist es von geringerer Bedeutung, wenn in der Wahlversammlung die Fürsten wie ein Urteilerkollegium sitzen, während das Volk den „Umstand" bildet[199]; zwischen der „Vollbort" dieses Umstands und den Einzelerklärungen der in bevorzugtem Range Stehenden besteht kein Wesensunterschied, da alle auf die Kur abzielenden Erklärungen sich zu einem Gesamtakt zusammenschließen, gleichgültig ob sie einzeln oder mit gesamtem Munde abgegeben werden. Im Gerichtsverfahren, wo Urteilsvorschlag und Folge zu scheiden sind, liegt es doch wesentlich anders. Es sind also immer nur einzelne Erscheinungsformen des Rechtsganges mit der Thronerhebung vergleichbar, ohne daß die Möglichkeit gegeben wäre, die Regeln des ersten ohne weiteres auf das zweite Verfahren, genauer gesagt auf die Kur, zu übertragen.

3. Besonders an einem Punkte läßt sich das deutlich zeigen: Es gab im Königswahlverfahren keine Entsprechung zur germanischen *Urteilsschelte*[200] und konnte auch wohl keine geben. Die

---

[198]) S. oben Kap. I.

[199]) Das tritt besonders deutlich bei der Schilderung Wipos von der Wahl Konrads II. hervor. *Schreuer* HVjSchr. 14, 356.

[200]) Zum Folgenden insb. *Brunner- v. Schwerin* DRG. II² 473 ff. *v. Amira*, Grundriß des germ. Rechts³ 256 ff. *Hübner* bei Hoops, Reallexikon der germ. Altertumskunde IV 382. *Sohm*, Die fränkische Reichs- und Gerichtsverfassung (Neudruck 1911) 373 ff. *Brunner*, Wort und Form im altfranzösischen Prozeß (Forschungen zur Geschichte des deutschen und französischen Rechts) 345. *Schroeder-v. Künßberg*, Lehrb. der DRG.⁷ 400 f. *v. Schwerin*, Die german. Hundertschaft (Gierkes

Urteilsschelte ist nicht etwa eine zufällige, primitivem Denken entsprungene Einrichtung, die aus der Gesamtgestaltung des germanischen Prozesses einfach weggedacht werden könnte. Sie bildet vielmehr geradezu den Kern des Ganzen, den Schlüssel zum Verständnis für die unlösbare Verbundenheit des Volkes mit seinem Recht. Das Wesen der germanischen Urteilsfindung ist Rechtsschöpfung; das nur im Unterbewußtsein, im allgemeinen Rechtsgefühl als objektive Wahrheit Vorhandene soll an den Tag, zur Evidenz gebracht, in das helle Licht des Bewußtseins gehoben werden. Dabei mitzuwirken muß jeder Rechtsgenosse in der Lage sein. Jeder aktiv Dingpflichtige kann vom Richter oder einer der Parteien aufgefordert werden, einen Urteilsvorschlag zu erstatten. Die vollständige, uns fast unvorstellbar gewordene Gleichförmigkeit des Rechtsempfindens bürgte dafür, daß der Urteilsvorschlag so ausfallen mußte, wie jeder andre Dinggenosse ihn ebenfalls gefunden haben würde. Die Schelte des Vorschlags konnte daher nichts andres sein als der ehrenrührige Vorwurf bewußter Rechtsbeugung, bewußter Verweigerung des richtigen Rechts. Das liegt ja schon in *Brunners* klassischer Formulierung, wonach die Urteilsschelte sich nicht gegen die *An*sicht, sondern gegen die *Ab*sicht des Urteilsfinders richtet[201]. Auch die Form und Frist, in der die Schelte zu erheben ist, sofort, stehenden unverwandten Fußes[202], spiegelt die Erregung wider, in die der Scheltende durch die Rechtsbeugung versetzt ist.

4. Für all diese Gestaltungen bot das Königswahlverfahren keinen Raum. Es gab eben keine gemeinsame Rechtsüberzeugung in der Frage, wem in jedem einzelnen Falle der Thron gebühre. Daher mußte die Auseinandersetzung über die Angemessenheit

Unt. 90, 1907) 145. Die Theorie *Seelmanns*, Der Rechtszug im älteren Deutschen Recht 1910 (dazu A. B. *Schmidt* ZG. 33, 543) scheint mir auf der falschen Annahme zu beruhen, daß in jüngeren Rechtsquellen zutage tretende Rechtseinrichtungen unbedingt auch entwicklungsgeschichtlich jüngeren Ursprungs sein müßten. Das Gegenteil hat z. B. für das sog. „jüngere" Erbenwartrecht dargetan *Alfred Schultze* in seinem bekannten Werke Augustin u. der Seelteil des germ. Erbrechts, 1928, 211 f.

[201]) So schon Entstehung der Schwurgerichte (1871) 47.

[202]) *Siegel*, Geschichte des altdeutschen Gerichtsverfahrens 148; Die Gefahr im deutschen Rechtsgang, Wiener SB. 51, 146.

eines Wahlvorschlags auf anderem Wege vor sich gehen. Dabei konnte vielleicht angeknüpft werden an jüngere Bildungen, die inzwischen auch in der Gerichtsverfassung aufgetaucht waren. Die urtümliche Idee der Urteilsschelte mußte mit der Zeit verblassen; sie setzte einfache rechtliche Verhältnisse voraus, wo zwei Behauptungen sich kontradiktorisch gegenüberstanden und die Rechtsfrage durch einfaches Ja oder Nein entschieden werden konnte. Daher war auch zunächst wenigstens die zwingende Notwendigkeit gegeben, zwischen Schelte und Folge zu wählen; diese schlossen sich gegenseitig aus. Ein nicht gescholtenes Urteil muß die Vollbort erhalten; die einmal erteilte Vollbort hindert die Schelte; umgekehrt kann ein gescholtenes Urteil die Vollbort nicht mehr erhalten[203]. Der Schelter bekämpft den von ihm gescholtenen Urteilsvorschlag ursprünglich wohl nicht, um ihn sachlich zu verbessern, sondern nur um die Klage wegen Rechtsbeugung gegen den Gescholtenen durchführen zu können; er findet auch den Gegenvorschlag, den die Quellen der fränkischen Zeit fordern[204], nicht um der beschwerten Partei zu ihrem Rechte zu verhelfen, sondern lediglich, um darzutun, warum und wodurch das Recht gebeugt sei. Es scheint also ein sehr beachtenswerter Rechtsgrundsatz gegolten zu haben, daß die negative Kritik für sich allein noch nicht genügt. Aber es muß sich mit der Zeit auch das Bedürfnis herausgestellt haben, ohne eigentliche Urteilsschelte einen Gegenvorschlag erstatten zu können, also dem ersten Urteilsvorschlag *die Folge einfach zu versagen;* so vielleicht, wenn es sich mehr um Abweichungen des Grades und Maßes als um schwerere Differenzen handelte. Nunmehr stehen zwei Vorschläge einander gegenüber, und es ist Sache der Dinggenossen zu entscheiden, welchem sie die Folge erteilen oder versagen wollen. *Sie müssen diese Entscheidung*

---

[203]) *Sohm* a. a. O. 374: „Die Urtheilsschelte *hindert* die Vollbort" . . . Daher macht sich auch der zu Unrecht Scheltende einer Rechtsverweigerung schuldig, denn er hindert das Zustandekommen des gerechten Urteils. *Brunner-v. Schwerin* a. a. O. 478. Indessen gibt es später Quellen, die eine Schelte noch nach der Folge gestatten; nur hat der Schelter dann alle Folger zu Gegnern. *Brunner-v. Schwerin* a. a. O. 475.

[204]) So nach einem jüngeren Zusatz zu Lex Alamannorum c. 44: Si ante ducem hoc judicium renuerit et iniustum iudicium ipse proposuerit et sequentes idoneos non habuerit . . .

treffen[205]; die Stimmenthaltung, die bequeme Zuflucht des Verantwortungsscheuen, ist dem deutschen Recht unbekannt[206]. Findet sich für den Gegenvorschlag eine genügende Anzahl von Folgern[207], dann muß es zum Kampfe kommen[208] oder – in entwickelteren Verhältnissen – zur Anrufung eines höheren Gerichts. Aber schon die deutschen Rechtsquellen des Mittelalters stehen auf dem Standpunkt, daß in einem solchen Falle die Minderheit verpflichtet sei der Mehrheit zu folgen[209], damit

---

[205]) Das scheint mir der Sinn der bekannten Stelle aus dem Capitulare missorum von 805 (MG. Cap. I 123 c 8) zu sein: De clamatoribus vel causidicis, qui nec judicium scabinorum adquiescere nec blasfemare volunt, *antiqua consuetudo* servetur, id est ut in custodia recludantur, donec unum a duobus faciant. Die Pflicht sich zu entscheiden galt wohl nicht nur für die Parteien, sondern auch für die Beisitzer. Über blasphemare = contradicere, schelten vgl. *Ducange-Henschel* I 676 (= blâmer). Die Auslegung *Brunner-v. Schwerins* a. a. O. 480[52]), wonach es sich um die Bekämpfung von Widerständen gegen das neu eingeführte Schöffentum handelt, muß sich mit dem „antiqua consuetudo" abfinden. Vgl. *Schroeder-v. Künßberg* a. a. O. 400[62]. Zur Sache noch *Amira*, Handgebärden 200.

[206]) Die ersten bekannten Fälle zulässiger Stimmenthaltung finden sich in Venedig, *Maranini* Costituzione 189.

[207]) Ein Gegenvorschlag, der ganz ohne Folge bleibt, ist wirkungslos und verpflichtet zur Buße, SchLR. c. 17: Widerwirfet ein man ein urteil vor sinem herren und wirt er selbe dritte, die im helfent und im volgent, er belibet ane bûzze unde *hat er niemander im volge*, so sol er sinem herren wetten sine bûzze. Über die Zahlen, die zu einem Minoritätsvotum genügen, vgl. (für Skandinavien) *Mayer*, Altg. Königswahlen 2 ff. Vielleicht gehört hierher auch das von Gislebert von Mons zu 1190 berichtete Reichsweistum (ed. *Vanderkindere* 254), wonach ein Urteil 2 Folger haben muß, einer davon aber ein Ministerial sein kann; vgl. *E. Mayer*, Deutsche und franz. Verfassungsgeschichte II 194; *Heck*, Der Sachsenspiegel und die Stände der Freien 257.

[208]) Es tritt dann „Gerichtsspaltung" ein, an. véfang, thingrof, *Mayer* a. a. O., *Amira*, Grundriß 256.

[209]) SLdR. II 12 § 10: Wederspricht eyn de vulbord unde vint her eyn ander urtêl, swelkir die mêrre volge hât, die behelt sîn urtêl, unde blîbint iz beide sunder wedde, wente ir nichên des andern urtêl beschulden hat. Hier ist der Gegensatz der Urteilsschelte zur jüngeren Form der bloßen Folgeweigerung sehr klar dargestellt. Einen Übergang bilden die Stellen, die von den Urteilsfindern eine eidliche Reinigung vom Vorwurf der bösen Absicht verlangen, *Planck*, Das deutsche Gerichtsverfahren im Mittelalter I 265 f. – Vgl. noch SLR. 69 § 3: Swelk man sîme herren ordêl vint, unde des eyn ander nicht ne volget, die sol eyn ander ordêl vinden, ob iz yme die herre bûdet. *Swelk irme die mêrre menie volget, die hât sîn urdêl behalden,*

wenigstens nach außen hin die formelle Einstimmigkeit gewahrt bleibe. So ist der Gedanke der *Folgepflicht*, das verdeckte Mehrheitsprinzip, entstanden, das in der Folgezeit nach dem Zeugnisse der Weistümer in das Beschlußverfahren der Mark- und Dorfgemeinden eingedrungen ist[210].

II. Die *Folgepflicht* ist die Brücke, die aus der Gerichtsverfassung in das Thronerhebungsverfahren hinüberführt. Damit treten wir allerdings in einen gewissen Widerspruch zur herrschenden Meinung. Denn bisher hat man keine Spur des Mehrheitsprinzips bei den frühen „Königswahlen" finden wollen, auch nicht in der Form der Folgepflicht; selbst eine Spezialstudie über das Mehrheitsprinzip bei der deutschen Königswahl negiert die Folgepflicht[211] und geht über die Zeit bis 1198 auf wenigen Seiten hinweg. Erst die bekannte Stelle des Schwabenspiegels[212], die ja dann keinen Zweifel mehr läßt, wird als Äußerung einer neuen Rechtsauffassung bewertet, während sie, wie zu zeigen sein wird, in Wirklichkeit altes Recht enthält.

Der Fehler scheint mir darin zu liegen, daß man allzu mechanisch die bei sonstigen Gelegenheiten geltenden Grundsätze auf das Königswahlrecht übertragen hat. Vielleicht ist es überhaupt unrichtig, die Folgepflicht von Anfang an mit dem Mehrheitsprinzip zu verkoppeln. Es gibt nicht nur die Pflicht der Minderheit, einer Mehrheit zu folgen, sondern es gibt auch — und das dürfte die ältere Form sein — die Pflicht einer *Autorität* zu folgen. Dem deutschen Recht ist die mechanische Gleichmacherei von

---

unde jene ne virlûset dâ mede neweder wedde noch bûte, deme da brôk wirt, *wen her nichên urdêl ne schalt.* Weitere Stelle bei *Ruffini Avondo*, princ. maggioritario 403 in den Noten.

210) SLdR. II 55: Swaz sô die bûrmeister schaffet des dorphes vromen mit willecore der mêrren menyen der bûre, *daz ne mach die minre teil nicht wederreden.* SchLdR. (Laßberg) 214. Zahlreiche weitere Stellen bei *Gierke*, Deutsches Genossenschaftsrecht II 482 f.

211) *Ruffini Avondo* (oben A. 164) a. a. O. 445. Vgl. *Hugelmann*, M. 27, 229. *Wunderlich*, Die neueren Ansichten über die deutsche Königswahl und den Ursprung des Kurfürstenkollegiums, Berlin 1913, 70.

212) SchLdR. 130: Darumbe ist der fursten ungerade gesezzet, ob dri an einen gevallen und vier an den andern, daz die drei den viern *volgen* suln und also sol ie diu minner menge der merren volgen. Diz ist an aller Kur reht. Vgl. unten A. 672.

Haus aus fremd[213]; es hat eine hohe Achtung vor dem Wert der Persönlichkeit, vor der Rangstufung, der Hierarchie, als Ordnungsprinzip der menschlichen Gesellschaft; daher ging ihm auch seit je Autorität vor Majorität. In der Gerichtsverfassung mag dieser Grundsatz seit je gegolten haben. Die principes, die nach Tacitus jura per pagos vicosque reddunt und auch in den politischen Versammlungen das Übergewicht zugleich mit der Hauptlast der Verantwortung tragen, dürften wohl, wenn sie selbst einen Urteilsvorschlag erstatteten, sich weniger leicht der Gefahr einer Schelte ausgesetzt haben als gewöhnliche Dinggenossen. Und ebenso stand es wohl mit berufsmäßigen Rechtweisern, die bei manchen Stämmen bezeugt sind. Vielleicht ließe sich so eine Erklärung für den Übergang zum selbsturteilenden Richter der Langobarden, Angelsachsen, allenfalls auch Bayern[214] finden, in dem ich doch nicht so ohne weiteres eine antikromanische Entlehnung finden möchte; die deutschen Stämme hätten, selbst auf dem Boden des Römischen Reichs, der Vereinigung von Prozeßleitung und Urteilfindung in einer Person wohl stärkeren Widerstand entgegengesetzt, wenn nicht in ihrem eigenen Recht Ansätze dazu vorhanden gewesen wären. Vielleicht erklärt sich so ferner der Übergang von den Rachinburgen in die Schöffenkollegien und ihre Alleintätigkeit im gebotenen Ding, in dem die als selbstverständlich angesehene Vollbort des Umstands schließlich ganz wegfiel[215]. Jedenfalls wird ein Urteilsvorschlag, der vom Richter selbst ausging[216], immer

---

[213]) Es ist daher auch bedenklich, zu sagen, die älteren Wahlen seien „einstimmig" gewesen. Hier wird ein Begriff in das ältere Recht hineingetragen, dessen notwendige logische Ergänzung, die Mehrstimmigkeit, diesem noch unvorstellbar ist.

[214]) *Brunner* DRG. I² 203, 209, II² 302; *Rintelen*, Die Urteilsfindung im angelsächsischen Recht, Histor. Aufsätze *Karl Zeumer* dargebracht (1910) 558 ff.; *Liebermann*, Gesetze der Angelsachsen II 452 unter „Gericht" Nr. 15; *Schoenfeld*, Festg. f. Schultze 301. *Fr. Beyerle* ZG. 49, 361 und darauf fußend *Wohlhaupter*, Hoch- und Niedergericht in der mittelalterlichen Gerichtsverfassung Bayerns, *Beyerles* Deutschrechtl. Beiträge XII, 2, 159 f. haben den urteilenden Iudex auch für Bayern wahrscheinlich gemacht. Vgl. dazu noch *Jul. Goebel*, Felony and misdemeanor, I, New York 1937, 95 f.

[215]) *Brunner-v. Schwerin* II² 300. *Heymann*, ZG. 32, 421.

[216]) Daß der Richter zum Urteilsvorschlag berechtigt war, ist unbestritten. Vgl. *Brunner* I² 209. Hingegen glaube ich nicht, daß er schelten *mußte*, wenn das Urteil

die größere Autorität für sich gehabt haben. Diese konnte noch verstärkt werden, wenn sich noch weitere Dinggenossen dazu bekannten; so findet es sich im altnordischen wie im altfranzösischen Recht, daß ein Urteil, das einmal eine bestimmte Anzahl von Folgern gefunden hat, überhaupt nicht mehr gescholten werden kann[217].

1. Wendet man so den Grundsatz der Folge nach einer mit Autorität, mit Führereigenschaften ausgestatteten Persönlichkeit oder Gruppe auf unser Thema an, – und dabei schwindet, nebenbei bemerkt, jeder Vorwurf des Gewissenszwanges, den man von einer dem Geiste der damaligen Zeit kaum entsprechenden Einstellung aus gegen ihn erhoben hat[218] – so kommt man zu folgenden Ergebnissen:

a) Ganz einwandfrei gilt der Folgegrundsatz bei der Designation. Der Wille des Königs, dem von ihm auserwählten Sohne die Reichsführung übertragen zu sehen, barg die volle Kraft einer autoritären Entscheidung in sich; das ist eine Ergänzung dazu und zugleich die nachgeholte juristische Begründung dafür, daß an früherer Stelle[219] von einem bindenden Wahlvorschlag als Form der Designation gesprochen werden konnte.

b) Ein weiterer, verhältnismäßig klarer Fall betrifft die Geistlichkeit. Daß auch in der Kirche die Folgepflicht gegenüber der Entscheidung eines Oberen sehr bald zum Durchbruch gelangte, ist bekannt und neuerdings wieder betont worden[220]; der Streit darüber, ob die Kirche dieses Prinzip dem germanischen

---

mit *seiner* Rechtsüberzeugung nicht übereinstimmte; war es seine Sache, die Vollstreckung oder das Erfüllungsgelöbnis anzuordnen (das „Rechtsgebot" zu erlassen) so konnte er das einfach verweigern. *A. M. Amira* Gött. Gel. Anz. 1896, 201 gegen *Brunner* DRG. II[1] 358.

217) *Mayer* ZG. 23, 6 mit Stellen aus Pierre de Fontaines; diese schon bei *Brunner*, Wort und Form 739 (Forschungen 346).

218) *Ruffini Avondo*, Principio maggioritario 413: Esso (sc. il sistema germanico) importa necessariamente una violazione della coscienza individuale . . . Vor allem erblickt R. dies in dem offenen Bekenntnis der überstimmten Minderheit, die sich nicht mit dem tacitus consensus begnügen darf. Gegen ihn schon *Stutz ZG. 47, 653*.

219) Oben Kap. I, IV 4.

220) Vgl. *Paul Schmid*, Der Begriff der kanonischen Wahl (1926) 53 f., vor allem Anm. 174; und schon *E. Mayer* ZG. 23, 17 ff.

Recht entlehnt[221] oder selbständig entwickelt habe, kann hier auf sich beruhen. Jedenfalls haben wir in ihm den Ansatzpunkt und die materielle Grundlage für die Führung der ersten „Kurstimme" durch den Reichsprimas, den Erzbischof von Mainz, oder ihre Ausübung durch denjenigen Würdenträger, der während seiner Abwesenheit den obersten Rang unter den Geistlichen bekleidete, wie der Erzbischof v. Magdeburg bei den beiden „sächsischen" Wahlen von 1198 und 1208[222]. Sein Vorgang mußte die übrige Geistlichkeit mit Rechtsnotwendigkeit zum Anschluß bewegen, und diese Bindung mußte sich noch verstärken, wenn sich dem Erstführer andere, kaum minder und daher subsidiär berechtigte Prälaten zugesellten[223]. Sehr deutlich tritt das schon bei der Kur von 1024 hervor, wo von den Geistlichen gesagt wird, daß sie der Entschließung (sententia) des Mainzers ohne zu zögern folgten (indubitanter sequebantur)[224]; es scheint mir das durchaus nicht nur zeitlich gemeint zu sein. Die Probe aufs Exempel liefert ein von Arnold v. Lübeck berichteter Vorfall bei der Kur von 1208. Damals wird ebenfalls gesagt[225], daß die Fürsten, und zwar hier auch die weltlichen, dem Erzbischof v. Magdeburg folgten; es ist

---

[221]) So *Alfred v. Wretschko*, Die electio communis, Deutsche Ztschr. f. Kirchenrecht 1902, 340; gegen ihn *Schmid* a. a. O. und *Mayer* a. a. O. 20[2]).

[222]) S. oben bei A. 160. Ich stehe also auf dem Standpunkt, daß der Erzbischof v. Magdeburg weder Vertreter noch „Lückenbüßer" für Mainz war (so *Stutz*, Erzbischof v. Mainz 75, 77), sondern in dessen Abwesenheit aus eigenem Recht als Ranghöchster zur Ausübung der prima vox für diesen Fall legitimiert; er war „in der Gewere" der ersten Stimme.

[223]) So natürlich in erster Linie Köln u. Trier. Vgl. *Stutz*, Die rheinischen Erzbischöfe und die deutsche Königswahl, Festschr. f. *Heinr. Brunner* 1910, 57 ff.

[224]) Wipo c. 2 (Kr. I 12).

[225]) *Arnoldus Lubecensis* Chronica Slavorum VII, 13 (ed. *Lappenberg* 285, Kr. I 61): Omnes igitur principes . . . Ottonem . . . elegerunt . . . archiepiscopo (sc. von Magdeburg) inchoante, *prosequente* vero Bernardo duce . . . cum aliis . . . Cum autem perventum fuisset ad electum memoratum (sc. Erbipolensem Ottonem) conqueri cepit in conspectu principum ecclesiam suam dampnificatam a Philippo rege et a predecessore eius Heinrico . . . et nisi eadem iniuria mutaretur, . . . ipse huic electioni *se consensum non prebere* affirmabat. Cumque hinc inde multa allegarentur, ipse de collegio exiens discessit. Altera tamen die revocatus *electioni principum acquievit* . . .

hier schon darauf hinzuweisen, daß nach Arnold dem Erzbischof sofort der Herzog von Sachsen, der Markgraf von Meissen und der Landgraf von Thüringen, also drei hervorragende weltliche Fürsten, sich anschlossen; hingegen verweigerte der Erwählte von Würzburg die Folge, indem er zur Begründung die seiner Kirche von den früheren Königen zugefügten Schäden anführte. Am nächsten Tage ließ er zwar seine Weigerung fallen; aber wir lernen doch aus seinem Verhalten, daß eine Folgeverweigerung nur möglich war, wenn dafür stichhaltige Gründe ins Feld geführt werden konnten.

c) Sehr viel schwieriger mußte es werden, unter den Weltlichen eine Folgeordnung herzustellen. Daß sie an sich nicht bestand, könnte man vielleicht daraus entnehmen, daß Wipo zu 1024 in auffallendem Gegensatz zu der bei den Geistlichen hervorgehobenen Folge von den Weltlichen nur sagt, daß sie die Kurformel *wiederholten*[226]. Daß aber das Problem schon aufgetaucht war, sieht man an den vertragsmäßigen Vereinbarungen der Folge oder des Anschlusses, deren erste, soviel ich sehe, von Thietmar zu 1002 bezeugt ist[227]; die Stelle betrifft allerdings einen geistlichen Fürsten, gehört aber um der Technik des Lösungsversuches willen in diesen Zusammenhang; dann haben wir einen sehr bekannten Fall zu 1024[228], und noch 1125 griff

---

[226]) Wipo c. 2: verba electionis saepissime repetebant.

[227]) Thietmar Chron. IV 50, ed. *R. Holtzmann* (Script. in us. schol. Berlin 1935, S. 188/9 nach dem Urtext der Dresdner Hss., vgl. dazu den Aufsatz im Neuen Arch. f. ältere deutsche Geschichtskunde 50, 159 ff.): Is (Erzbischof Heribert v. Köln) cum omnibus, qui huc imperatoris funus sequebantur, excepto antistite Sigifrido duci (sc. Heinrico) tunc non consentiebat, neque omnino denegabat; sed [se] quo *melior et major tocius populi pars se inclinaret,* libenter assensurum pronunciabat. Das eingeschobene se ist eine bessere Lesart der Brüsseler Hss. (die Corveyer Überarbeitung enthaltend). Lehrreich ist, daß in einem Zeitpunkt, wo sich noch keine Spur einer Folgeordnung unter den Geistlichen zeigt – der Mainzer Primat sollte ja gerade erst bei der Wahl von 1002 hervortreten! – noch die maior et sanior pars des kanonischen Rechts den Maßstab gibt – wenn man in den betreffenden Worten Thietmars nicht eine bloße Reflexion sehen will. Aber sie werden durch die gleich zu besprechende Wipo-Stelle sachlich gut gestützt.

[228]) Wipo c. 2, Kr. I 11: Ad extremum vero divina providentia contigit, ut ipsi inter se (die beiden Konrade) convenirent quodam pacto . . . quod, si quem illorum *maior pars populi* laudaret, *alter eidem sine mora cederet.*

man zu diesem Auskunftsmittel, um die Kandidaten untereinander zur gegenseitigen Folge zu verpflichten[229].

In der Zwischenzeit aber scheint es eine Epoche gegeben zu haben, wo sich die Folgepflicht auch auf die Weltlichen erstreckte, dergestalt, daß die unter den Geistlichen hergestellte Eintracht auch die weltlichen Wähler band. Das ist ja bei den Kampfwahlen des Investiturstreits, die vollkommen unter geistlicher Leitung standen, durchaus nicht verwunderlich. So sieht man bei der Kur von 1077 die ganze weltliche Wählerschaft dem Beschluß der Geistlichen sich anschließen[230]. Aber auch wenn man nach Frankreich hinüberblickt, wird man angesichts des Memorandums[231] über die Wahl von 1059, das alle Geistlichen vor den Weltlichen anführt, sich des Eindrucks kaum erwehren können, daß die Folge der Laien nach den Geistlichen einer ganz bestimmten zeitbedingten Rechtsauffassung entsprach. So war es ja auch in dem auf das Jahr gleichzeitigen *Papstwahldekret* Nikolaus II. von 1059, wo die Kardinalbischöfe als ,,praeduces", die Kardinalkleriker, die übrigen Geistlichen und schließlich die Laien als ,,sequaces" bezeichnet werden[232].

---

[229]) Zunächst müssen alle versprechen, dem noch zu behandelnden Vierziger-Ausschuß (s. u. bei A. 235) assensum praebere; dann fragt der Erzbischof v. Mainz die drei aufgestellten Kandidaten, utrum sine contradictione sive retractione et invidia singuli quique tercio communiter a principibus electo vellent obedire. Dazu gehört natürlich auch, daß sie sich der Wahl anschließen. Bekanntlich verweigerte Friedrich von Schwaben die Folge und verdarb sich damit alle Aussichten. Narratio de electione Lotharii c. 2 f. Kr. I 22.

[230]) Bertholdi Annales (Kr. I 18): Tandem sane totum senatorum nec non populi novarum rerum cupidi collegium, episcoporum primum, *utpote spiritualium virorum*, divinum et *spiritale* nominandi et eligendi regis dum exspectaret attentissime suffragium, dux Alemannie Ruodolfus primum a Mogontino episcopo, deinde a caeteris [sc. episcopis] in regem ab eis nominatus et electus est. *Hos sequitur sine mora totus senatus* et populus . . .

[231]) Über seine Echtheit *Schramm* im Archiv f. Urkundenforsch. 15, 19 f., 16, 252. Sogar die Äbte und Kleriker küren vor den Laienfürsten, *Schramm*, König v. Frankreich 101. Dieser weist mit Recht auf die exakte Gliederung hin und auf das zeitliche Zusammentreffen mit der Papstwahlordnung Nikolaus II. (M. G. Const. I 539, auch bei *Mirbt*, Quellen zur Geschichte des Papsttums und des römischen Katholizismus 140).

[232]) Vgl. *A. Michel*, Papstwahl und Königsrecht, München 1936, 63, 96; *Klewitz*, Die Entstehung des Kardinalskollegs, ZK. 56, 136. Das Buch von *Michel* hat eine

Diese Ausdrücke sind technisch im Sinne der Folgepflicht zu verstehen, die also sowohl für die Kleriker untereinander secundum ordinem wie auch für die Laien gegenüber den Klerikern begründet war. Besondere Beachtung verdient, daß damals schon die Kardinalbischöfe in ihrer Siebenzahl eine Wahlführerschaft bildeten und als „principaliter" wahlberechtigt erschienen[233].

Es lassen sich damals in der publizistischen Literatur Stimmen vernehmen, die der Geistlichkeit sogar das *alleinige* Recht der Thronerhebung zusprechen möchten[234]. Es ist dies die Zeit der höchsten Klerikalisierung der Thronerhebung[235] oder, wie man genauer sagen könnte, ihrer „Klerisierung", womit der Vorgang als solcher hinreichend gekennzeichnet ist; es ist nicht unsre Aufgabe zu untersuchen, ob und in welchem Umfange die geistlichen Fürsten im Investiturstreit noch im Reichsinteresse zu handeln vermeinten, inwieweit sie tatsächlich ein staatsfremdes Prinzip zur Geltung brachten. Daß dies alles Episode blieb, wurde in Frankreich durch die vordringende Erblichkeit

---

große Diskussion hervorgerufen (vgl. etwa *Klewitz*, Gött. Gel. Anz. 198, 531 f.; *Tellenbach* HZ. 158, 123; *K. Jordan*, D. Lit. Ztg. 1937, 581; *W. Holtzmann*, ZK. 57, 539; *R. Holtzmann*, ZK. 58, 135 f.), die sich allerdings überwiegend mit der das Königsrecht betreffenden Klausel befaßt. *Michels* Auffassung des Dekrets als Konkordat, von ihm neuerdings verteidigt HJb. 1939, 291 ff., ist auf Widerspruch gestoßen (vgl. *R. Holtzmann* a. a. O. und *Erdmann* DA. 4, 536).

[233]) Über die Bedeutung des Ausdrucks „principaliter" s. unten A. 417.

[234]) *Ordericus Vitalis* bei *Schramm* IV 253[2]: quidam vero clericorum ius eligendi et constituendi principem regni captabant. *Derselbe* weist S. 266 auf ein gefälschtes Testament des hl. Remigius hin, das in der Geschichte der französischen Königswahl eine gewisse Rolle gespielt hat. Ferner Honorius v. Autun, bei *Hauck*, Kirchengeschichte Deutschlands IV[3]/[4] (1913) 116, 135: wer vom Wahlrecht weltlicher Fürsten spricht, gilt ihm als contentiosus sermone et scientia imperitus.

[235]) Auch in England kam es 1141 zu einer Wahl durch Geistliche, *P. E. Schramm*, Geschichte des engl. Königtums im Lichte der Krönung (1937) 51. In Norwegen lag die Königswahl nach dem Thronfolgegesetz von 1164 (Gulathingsbók c. 2) vorübergehend in der Hand eines unter geistlicher Führung stehenden Wahlkollegs, dessen Zuständigkeit indessen beschränkt war; es konnte lediglich einen nach Geblütsrecht Berufenen annehmen oder ausschließen (insofern ähnelt die norwegische Königswahl der Funktion nach der karolingischen, vgl. oben Text bei A. 51). Der oft gebrauchte Vergleich mit den geistlichen Kurfürsten trifft nicht zu. Vgl. *Mitteis*, Staat des hohen Mittelalters[2] 471.

der Krone bewirkt, während es in Deutschland wieder teilweise zu einer „Säkularisierung“[236] der Wahl kam. So trat 1125, nach dem Wormser Konkordat, das weltliche Element sogar auffallend in den Vordergrund, und in der Zeit der allmählichen Bildung des Reichsfürstenstandes konnten die Geistlichen wohl überhaupt nicht mehr daran denken, ein die Weltlichen vollständig ausschließendes Monopol bei der Königskur für sich zu beanspruchen, mit denen sie jetzt zu einem einheitlichen Stande zusammengeschlossen werden sollten. Immerhin ist es aber ein doch recht geringfügiges Ergebnis dieser „Säkularisation“, wenn schließlich den drei Erzbischöfen, die unbestritten den ersten Rang unter den Geistlichen behaupteten, ein *einziger weltlicher Fürst*, der Pfalzgraf bei Rhein, gleichgestellt und seine Teilnahme an der Wahl für unentbehrlich erklärt wurde[237]. Darauf ist später noch zurückzukommen.

Warum gerade dieser weltliche Fürst so über seine Standesgenossen herausgehoben wurde, daß seine Stellung geradezu die Entsprechung zu dem geistlichen Primat des Mainzers bildete, das aufzuklären ist der Forschung bis jetzt nicht restlos gelungen. Überwiegend führt man dafür seine Stellung als Herr des salisch-staufischen Streubesitzes im alten fränkischen Stammesgebiet, als mächtigsten Territorialfürsten in Rheinfranken, ja geradezu mit dem Range eines Herzogs bekleidet, als Fortsetzer der lothringischen (Aachener) Hofpfalzgrafenwürde ins Treffen und setzt als Beginn seines Aufstiegs die Belehnung Konrads, des Stiefbruders Barbarossas, im Jahre 1156 an[238], ein Vorgang, der übrigens doch wohl in Parallele zu stellen wäre

---

[236]) Ausdruck von *Gottfried Kentenich*, Kurfürstliche Anfänge am Rhein, Rheinische Neujahrsblätter, hsg. vom Institut für geschichtliche Landeskunde der Rheinlande an der Universität Bonn, 1930, S. 30.

[237]) Näheres unten bei A. 428.

[238]) Die Literatur bis 1913 bei *Rosenstock*, Königshaus und Stämme 326; dazu dessen eigne Untersuchung ebenda; *Schreuer*, Artikel „Pfalzgraf“ in *Hoops* Reallex. der germ. Altertumskunde III (1915/6) 403 ff. *Ficker* RFSt. II, 2, 245 ff. *Kentenich*, Kurf. Anfänge 55 ff., 68 ff. *Ruth Gerstner*, Die lothringische und die rheinische Pfalzgrafschaft von ihren Anfängen bis zur Ausbildung des Kurterritoriums Pfalz, Rhein. Archiv 40, 1942. Ferner noch *E. Mayer*, Deutsche und französ. Verfassungsgeschichte II 329 ff. und ZG. 23, 43, der vor allem die herzogliche Stellung betont.

mit der fast gleichzeitigen Errichtung des Herzogtums Österreich und so als ein Stück der auf die Errichtung von Territorialherzogtümern zwecks Dezentralisierung der Reichsgewalt gerichteten Politik Friedrichs I. aufgefaßt werden kann[239]. Ich möchte aber doch noch auf eine andre Linie hinweisen, die möglicherweise zur Erklärung herangezogen werden könnte: Das ist die Stellung des Pfalzgrafen bei Rhein im *Hofgericht*. Wenn es richtig ist, daß auf die Königserhebung Grundsätze des gerichtlichen Verfahrens übertragen wurden, so werden doch wohl hauptsächlich diejenigen Vorbilder eingewirkt haben, die aus dem Verfahren des Hofgerichts zu gewinnen waren. Und daß bei dieser Übertragung ein Fürst, dessen Stellung im Hofgericht eine so bevorzugte war[240], daß sich später daraus die Vorstellung eines Richteramts über den König entwickeln konnte, wieder an die erste Stelle treten mußte, dieser Gedanke scheint mir doch sehr erwägenswert. Ich bin mir dabei voll bewußt, daß die gedachte Gerichtsbarkeit über den König wie das ganze Reichsvikariatsrecht und überhaupt die Summe der Befugnisse, die später dem Rheinpfalzgrafen in bezug auf das ganze Reich zustehen, für die Zeit vor dem Interregnum nicht sicher zu belegen sind[241], und stelle auch in Rechnung, daß eine direkte Anwen-

---

[239]) Es gehört also in eine Reihe außer mit Österreich noch mit Würzburg, Westfalen (1180), Steiermark und schließlich auch Bayern, das nach 1180 ja nicht mehr als Stammes-, sondern nur noch als Territorialherzogtum bezeichnet werden kann, *Max Spindler*, Die Anfänge des bayrischen Landesfürstentums, München 1937. 1 ff. Weiter zu Barbarossa: *Brackmann*, Wandlungen der Staatsauffassung im Zeitalter Kaiser Friedrichs I. (Ges. Abhdl. I, 1941, 339 f.). *H. Heimpel*, Fr. Barbarossa und die Wende der staufischen Zeit, 1942. *G. Kallen*, ZG. 58, 560 ff.; Friedrich Barbarossa, Kölner Univ.-Rede 1943. *F. Otto*, Friedrich Barbarossa, 1940; Friedrich Barbarossa in seinen Briefen, DA. 5, 1141, 74 ff. *P. Rassow*, Honor imperii, 1940. Über die politische Dichtung seiner Zeit, *W. Stach*, Neue Jahrbücher f. dtsche Wiss. 13, 1937, 385 f.; *K. Langosch*, Die Bedeutung des Mittellateinischen für unsere völkische Kultur, Z. f. dtsche Geisteswiss. 4, 1942, 81 f.

[240]) Statt aller Einzelbelege *Schröder-v. Künßberg*, Lehrbuch der DRG[7] 548, *Ficker* II 2, 247 ff., *Waitz* DVG. 8, 23 (Pfalzgraf nimmt unter den Richtern den ersten Platz ein); *Gerstner* a. a. O. 83, 104 f.

[241]) Doch nahm schon *Ficker* an, daß die Anfänge der pfalzgräflichen Stellung im Sinne des späteren Mittelalters vor dem Interregnum liegen, a. a. O. 250. S. unten A. 690.

dung hofgerichtlicher Verfahrensregeln auf die Königswahl sich deshalb verbietet, weil das Hofgericht vacante imperio außer Funktion trat[242]. Trotzdem sehe ich keinen Grund dazu, die Annahme, daß seine Stellung als Königsrichter[243] auf die spätere Kurwürde des Pfalzgrafen eingewirkt haben könnte, von vornherein als unmöglich zurückzuweisen.

2. In dem bekannten Fürstenverzeichnis von etwa 1207[244] wird der Pfalzgraf schon der summus in electione imperatoris genannt. Diese Bezeichnung ist insofern sehr treffend, als sie jede Anspielung auf ein subjektives Vorstimmrecht des Pfalzgrafen unterläßt, vielmehr lediglich objektiv feststellt, daß ihm im Gange des Wahlverfahrens eine Führerrolle zufällt. Ich möchte mich überhaupt gegen den Verdacht verwahren, es solle mit dem Hinweis auf die Folgepflicht wieder die alte Theorie des Vorstimmrechts oder der Vorwählerschaft bestimmter Fürsten hervorgeholt werden, über die am Ende des vorigen Jahrhunderts so eifrig verhandelt wurde[245]. Diese ganze Diskussion, eine eigenartige Nachwirkung der alten Reichspublizistik, in der ja der Streit um die Kurstimmen nie ganz zur Ruhe gekommen ist, kann als geschlossen gelten. Nicht auf subjektive Vorrechte einzelner Fürsten für ihre Person oder als Vertreter einzelner Stämme oder als Träger von Staats- oder Hausämtern kommt es hier an, sondern auf die sachliche *Ordnung der Thronbesetzung als solche*, die eben darin begründet lag, daß zwischen den Beteiligten das Schwergewicht ungleich verteilt war, daß einem Führungsanspruch auf der einen die Pflicht Gefolgschaft zu leisten auf der andern Seite gegenüberstand. Und auch diese

---

[242]) *Franklin*, Das Reichshofgericht im Mittelalter II 79.

[243]) Vgl. die treffenden Bemerkungen von *R. Loening*, Z. f. d. ges. Strafrechtswiss. 7, 1887, 674 f.

[244]) Hsg. von *Pertz* im Archiv d. Gesellschaft für ältere deutsche Geschichtskunde 7, 1839, 628; dazu *Tannert*, Vorstimmrecht 30; *Lindner*, Königswahlen 169; *Buchner*, Entstehung der Erzämter 216.

[245]) Vor allem in den Arbeiten von *Tannert*, Die Entwicklung des Vorstimmrechts unter den Staufen, 1884; *Harnack*, Das Kurfürstenkollegium bis zur Mitte des 14. Jahrhunderts, 1883; *Quidde*, Die Entstehung des Kurfürstenkollegiums 1884; *Kirchhöfer*, Zur Entstehung des Kurcollegiums, 1893; *Weiland* in Forschungen zur Deutschen Geschichte XX, 1880.

Rechtsbeziehungen sind nicht als unveränderlich feste, statische Größen in Rechnung zu stellen, vielmehr wirkt das Gesetz der Dynamik in der Art, daß die Folgepflicht sich dauernd verstärkt, je mehr Anschlußerklärungen sich zu den ersten gesellen. Wie bei einem Kristallisationsprozeß schließt sich die werdende Königsgefolgschaft um einen Führungskern zusammen; immer stärker wird die Vermutung für die Pflicht des Anschlusses der noch Zögernden. Die Stimmen werden wirklich gewogen, nicht gezählt. Schlossen sich gar ganze Stämme der Partei des neuen Königs an, so war es nur noch unter ganz besonderen Voraussetzungen möglich, sich diesem Druck zu entziehen. Das bedeutet nun nicht, daß ein direkter *Folgezwang* geübt worden wäre[246]. Wenigstens nicht sogleich bei der Weigerung. Die Lothringer ließ man 1024 ruhig abziehen, ebenso wie man 1208 dem Bischof v. Würzburg gestattete sich zu entfernen. Hier zeigt sich das Wesen der „Wahl" als eines sich stufenweise vollziehenden Aktes: Die zunächst verweigerte Erklärung konnte immer noch nachgeholt werden. Davon aber konnte keine Rede sein, daß etwa der Beschluß der übrigen Stämme schon ein Reichsschluß gewesen, die Zustimmung der Dissentierenden also überflüssig geworden sei[247]. Eine solche Ansicht würde das Denken einer späteren Zeit vorwegnehmen. Vielmehr wurde auf die nachträgliche Kur durch die Abgezogenen genau der gleiche Wert gelegt wie auf die Kur durch Stämme, die sich von Anfang an zunächst fern gehalten hatten, wie die Baiern und Schwaben 919, die Sachsen 1002. Daher mußte die Opposition gewonnen, d. h. zur Erfüllung ihrer Folgepflicht verhalten werden. Alle sog. Nachwahlen geschehen also in Erfüllung der Folgepflicht; sie sind *Anschlußkuren*. Mit

[246]) Den Unterschied von *Folgepflicht* und Folge*zwang* hat *Ruffini Avondo* (oben A. 164) zu wenig beachtet. Das gleiche gilt für *Weizsäckers* kritische Bemerkungen ZG. 59, 397.

[247]) Dies ist die Ansicht *Schreuers* in seinem Aufsatz über die Wahl Konrads II. in HVjSchr. 14, 329 ff. Nach ihm hätten sich die „Dissentierenden" verschwiegen, der Beschluß der übrigen sei „ein Beschluß des ganzen Reiches" mit „Rechtskraft" gegen alle. Eine solche Ausschlußwirkung ist dem 11. Jahrhundert ganz unbekannt; diese Ansicht faßt die Wahl schon viel zu sehr als abgeschlossenes, in eine Wahlversammlung zu Ende geführtes „Rechtsgeschäft".

Grund verweigern konnte eine Gruppe den Anschluß nur, wenn sie ihr Recht dazu unter Beweis stellte, d. h. in diesem Falle wenn sie sich auf den offenen Kampf, auf ein *Gottesurteil* berief. So ist es ja in der Tat geschehen, zuerst 919 seitens der Baiern, die ihren Herzog Arnulf zum Gegenkönig in regno teutonico erhoben hatten[248], 1002 ließen es die Schwaben zum Kampfe kommen[249]; noch 1138 schlugen die Sachsen König Konrad vor, *ut belli discrimine decernerent, utrum recte regnare inciperet necne*[250]. Welche große Bedeutung dem Kampfgedanken in der Zeit nach der Doppelwahl zukam, wird noch zu zeigen sein. Es ist aber schon jetzt möglich, sich die Folgen des verschiedenen Ausganges des Kampfes zu vergegenwärtigen. Die *besiegte Opposition* war beweisfällig geworden und hatte die verdiente Strafe zu gewärtigen; sie hatte versucht, sich ihrer Treupflicht gegen das Gesamtvolk und seine Führer zu entziehen und die Funktionen des öffentlichen Gemeinwesens zu stören. Kurz, sie hatte sich einer Rechtsweigerung schuldig gemacht wie bei unrechter Urteilsschelte. Ihr Verhalten hat seine Entsprechung in der Rechtsweigerung des ausbleibenden Beklagten im Prozeß, und es zeitigt auch die gleiche Folge. Also entspricht die ganze Gestaltung dem Denken einer Zeit, das noch kein Versäumnisverfahren und kein Urteil in der Sache selbst kennt, sondern nur eine Bestrafung des Säumigen wegen contumacia, weil er durch seine Dingflucht das Verfahren vereitelt hat[251]. Also ist die Folgepflicht kein reines Sollen, keine Haftung ohne Schuld, sondern mit einer Haftung verbunden, die auf strafrechtlichem Gebiet liegt.

Wäre aber der Opposition das Kriegsglück *günstig* gewesen, dann

---

[248]) Annales Juvavienses maximi, Scr. XXX, 2, 727 ff.; dazu *Bresslau*, Die ältere Salzburger Annalistik, Abh. der Berliner Akademie 1923, Nr. 2, S. 57 ff.

[249]) *Giesebrecht* II 22 f.

[250]) Gesta Alberonis auctore Balderico, Scr. VIII, 252, bei *Ficker* RFSt. II, 2, 247. Als Gottesurteil werden schon die Schlachten von Fontenoy 841 und Andernach 876 betrachtet, *Dümmler*, Gesch. des ostfränk. Reiches² I² 160, III², 35 und jetzt H. *Dörries* bei Th. *Mayer*, Der Vertrag v. Verdun (1943), 150; ebenso die Schlacht bei Lincoln zwischen Mathilde u. Stephan v. England, *Petit-Dutaillis*, La monarchie féodale (1933) 126.

[251]) Vgl. *meinen* Aufsatz: Studien zur Geschichte des Versäumnisurteils, ZG. 42, 145.

hätte sie den Beweis erbracht, der bessere Volksteil zu sein; dann hätte sie Aussicht gehabt, den von ihr erhobenen Kandidaten an der Spitze des Reiches zu sehen. Im Grunde ist diese ganz und gar auf dem Boden des deutschen Rechtes spielende Auseinandersetzung zwischen zwei Parteien gar nicht so sehr weit entfernt von dem kanonischen Prinzip der sanior pars[252]. Nur daß im kanonischen Recht die Entscheidung eines Oberen anzurufen ist, in letzter Instanz des Papstes, während im weltlichen Recht kein andres Mittel der Entscheidung übrig blieb als das Gottesurteil des Kampfes; und daß das kanonische Recht die Vermutung und später die Fiktion entwickelte, daß die maior pars stets zugleich sanior sei. Doch ist zu bedenken, daß noch die Zeit Dantes auch in der Majoritätsentscheidung eine Offenbarung des göttlichen Willens sah[253], was dem scholastischen Denken über die Formen der Offenbarung durchaus entsprochen haben dürfte. Vielleicht hat gerade diese Anlehnung an die Idee des Gottesurteils dem Mehrheitsgrundsatz, der dem germanischen Denken von Haus aus fremd war, auf dem Gebiete des weltlichen Rechtes zum Siege verholfen.

III. Indessen ist immer noch nicht genug damit getan, daß die Folgepflicht als Pflicht des Anschlusses an bestimmte Personen oder Personengruppen gedeutet wird. In diesen Zusammenhang gehören noch andre Akte von rechtlicher Bedeutung, die bei jeder Thronerhebung ihren Platz beanspruchten.

1. Hier ist zunächst zu erinnern an den *Erwerb der Reichsinsignien.* Daß diesem für die Begründung des Königtums die denk-

---

[252]) *Gierke,* Genossenschaftsrecht III 322 ff.; *Hinschius,* System des kath. Kirchenrechtes I 218, 249, 264, 271, 275, III 382; *Ruffini Avondo,* Il principio maggioritario nella storia di diritto canonico, Archivio giuridico Filippo Serafini 93, 1925, 15 ff.; *Hilling,* Grundsatz der pars sanior bei kirchl. Wahlen, Veröff. der Görresgesellschaft, Sektion für Rechts- und Sozialwissenschaften, Heft 40, 1923, 228 ff.

[253]) Dante de monarchia III cap. 16, dazu *Starosolsky,* Das Majoritätsprinzip, Wien 1916 (Wiener Staatswiss. Studien hsgg. von *Bernatzik* u. *Philippovich* XIII, 2, 40): Quod si ita est, solus eligit Deus, solus ipse confirmat, quum superiorem non habeat. Ex quo haberi potest ulterius, quod nec isti qui nunc . . . dicti fuerint *Electores,* sic dicendi sunt, quin potius denunciatores divinae providentiae sunt habendi. Ein dissidium kann nur als Folge einer geistigen Vernebelung der Wähler gedacht werden. Vgl. auch *Gierke* a. a. O. 320 (Innozenz IV.).

bar größte Wichtigkeit beizumessen sei, ist fast in jeder früheren Darstellung des Königswahlrechts hervorgehoben worden und ergibt sich schon aus der Betonung, die die Quellen auf dieses Moment zu legen pflegen; aber die rechtliche Bedeutung der Insignien ist noch nicht klargestellt. Schon in der Karolingerzeit konnte man ihre Übersendung als Designation gedeutet finden[254]. Es war daher nicht das erstemal, wenn Konrad I. sich dieses Weges bediente, um seinen Nachfolger dem Volke zu empfehlen[255]. Mit ihnen bekleidet „trat Heinrich seinen Wählern schon in der tatsächlichen Macht des Königs und in der Vermutung des Königtums entgegen"[256]. Dann treten die Insignien in der Erzählung Widukinds von der Krönung Ottos I. deutlich hervor[257], ebenso in den damit in Verbindung stehenden Ordines des 10. Jahrhunderts. Heinrich II. legte den größten Wert darauf, ihren Besitz zu erlangen; er betrachtete sie als *quasi jure hereditario sibi competentia*[258]; er nahm den Erzbischof Heribert v. Köln, der ihm die heilige Lanze vorzuenthalten trachtete, so lange in Hut, bis er sie auslieferte[259]; ihr Erwerb gilt nahezu als der Hauptgrund seiner Herrschaft[260]. Nach vollzogener Wahl Konrads II. erschien die Königin-Witwe Kunigunde in feierlichem Zuge, um die Insignien überreichen zu lassen, die sie bis dahin als Treuhänderin verwahrt hatte[261]. Nach der Abdankung Heinrichs IV. am 31. Dezember 1105 verlangte

---

[254]) Annales Fuldenses zu 840, *Dümmler*, Gesch. des ostfränkischen Reiches I 137, *Waitz* III 277[2]: Hlutarium . . . enim ferunt imperatorem morientem designasse, ut post se regni gubernacula susciperet, missis ei insigniis regalibus hoc est sceptro et corona.

[255]) *Waitz-Seeliger*, DVG. VI[2] 177 (auch zum Folgenden).

[256]) *Heimpel*, Bem. zur Gesch. Heinrichs I. 20. Vgl. noch *Buchner*, Die Hut der Krönungsinsignien in Deutschland und Frankreich im Mittelalter, Festschr. f. *Ed. Eichmann*, 1942, 21 ff.

[257]) *Schramm* III 201 f., wo eine eigene Abhandlung darüber in Aussicht gestellt wird.

[258]) Sigibert v. Gembloux, Chron. zu 1002 (*Maurenbrecher* 78[2]).

[259]) *Thietmar* ed. *Holtzmann* 1935 IV 50, S. 188: Archiepiscopus autem custodia parumper detentus . . . cum licentia abiit et sacram mox lanceam remisit.

[260]) *Waitz-Seeliger* a. a. O.

[261]) Wipo c. 2. *Schreuer* HVjSchr. 1911, 361 will mit der erbrechtlichen Vorstellung des „Dreißigsten" arbeiten.

sich da nur um einzelne, unter besonderen Bedingungen entstandene Anwendungsfälle handelt, die nicht verallgemeinert werden dürfen, vielfach auch bloß um prozessuale Beweisregeln, die im Bereiche des politischen Rechts überhaupt unbrauchbar sind. Man wird also in unsrer Frage von andern Gesichtspunkten ausgehen müssen, und vielleicht läßt sich damit weiterkommen, daß man sich auf das Wesen der Gewere als einer *Erscheinung* des ihr zugrunde liegenden Rechtes besinnt. Die Gewere ist nicht „Form", wie oft gesagt wird, sondern eben *Erscheinung* eines nur in der Idee und „an sich" bestehenden Rechtes[271]. Konkreter gesprochen: Ein Recht „erscheint" sichtbar, wenn es ausgeübt wird; so ist also die Gewere Rechtsausübung oder genauer das *verselbständigte Recht zur vorläufigen Ausübung eines vermuteten Rechts*. Nun fragen wir weiter: Wie wird denn das Königsrecht ausgeübt? Wohl auch durch Besitzhandlungen auf dem Reichsgut; aber in erster Linie doch durch den *Anspruch auf Anerkennung und Gehorsam*, der sich gegen freie Menschen richtet, sei es kraft des allgemeinen Volksrechts und der Volks- und Staatszugehörigkeit[272], sei es kraft Amtsrechts gegen Beamte oder kraft Lehnrechts gegen Vasallen. Die Gewere am Königtum bedeutet also in erster Linie das Recht, Anerkennung zu verlangen, und damit haben wir die Lösung, den Grund für die Bedeutung der Reichsinsignien: Sie sind im Moment des Regierungsantritts nichts andres als eine *Verstärkung der Folgepflicht*, eine *Festigung, Beglaubigung, corroboratio*[273]. Dem mit den königlichen Hoheitszeichen Bekleideten die Folge weigern bedeutete erhöhte Gefahr, verschärften Rechtsbruch für den, der sich nicht nachher im Kampfe zu rechtfertigen vermochte. Aber nur den *echten* Reichsinsignien kommt die magische Kraft dieser Wirkung zu, die, in den Wurzeln wohl noch

---

[271]) Von „Form" sollte man nur in bezug auf rechtliche Handlungen, nicht auch auf Rechte selbst sprechen.

[272]) Was nach 962 bzw. 1032 nicht mehr ganz zusammenfiel, da die Regierungsrechte in Reichsitalien und Burgund ja auch schon durch die deutsche Krönung erlangt wurden. *Stengel*, Regnum und Imperium 18.

[273]) Sehr gut weist *Schramm* III 292 darauf hin, daß für die Übergabe der Insignien dieser Ausdruck genau so gebraucht wird wie für die Anbringung von Siegel und Monogramm auf Urkunden.

auf heidnische Zaubervorstellungen[274] zurückgehend, sich in die christliche Zeit hinübergerettet hat[275]; daher konnte Walther, als Philipp mit den echten Reichsinsignien gekrönt war, dichten[276]:

> swer nû des reiches irre gê
> der schouwe, wem der weise ob sîme nâcke stê:
> der stein ist aller fürsten leitesterne.

3. Die Besprechung der königlichen Herrschaftszeichen[277] führt aber noch auf einen weiteren Rechtsakt, der bei der Königserhebung vorgenommen zu werden pflegte: auf die *Thronsetzung* durch die Fürsten; also auf die *weltliche* Thronsetzung im Gegensatz zu der geistlichen Salbung und Krönung, die ja ebenfalls mit einer Inthronisation verbunden war, aber als Ganzes genommen in den ganz andern Zusammenhang der sakralen Herrscherweihe hineingehört und hier außer Betracht bleiben

---

[274]) *Herbert Meyer*, Heerfahne und Rolandsbild 482. *Hoefler*, Das germanische Kontinuitätsproblem, HZ. 157, 1 ff. Auch H. W. *Klewitz*, Die Festkrönungen der deutschen Könige, ZK. 59, 48 ff. betont den weltlich-germanischen Kern.

[275]) Besonders deutlich bei der heiligen Lanze, die zugleich Reliquie ist. Später erhalten die Reichsinsignien in ihrer Gesamtheit den Charakter von Reliquien. *Hofmeister*, Die hl. Lanze, Gierkes Unters. 96, 1908, 36. *Werminghoff*, Von den Insignien und Reliquien des hl. Röm. Reiches, N. Jahrb. f. klass. Altertum 33 (1914), 559. *Höfler* H. Z. 157, 1 ff. *Wohlhaupter* Rechtssymbolik der Germanen im Hdb. der Symbolforschung hsg. v. *Herrmann* II, 1941, 150 f. Die insignia imperialia, regalia hießen schlechthin imperium, regnum.

[276]) Über die Reichskrone vgl. *Schlosser*, Die Schatzkammer des Allerhöchsten Kaiserhauses in Wien, 1918, 49 ff.; über den Waisen *Kampers*, Der Waise, HJb. 1918/19, bes. 548 ff. über die politische Bedeutung; es werden aber auch die weitverzweigten mythologischen und religionsgeschichtlichen Beziehungen verfolgt. Einiges schon auch bei *Burdach*, Walther v. d. Vogelweide, 1900, 253 f.

[277]) Für die Bedeutung der Insignien in Frankreich siehe *Schreuer*, Grundgedanken §§ 8–14 (leider verwendet Schreuer ständig „transzendental" für „transzendent"); für England, z. B. Ordericus *Vitalis* ed. *Du Prévost* IV 88: Nach dem plötzlichen Tode des Wilhelm Rufus versuchte der Schatzmeister Wilhelm v. Breteuil die Reichsinsignien für Robert v. d. Normandie zu retten, mußte sie aber auf persönliche Bedrohung hin an Heinrich I. ausliefern. Vgl. auch *Schramm*, Engl. Königtum und Kg. von Frankreich im Register unter „Insignien". Für Venedig (Investitur des Dogen mit Szepter und Fahne des hl. Markus) *Hain*, Der Doge von Venedig (1883) 22 ff.; *Claar*, Entwicklung der Venetianischen Verfassung, München 1875, 25.

kann. Die weltliche Thronsetzung tritt ja, wie wir schon wissen, ganz markant zuerst bei Otto I. hervor[278]; und ich glaube dargetan zu haben[279], daß sie und nicht die „Wahl" der Akt war, den sich die weltlichen Fürsten vorbehalten hatten, während der Karlsthron in der Kirche von den Geistlichen vergeben wurde. Darin lag vielleicht nicht so sehr ein aus kämpferischem Geiste geborenes Festhalten an einer Zeremonie, deren Ursprünge in der germanischen Schilderhebung liegen, als vielmehr ganz einfach die Erinnerung an die Thronsetzung Heinrichs I., der bekanntlich die geistliche Salbung und Krönung, aber auch nur sie, abgelehnt hatte, während eine weltliche Thronsetzung, vielleicht sogar Krönung, ähnlich wie bei Ludwig dem Kinde, doch wohl angenommen werden kann[280]. Ob die weltliche Thronsetzung in der Zeit nach 936 ein ganz feststehender Teil der Erhebung gewesen ist, läßt sich allerdings nicht mit Sicherheit feststellen; *Schulte*[281] bestreitet es; *Krammer*[282] nimmt zwar selbständige Ansätze zu einer Laieninvestitur an, läßt aber daraus keine gefestigte Institution hervorgehen. Später mußten sich allerdings die Laien mit der Beteiligung an der kirchlichen Inthronisation begnügen, wie es ja noch in den Wahlanzeigen Friedrichs I. und Ottos IV. an den Papst heißt, die Könige seien von den Fürsten einmütig auf den Karlsthron erhoben worden[283]. Noch in den Rechtsbüchern erscheint die Aachener Krönung als Werk aller, der geistlichen wie der welt-

---

278) *Schramm*, Die Krönung Ottos I. in Aachen, Geistige Arbeit 1936, Heft 20, S. 5.

279) Oben Kap. 2 I 4.

280) So jetzt *Schramm* III 195; die Siegel zeigen den König mit der Krone. Vorher schon *Schreuer*, Grundgedanken 132[9], der aus dem „suo more" Widukinds auf eine wiederholt vorgenommene Handlung schließen möchte.

281) *A. Schulte*, Die Kaiser- und Königskrönungen zu Aachen, 9.

282) *Mario Krammer*, Wahl und Einsetzung des Deutschen Königs im Verhältnis zueinander, QuSt. I 2, 9 ff., 90 f.

283) Friedrich I. MG. Const. I 191: universi principes regni . . . nos in regni fastigium elegerunt. Über Otto IV. schreiben die Fürsten Const. II 24: Ottonem . . . elegimus . . . ipsumque in augustorum sede a Karolo Magno apud Aquisgranum huic dignitati deputata locavimus. Über den Zusammenhang der letzten Stelle mit dem gefälschten sog. Karlsprivileg f. Aachen vgl. *Stutz*, Inthronisation vor der Krönung? ZG. 44, 273.

lichen Wähler[284], ein Gedanke, der dann im Interregnum zurücktrat. Umgekehrt hat *Oppermann*[285] der weltlichen Thronsetzung die größte Bedeutung zugemessen und darauf eine Konstruktion aufgebaut, die allerdings der verdienten Zurückweisung anheimfiel[286]. – Immerhin verdient die weltliche Thronsetzung alle Aufmerksamkeit. Bis ins 12. Jahrhundert hinein mag sie zu den rechtsbegründenden Teilen der Erhebung gehört haben. *Schreuer*[287] hat eine ununterbrochene Reihe weltlicher Akte dieser Art bis 1106 nachgewiesen. Dann allerdings wird sie von der liturgischen Handlung verdrängt, oder besser in sie aufgenommen, wobei dem weltlichen Element aber doch ein gewisses Mitwirkungsrecht bleibt[288]. In der Erhebung auf den Königsstuhl zu Rhens 1338 lebt sie in gewisser Weise wieder auf, freilich nicht mehr in der alten vollen Bedeutung, da jetzt überhaupt die Wahl die übrigen Einsetzungsakte ganz in Schatten gestellt hat. Damit mag zusammenhängen, daß die Thronerhebung nur mehr in der schönen Literatur der Zeit als alter Rechtsbrauch figuriert[289].

---

[284]) Das meint wohl Ssp. III 52 § 1; deutlicher ist es im Schwabenspiegel 118: Swenne er gewihet wirt mit der willen, die în erwelt hant, und 122: alse der Kiunig uf den stuol ze Ache gesetzet wirt mit dem merren teile der fursten, die în erwelet hant . . .

[285]) Untersuchungen zur Geschichte des deutschen Bürgertums und der Reichspolitik vornehmlich im 13. Jahrhundert, Hansische Geschichtsblätter 17, 1911, 94 ff. und Rheinische Urkundenstudien I, Publikationen der Gesellschaft für rheinische Geschichtskunde 39, 1922, 355 ff.

[286]) Vor allem durch *Stutz* in dem oben A. 282 zit. Aufsatz S. 263 ff., wo auch die übrige Lit., und nochmals ZG. 50, 443.

[287]) Grundgedanken 131 ff., 157, und Die Thronerhebung des deutschen und französischen Königs, Festschrift für Gierke 1911, 697 ff. Eine soviel ich sehe nirgends verwendete Stelle hat Otto v. St. Blasien c. 46, ed. *Hofmeister* 73, Kr. I 40; er sagt von Otto IV., daß er archisolium quod Aquisgrani est adeptus et a Coloniensi . . . in regem unctus sei. Hier ist m. E. die weltliche Thronerlangung von der geistlichen Handlung scharf abgesetzt. Dazu paßt wenige Zeilen später das jura et loca regalia retinere.

[288]) Daher die Stelle des Schwabenspiegels oben A. 263. Noch Albrecht I. wurde von den Fürsten auf ein geschmücktes Pferd gesetzt. S. unten bei A. 715.

[289]) In Jansen Enikels Weltchronik Vers 26065 f. (M. G. Deutsche Chroniken III, hsg. von *Ph. Strauch*, 509) „legitimiert" sich der unerkannt aus Ungarn wiedergekehrte Karl durch Einnahme des Hochsitzes zu Aachen; ähnlich die Sagen, gesammelt von den Gebrüdern Grimm, Ausg. Berlin 1818, Nr. 439.

Ihrem rechtlichen Sinngehalt nach ist sie dem Erwerb der Reichsinsignien durchaus an die Seite zu stellen. Die Erhebung auf den Thron ist der vollkommenste und augenfälligste Ausdruck für die Erhöhung der Herrscherpersönlichkeit; daher ist auch der Thron ein „Legitimationsmittel" – aber er vermittelt nicht so sehr den Besitz am Reich[290] als die Pflicht der Anerkennung durch die Volksgemeinschaft, die Folgepflicht. Aus alledem ergibt sich, daß man die Thronerhebung nicht für das „abschließende Vollzugsgeschäft" halten kann; auch der inthronisierte König mußte noch um die Anerkennung des Volkes ringen, und eigentlich fand dieses Ringen überhaupt keinen formellen Abschluß, sondern erneuerte sich täglich in der vom Könige geforderten Bewährung seiner Führereigenschaft.

IV. Wie soeben erwähnt, begründet die Mitwirkung eines ganzen Stammverbandes die Folgepflicht in hervorragendem Maße. Dieser Punkt bedarf noch genauerer Erörterungen. Daß das deutsche Volk bei der Königserhebung in *Stämme* gegliedert zu handeln pflegte, tritt nicht in allen Darstellungen genügend hervor, besonders nicht bei den Autoren, die die Sätze der Rechtsbücher als Axiom zu behandeln pflegen; in den Rechtsbüchern kann allerdings eine Gliederung der Wählerschaft in Stämme nicht mehr erwartet werden, weil zu ihrer Zeit die Stammverbände nur mehr in der geschichtlichen Erinnerung, nicht mehr in der politischen Wirklichkeit bestanden. Aus diesem Grunde hat schon *Eichhorn* dem Stammesgedanken bei der Wahl wenig Beachtung geschenkt, und ebenso viele seiner Nachfolger. Anders die von den Schriftstellern und Urkunden ausgehenden Historiker; schon *Joh. Böhmer* schreibt[291], daß das Volk *nach den Stämmen in Herzogtümer* eingeteilt deliberierte, und spricht damit eine Wahrheit aus, die jeder Nachprüfung standhält; konnte es ja doch gar nicht anders sein angesichts des Föderalismus, der am Eingangstor der deutschen Verfassungsentwicklung

---

290) So *Schreuer*, Grundgedanken 151.

291) In der Vorrede zu RI. V, 1844, IX. Dazu *Philipps*, Deutsche Königswahl 25 („große Genossenschaft der Stämme"); *Giesebrecht*, Kaiserzeit I⁵ 243 f.; *Buchner*, Herzogtum Bayern 4 ff. mit weiteren Angaben; *Ficker* Rfst. II, 2, 16 ff.; *Schreuer*, Art. „Stamm" in *Hoops*, Reallexikon der germ. Altertumskunde.

steht und die Pfeiler lieferte, auf denen der Bau des Reiches zunächst ruhen konnte[292]. Wie stark aber gerade damals die Stammverbände als Bindeglieder in die Reichsverfassung einbezogen und mit der Lösung von Aufgaben der Reichsverwaltung betraut wurden, ist im neueren Schrifttum wiederholt dargestellt worden[293].

1. Die Betätigung der Stammverbände als Wahlverbände läßt sich nicht ganz gleichmäßig beobachten. Bei Sohneswahlen wird ihrer in der Regel nicht gedacht, aber wohl weniger aus grundsätzlichen Erwägungen als weil die Quellen diesen Wahlen, die doch nur gleichsam „Ergänzungswahlen" waren, überhaupt wenig Beachtung schenken; vielleicht war das Stammesmoment auch durch die Fürsten vertreten. Jedenfalls kann man nicht mit *Rosenstock*[294] annehmen, daß den Stämmen die Teilhabe an einer Sohneswahl als einer reinen Hausangelegenheit schlechthin verwehrt gewesen sei. Eher ließe sich daran denken, daß Sohneswahlen stets der Ausdruck eines starken dynastischen Gefühls waren, das den Stämmen wenig Anlaß bot, selbständig hervorzutreten.

2. Weiter ist die Frage zu erörtern, *welche* Stämme denn die Wahlverbände waren. Und hier bedarf es einer methodischen Vorbesinnung. Über die deutschen Stämme lassen sich von den verschiedensten Gesichtspunkten aus Betrachtungen anstellen; für den Rechtshistoriker kann nur der *Gesichtspunkt des Rechtes* in Betracht kommen. Es bewahrheitet sich auch für das Mittelalter, was der Universalhistoriker des Altertums, *Eduard Meyer*, in seiner anthropologischen Einleitung ganz allgemein formu-

[292]) Vgl. von neueren bes. *Haller*, Epochen der deutschen Geschichte 17 ff.

[293]) Durch *Gerhard Läwen*, Beiträge zur Frage der Rechtsstellung von Herzog und Stamm im Mittelalter, 1935. Dazu *Tellenbach* ZG. 56, 518. Königtum und Stämme 87 ff. DA. 6, 33 ff. *M. Lintzel*, Die Anfänge des Deutschen Reichs 1942. Der in ZG. 58, 1 f. gedruckte Vortrag *Walther Merks* auf dem Tübinger Rechtshistorikertag Oktober 1936 geht nur kurz auf das Problem ein. Ebenso *Chr. Obermüller*, Die deutschen Stämme, Stammesgeschichte als Namen- und Reichsgeschichte[2] 1942, die uns im Abschnitt über die vier „Altstämme" S. 123 ff. einige verstreute Bemerkungen bringt. Seine „Altstämme" entsprechen unseren gleich zu erwähnenden Hauptstämmen.

[294]) Königshaus und Stämme 89 ff. Vgl. auch oben Kap. I, V 5.

lierte[295]: *Das Recht ist vor allen Verbänden*, vor Staat, Stamm und Sippe; mögen diese auch primär natürliche Lebensgemeinschaften sein: in welcher Weise sie sich als Rechtsgemeinschaften auswirken und so in die Verfassungsgeschichte, in das politische Leben, ja eigentlich in die Geschichte überhaupt Eingang finden, das kann nur von der Seite des Rechts her bestimmt werden. Wir *dürfen* uns gar nicht auf ethnographische Untersuchungen einlassen, wir dürfen nur nach dem *Rechtsbegriff des Stammes im deutschen Reichsstaatsrecht* fragen[296]. Und da kommen uns die historischen Rückerinnerungen des Sachsenspiegels zu Hilfe:

SLdR. III 53 § 1: *Iewelk dûdisch lant hat sinen palanzgreven; Sassen, Baieren, Franken unde Swaven. Diz waren alle kuningriche; seder wandelde man ine den namen und hiez se herzogen, seder se die Rômêre bedwungen; doch behilden se die vorsten zu manne unde die vanlên under deme namen; seder haben ine die keisere beide vorsten unde vanlên abe gebrochen.*

Dieser Artikel — sein letzter Satz enthält in lapidarer Kürze eigentlich nichts Geringeres als die Entstehung des Reichsfürstenstandes, geschildert als Mediatisierung der ursprünglich von den Herzögen abhängigen Grafschaften[297], die jetzt nach Eike keine fürstlichen Fahnlehen mehr sind! — wird durch die Geschichte glänzend gerechtfertigt. Denn das Auftreten der vier genannten Stämme als Wahlkörperschaften bildet durchaus die Regel[298] — vermutlich weil sich bei ihnen die beständigste herzogliche Gewalt herausgebildet hatte; denn nur wo Herzogtum

---

[295]) Geschichte des Altertums I², 1, 36 ff. Über die Anfänge des Staates und sein Verhältnis zu den Geschlechtsverbänden und zum Volkstum, SB. Berliner Ak. der Wiss. Phil.-hist. Klasse 1907.

[296]) So auch *Steinbach*, Studien zur westdeutschen Stammes- und Volksgeschichte, Jena 1926, 3 ff. Er will die partikularistische Sonderung der Stämme mehr geo- als ethnographisch erklären, im übrigen die Rechtsfragen als noch zu wenig geklärt außer Betracht lassen. Ferner *Hugelmann*, Studien zum Recht der Nationalitäten I, Die deutschen Stämme im Ssp. und verwandten Rechtsquellen, Hjb. 47, 275 ff.

[297]) Principes sind ursprünglich auch die Vasallen der Stammesherzöge in ihren regna, wie die von *Läwen* zu Unrecht (so *Tellenbach*) verworfene Stelle der Vita Mathildis ergibt.

[298]) So auch *Lindner*, Königswahlen 89; *Buchner*, Herzogtum Bayern 47; *Ficker* Rfst. II, 2, 16 ff.

und Stamm sich miteinander verbanden, konnte eine staatsrechtliche Größe entstehen[299]. Diese vier sind, also verfassungsgeschichtlich betrachtet, die *Hauptstämme*. Daher werden die Friesen kaum je als Stamm im Sinne der Reichsverfassung bezeichnet, die Thüringer nur gelegentlich neben den Sachsen, die Lothringer an Stelle der Franken. Gehen wir kurz das historische Material durch: Schon 911 wird Konrad I. von den vier Hauptstämmen gekoren[300]; 919 Heinrich zunächst von Sachsen und Franken, während Bayern und Schwaben noch gewonnen werden müssen[301]; 963 ergibt sich die stämmische Zusammensetzung aus den Ehrendiensten, die die Herzoge beim Mahle leisten; genannt werden der Franke, Schwabe, Bayer, sowie der Lothringer als Ortskommandant[302]; die Abwesenheit des Sachsenherzogs wird von Widukind sorgfältig begründet[303]. Bei der Veroneser „Wahl" Ottos III. erscheinen die vier Hauptstämme, von denen die Italiener und die sonstigen Nichtdeutschen deutlich geschieden werden[304]; es ist also nicht gesagt, daß sie allein wahlberechtigt sind, ein Gesichtspunkt, der später bei den Fürsten wieder auftreten wird; aber daß ihre Mitwirkung als unentbehrlich angesehen wurde, wird man wohl annehmen müssen. Bei Heinrich II. waren zunächst Bayern und Franken zur Anerkennung bereit, später die Sachsen gegen ausdrückliche Rechtsgarantien, endlich, im Kampfe besiegt, die Schwaben[305]; bei die-

[299]) Vgl. *Läwen* a. a. O. 19 ff. und besonders *Tellenbach*, Königtum und Stämme (oben A. 122) 70 f. 97 f.

[300]) Annales Alamannici, Scr. I 55, Kr. I 1.

[301]) Widukind I 25, 26, Kr. I 2. *Heimpel*, Bemerk. 19 f. *Tellenbach*, Königtum und Stämme 104.

[302]) Widukind II 2, Kr. I 4: duces vero ministrabant. Lothariorum dux Isilberhtus, ad cuius potestatem locus ille pertinebat, omnia procurabat. Evurhardus mensae praeerat, Herimannus Franco pincernis, Arnulfus equestri ordini et eligendis locandisque castris praeerat. Nach *Schulte*, Kaiser- u. Königskrönungen waren das die ersten bezeugten Ehrendienste. Im Exemplar des Münchner Instituts fürDeutsche Rechtsgeschichte steht am Rande die Bemerkung des Vorbesitzers *G. v. Below*: „Schon unter Heinrich I."

[303]) *Stutz*, Erzbischof v. Mainz 16[1].

[304]) Ann. Magdeburg. Scr. 16, 157: Conventus Saxonum Suevorum et Lothariorum Bavaricorum Italicorum aliorumque natione lingua et habitu dissimilium; fast wörtlich übereinstimmend der Annalista Saxo Scr. 6, 630.

[305]) *Hirsch*, Jahrbücher Heinrichs II. 215 ff.

sem König werden Thüringer und Lothringer besonders erwähnt. Zu 1024 nennt Wipo ex parte Germaniae die vier Hauptstämme, fügt ihnen aber noch einige Namen de Gallia hinzu[306]. Dann hören wir allerdings hundert Jahre lang nichts von den Stämmen, ohne daß das Prinzip indessen in Vergessenheit geraten wäre; denn 1125 tritt es in voller Schärfe hervor, da aus den vier Hauptstämmen die Zehnerausschüsse zur Wahl (hier technisch Auswahl) gebildet wurden[307]. Über den Grund dieser eigenartigen Maßregel hat sich schon *Ficker*[308] Gedanken gemacht; durchaus richtig lehnt er es ab, in ihr etwa schon die Ausscheidung eines besonders wahlberechtigten Teiles der Fürstenschaft zu erblicken, besonders da die Gesamtzahl der anwesenden Fürsten die 40 gar nicht so beträchtlich überstiegen haben dürfte[309]; es handelt sich also mehr um eine Gruppierung der Fürsten in vier gleichberechtigte Stammgruppen, wohl um der Überzahl der Franken entgegenzuwirken. Ganz besonders merkwürdig ist aber nun die durchaus glaubwürdige Nachricht Ottos v. Freising[310], daß aus den Beratungen dieser vier Wählergruppen wiederum *vier Kandidaten* für die engere Wahl hervorgegangen seien, und zwar *abermals nach den vier Stämmen ausgewählt:* Friedrich v. Schwaben, Lothar v. Sachsen, Leopold v. Öster-

[306]) Bei Kr. I 10: Qui [sc. Rhenus] dum Galliam a Germania dirimat, ex parte Germaniae Saxones cum sibi adiacentibus Sclavis, Franci orientales, Norici, Alamanni, convenere. De Gallia vero Franci qui supra Rhenum habitant, Ribuarii, Liutharingi coadunati sunt. Über Norici = Baiern vgl. Nachweise im Register zu *S. Riezlers* Geschichte Baierns (1932).

[307]) Narratio de electione Lotharii (dazu *Kalbfuß*, M. 31, 1910, 538 ff. und *v. Simson*, Analekten zur Geschichte der deutschen Königswahlen, Programm Freiburg 1895, der aber mehr den kirchengeschichtlichen Fragenkomplex behandelt) c. 2: Primo decem ex singulis Bawariae, Swewiae, Franconiae, Saxoniae provinciis principes . . . proposuerunt, quorum electioni ceteri omnes assensum prebere promiserunt. *Bernhardi*, Jahrbücher Lothars v. Supplimburg 31 ff.

[308]) Rfst. II, 1, 9 ff.; dazu die Noten *Puntscharts*.

[309]) Die ältere Ansicht, daß im ganzen nur 10 Ausschußmitglieder gewählt worden seien (Haedicke, Quidde u. a.) ist verlassen. *Puntschart* bei *Ficker* a. a. O. Anm. 12. Ordericus Vitalis sagt ausdrücklich quadraginta. *Lindner*, Königswahlen 53.

[310]) Chron. 7, 17, ed. *Hofmeister* 333, ebenso Giselbert von Mons; nach ihm *Lindner* a. a. O. 51 (wegen des „vollkommenen Parallelismus"); noch *Holtzmann* in *Gebhards* Handbuch der Deutschen Geschichte[7] 307.

reich für Bayern und Karl v. Flandern, der nicht anwesend war, mit dem aber Erzbischof Friedrich v. Köln verhandelt hatte, für Franken. Wenn auch diese ganze Gruppierung und Aufstellung von Kandidaten bei der Wahl Lothars praktisch nicht zum Ziele führte, so scheint sie doch für die Folgezeit Schule gemacht zu haben; denn auffallenderweise berichtet Giselbert v. Mons zu 1125 wieder von einer Vereinbarung auf vier Fürsten (principes praepotentes), die Wahlmänner und Kandidaten zugleich waren, und es ist nicht einzusehen, warum dieser Bericht unbedingt als auf einer Verwechslung mit den Vorgängen von 1125 aufgebaut verworfen werden müßte[311]. Ja selbst als nach der Bildung des Reichsfürstenstandes ganz neue Anschauungen sich geltend zu machen beginnen, ist das Vierstämmeprinzip noch nicht sofort aus dem allgemeinen Bewußtsein geschwunden[312]. Die Lauterberger Chronik stellt zu 1198 die Fürsten von Sachsen, Bayern und Schwaben denen vom Rhein, also den Franken, gegenüber; ähnlich die Ursberger Chronik. Arnold v. Lübeck läßt Philipp von Schwaben in Franken, Sachsen, Bayern, Schwaben und allerdings auch Thüringen Anhänger finden; die Wahl Ottos v. Braunschweig 1208 wird nach demselben zunächst in Halberstadt durch die Sachsen vorgenommen, dann in Frankfurt durch die Fürsten von Franken, Bayern, Schwaben. Mit diesen Ausläufern des Stammesprinzips sind wir bis unmittelbar an den Sachsenspiegel herangekommen, dem wir uns erst später zuwenden wollen.

3. Es wäre nun aber voreilig, anzunehmen, dieses Hervortreten betonter Stammesgruppen habe zugleich ein „Vorstimmrecht" der Stammesherzöge im Gefolge gehabt[313]. Dazu war die Stellung der Herzöge zu ihren Stämmen viel zu verschiedenartig ge-

---

311) Übersicht über den Stand der Frage bei *Simonsfeld*, Jahrbücher Friedrichs I. 667 ff. (Exkurs). Giselbert hat (ed. *Vanderkindere* 92) jedenfalls richtiger als die offizielle Historiographie gesehen, daß die Wahl Friedrichs nicht ohne Schwierigkeiten vonstatten ging. Daneben fällt wenig ins Gewicht, daß er in Einzelheiten irrt. Aber unzulässig ist es, seinen Bericht für ein „Wahlvorrecht" auszunützen. Vgl. zur Bewertung der ausländischen Quellen auch *Burdach* unten A. 425.

312) Nachweise zum folgenden bei *Buchner*, Herzogtum Bayern 47.

313) So *Quidde*, *Tannert*, aber auch *Waitz*, *Weiland* und andere schon von *Maurenbrecher* 198 Zurückgewiesene.

staltet. Höchstens in Bayern hätte man annehmen können, daß der Stamm wirklich durch den Herzog repräsentiert wurde; niemals hingegen in Sachsen, wo sogar berichtet wird, daß eine allgemeine Stammesversammlung darüber einberufen worden sei, wie man sich bei der kommenden Königswahl zu verhalten habe[314]. Wollte man nämlich ein „Vorstimmrecht" annehmen, dann käme man allerdings zu der verblüffend einfachen Lösung, die schon vor etwa 80 Jahren *Philipps* andeutete[315] – die vier Stammesherzoge und die drei rheinischen Erzbischöfe als Vorwähler, also beinahe schon das spätere Kurkolleg, zu dessen endgültiger Bildung nichts mehr weiter notwendig gewesen wäre, als daß die Stammesherzöge nach dem Verfall der Stammesverfassung durch vier andre nach irgendwelchen Gesichtspunkten bestimmte Fürsten ersetzt worden wären! So einfach verläuft aber die Rechtsgeschichte nicht. Selbst wenn sich eine persönliche Sonderstellung der Herzöge nachweisen ließe, so würde sie auf ihrem Rang innerhalb des sozialen Organismus der *Stämme* beruhen und nur einen Ausdruck für *deren* Recht darstellen; von hier führt keine Brücke zu der auf ganz anderen Unterlagen ruhenden Sonderstellung der vier weltlichen Erstkieser, wie sie uns später entgegentritt. Dazu kommt, daß diese vier eben erst im Sachsenspiegel auftreten, fast genau hundert Jahre nachdem die Stammesgliederung bei der Wahl zum letzten Male sicher bezeugt ist. Hier wäre also eine unerklärliche Lücke. Man muß daher annehmen, daß um 1200 wirklich eine vollstän-

---

[314]) *Läwen* a. a. O. 67, der auch zur Frage des Verhältnisses zwischen Herzog und Stamm überhaupt heranzuziehen ist. *Läwen* hat auch die Frage der Herzogswahl gefördert (S. 62 ff.). Er will eigentliche Wahlen nur in Bayern annehmen, und auch da nur als politisch belanglose Konsensakte, bis um 1100 die Erblichkeit siegte. Für die starke Stellung des bayrischen Herzogs spricht es, daß 1125 die Bayern nichts ohne ihren Herzog unternehmen wollten, Narratio de el. Loth. c. 5. Aber ein Vorstimmrecht des Herzogs liegt hierin auch nicht. – Für Sachsen dürfte das Gesagte durch die Ergebnisse der Arbeit von *Ruth Hildebrand,* Der sächsische Staat Heinrichs des Löwen, Hist. Studien 302, 1937, bestätigt werden, die aber im Einzelnen noch der Nachprüfung im Sinne des Referats von *L. Hüttebräuker* ZG. 57, 574 ff. bedürfen. Vgl. noch *G. A. Loening*, Staat und Wirtschaft unter Heinrich d. Löwen, Festschr. f. *Hedemann* 1938; *G. Läwen,* Die herzogliche Stellung Heinrichs des Löwen in Sachsen, 1937; *H. Mau,* Heinrich der Löwe, 1943.

[315]) *Philipps*, Deutsche Königswahl 70.

dige Veränderung auch in dieser Beziehung vor sich gegangen und die zunächst zu beobachtende Bevorzugung der drei Erzbischöfe und des Pfälzers ganz anders zu erklären ist.

4. Nur eines erscheint auffallend: daß es gerade wieder *vier* Fürsten sind, die von 1198 an hervortreten. So scheint es, als ob die Zahl vier berufen gewesen wäre, eine ganz besondere Rolle bei der Thronerhebung zu spielen, und als ob sie der ruhende Pol in der Erscheinungen Flucht, das Bindeglied zwischen der älteren Thronerhebung und der jüngeren Königswahl gewesen sei. Aus mittelalterlichem Denken heraus wäre dies nicht unbegreiflich. Denn die Zahl ist nichts Zufälliges, den Dingen nur äußerlich Beigesetztes, sondern sie gehört zum Wesen der Dinge selbst. *Tolle numerum rebus omnibus et omnia pereunt* — dieser Satz Isidors v. Sevilla[316] ist noch längst nicht ausgeschöpft, es gibt immer noch Leute, die von Zahlenspielerei reden, wo es sich um das Streben nach Zahlenharmonie handelt, das ein Teil des Strebens nach Vollendung ist. Die Zahl ist die Seele der Welt, die Richtschnur aller Dinge[317]. Sie kann bleiben, auch wenn sich ihr Sinn, ihre Benennung völlig ändert. So auch hier: Hatte man sich einmal bei der Königserhebung an eine Viergliederung gewöhnt, so blieb man bei ihr, auch unter ganz veränderten Umständen.

Ganz abgesehen davon ist die Vier nicht nur eine große und heilige Zahl[318], sondern auch in weltlichen und staatlichen Angelegenheiten sehr häufig verwendet worden. Sie ist die Zahl der Welt, der Kreatur, ergibt zusammen mit der Drei, der Zahl der Gottheit, die heilige Sieben[319]. In ihr entfaltet sich die in der

---

[316]) *P. E. Schramm*, Studien zu frühmittelalterlichen Aufzeichnungen über Staat und Verfassung, ZG. 49, 208.

[317]) Zum folgenden *K. Menninger*, Zahlen und Worte (1930) 12 ff.; *Thurnwald*, Art. „Zählen" in *Eberts* Reallexikon der Vorgeschichte 14, 476 f. (1929). Die Vier war vielleicht die älteste Zählgrenze primitiver Völker (Hand ohne Daumen).

[318]) *Grimms* Deutsche Rechtsaltertümer I[4] (hsg. *v. Heusler u. Hübner*) 290 lassen sie hinter der Drei ungebührlich zurückstehen.

[319]) Einen eigenartigen Versuch zur Auswertung dieser Zahlensymbolik unternahm *J. Kretschmar*, Mittelalterliche Zahlensymbolik und die Einteilung der Digestenvulgata, Berlin und Leipzig 1930, dazu ZR. 48, 101, 49, 56, 51, 586; ferner *Kretschmar*, Kurzer Bericht über seine Forschungsergebnisse zur 1400-Jahr-Feier der Digesten 1933, Maschinenschrift, München U.-Bibl. Jus 18404. *Genzmer*, Die justinia-

Trinität begriffene Selbstoffenbarung Gottes in der Welt. Sie ist Zahl der Weltgegenden, Jahreszeiten, Propheten, Evangelisten, Kardinaltugenden, niederen Weihen, auch der Weltreiche (regna)[320]; vielleicht hat daran die Vierzahl der deutschen Stammes-Regna angeknüpft. Noch im 15. Jahrhundert hat die deutsche Staatsrechtslehre die eigenartige Theorie der „Quaternionen" aufgestellt[321]. Im praktischen Leben, im Gerichtswesen und der Verwaltung muß sie ungeheuer häufig gewesen sein[322];

nische Kodifikation u. die Glossatoren, Atti del Congresso Internazionale di diritto Romano, Pavia 1934, I 370.

[320]) Zu den 4 Reichen vgl. auch Berthold v. Regensburg, Predigten, bei *Keutgen*, Staat 77[116a]): Unde recht ze glîcher wîse als dâ *vier* hohe fürsten sint, die vor einem roemischen künige stênt ... Vgl. noch *F. Kampers*, Der Werdegang der mittelalt. Kaisermystik 1924, 94 f.

[321]) *Werminghoff*, Die Quaternionen der deutschen Reichsverfassung, Archiv f. Kulturgesch. 3, 1905, 280 f. *H. Foerster*, Zum Quaternionensystem der Reichsverfassung, HJb. 62, 1943, 286 ff. Sein gegen die erste Auflage erhobener Vorwurf, sie erwähne diese Materie mit keinem Worte, ist insofern unberechtigt, als sie jenseits des zeitlichen Rahmens des Buches liegt.

[322]) Ich erwähne bloß beispielsweise: die vier Rechtsweiser im Prolog des Lex Salica; die vier Wahlmänner in Venedig, unten A. 312; die vier Urteilfinder bei Pierre de Fontaines, Conseil à un ami 21, 29, *Brunner*, Forschungen 246. In der Normandie sind die quatre chevaliers als Richter und Berater ganz typisch, *Besnier*, La Coutume de Normandie, Histoire externe, Paris 1935, 89. *Vier* Ministeriale hat der Bischof von Worms als Beirat, *Boos*, Urkundenbuch I 190 (Urkunde Friedrichs II.). Bei der Urteilsschelte in Magdeburg wirken mit die *vier* vornehmsten Domherren, die Inhaber der vier Hofämter, die vier ältesten Männer von Schartau jenseits der Elbe, *Planck*, Das deutsche Gerichtsverfahren I 284. *Vier* Schiedsrichter treten im Vertrag Heinrichs v. Brabant mit Philipp II. v. Frankreich (1208) auf, Const. 2, 619; so auch Const. 2, 174 und im Waffenstillstand von Verneuil zwischen England und Frankreich, *Cartellieri*, Philipp II. August, III. 98; ebensoviele sollen die Ansprüche des übergegangenen Rudolf, Bruder Albrechts I. von Österreich, festsetzen, Const. 3, 328; *vier* electi von beiden Seiten kommen im Vertrag Herzog Albrechts von Österreich mit Wenzel v. Böhmen vor, M. Ergbd. 4, 163 (*Redlich* Zur Geschichte der österr. Frage unter König Rudolf I.), vier Wahlmänner wählen die Geschworenen nach *Glanvilla*, Tractatus de legibus Angliae II 12, ed. *Woodbine* 1932. Weitere Belege bei E. *Mayer*, Geschworenengericht und Inquisitionsprozeß, 1916, 150. An die vier Hofämter, die „Vierer" im Recht der Dorf- und Marktgemeinden (vgl. die Register zu *Grimms* Weistümern und zu den einzelnen Bänden der österreichischen Weistümer) braucht nur erinnert zu werden, ebenso an die vier doctores legum zu Roncaglia, *Rahewin* IV 6. Viermännerkollegien in Italien: *Mayer*, Ital. Verfgesch. II 544 f. Vier Schwertträger in *England: P. E. Schramm*, Engl. Königtum 68.

systematische Suche würde zahllose Fälle ergeben. Und das obwohl die Mehrheitsbildung bei ihr denkbarst schwierig ist – ein Beweis, daß sie ohne Rücksicht auf rationale Erwägungen zu ihrer Bedeutung gelangt ist. Ob man also den oben angedeuteten Zusammenhang annehmen will oder nicht – jedenfalls steht fest, daß bei der Königswahl stets mit einer viergliedrigen oder vierköpfigen Wählerschaft gerechnet werden muß.

*

Am Ende des ersten Untersuchungsabschnittes, der sich mit der durch die Stämme getätigten Volkswahl beschäftigte, soll in Kürze auf die Faktoren eingegangen werden, die für den Übergang zur reinen Fürstenwahl seit dem Ausgange des 12. Jahrhunderts ursächliche Bedeutung erlangt haben.

In erster Linie ist da der staufische Reichsgedanke zu nennen. Er ist gelegentlich stark überbelichtet worden[323] – es besteht aber kein Grund, ihn jetzt zu unterschätzen. Zweifellos mußte die Italienpolitik in Verbindung mit der Anknüpfung an das römische Recht auch das Gefüge des Deutschen Reichs umgestalten. Es fand damals bekanntlich eine erste Rezeption statt, die man schwerlich eine „theoretische" wird nennen können[324]: die Durchführung der ronkalischen Beschlüsse, die ja inhaltlich z. T. auch auf römischem Recht beruhen[325], brachte dem Reich erhebliche Mehreinnahmen[326]. Der äußere Ausdruck der Wand-

---

[323]) In dem gleichnamigen Buch von *M. Krammer*, Gierkes Untersuch. 95, 1908, dazu *Fehr* ZG. 29, 371 ff.

[324]) So bekanntlich *Brunner*, zuerst wie es scheint in der akademischen Festrede „Die Rechtseinheit", Berlin 1877, jetzt Abhandlungen hsg. von *Rauch* II 365, später in den verschiedenen Auflagen des „Grundrisses der Deutschen Rechtsgeschichte".

[325]) *Paul Willem Finsterwalder*, Die Gesetze des Reichstags v. Roncaglia, ZG. 51, 29 ff.; dort auch Rekonstruktion dreier weiterer, staatsrechtlich bedeutsamer Gesetze. Dadurch dürfte vielleicht das Urteil *Schramms*, Kaiser, Rom und Renovatio (1929) I 282[3] berichtigt werden. Auf die Bedeutung der Constitutio „Omnis" weist auch hin *F. Rörig*, Mittelalterliches Kaisertum in Das Reich und Europa hsg. von *Th. Mayer* u. a. 1941, 33.

[326]) *Gertrud Deibel*, Die italienischen Einkünfte Kaiser Friedrich Barbarossas, Neue Heidelberger Jahrbücher 1932, und Die finanzielle Bedeutung Reichs-Italiens für die staufischen Herrscher des 12. Jahrhunderts, ZG. 54, 134 ff. (aus der Schule *Karl Hampes;* mühevolle Einzelnachweise aus Urkunden).

lung ist der ständige[327] Gebrauch des Titels Rex Romanorum, der offenbar die überstämmische Natur auch des deutschen Königtums zur Geltung bringen sollte. Von hier aus war es nur noch ein Schritt zur Ausweitung des regnum zu einem weltlichen Imperium, das mit dem geistlichen nie ganz verschmolz, aber immer mehr als seine staatsrechtliche Vorstufe und Grundlage angesehen wurde. Zu dieser Aufgabe mußte es durch vermehrte Konzentration reif gemacht werden. So kam es im Zuge gleichgerichteter europäischer Bestrebungen[328] zu einer „Staatsreform" der Hohenstaufen[329] oder besser: zu einem Versuch der *Verstaatung des Reiches;* denn viele staatliche Kräfte wurden überhaupt zum ersten Male geweckt. Hierher gehört die vermehrte Heranziehung der Ministerialen, Reichsstädte, Reichsvogteien, die bessere Ausnützung und Zusammenfassung des Reichs- und Hausgutes, die Sorge für die Rechtspflege, den Landfrieden und manches andere; auf Einzelheiten kann nicht eingegangen werden. Für die Bildung des Königswahlrechts ist diese von der Reichsführung ausgehende Verstaatungstendenz zunächst nicht bedeutsam geworden; im Gegenteil: Heinrich VI. versuchte ja durch den Erbreichsplan die Wahl ganz auszuschalten[330]. Das rasche Scheitern des Plans, der überhaupt nur in seinen allgemeinen Umrissen erkennbar geworden ist, beraubt uns der Möglichkeit festzustellen, welcher Art Erbfolge damals einzuführen beabsichtigt war; ob sich die Primogeniturerbfolge hätte durchsetzen lassen, erscheint bei dem zerfahrenen Zustand des deutschen Lehnserbrechts einigermaßen zwei-

---

[327]) *Waitz-Seeliger* 147. *Ficker* M. 6, 255 f.

[328]) *Brackmann*, Die Wandlung der Staatsanschauungen im Zeitalter Kaiser Friedrichs I., H. Z. 145 (1932) 1 ff.; der mittelalterliche Ursprung der Nationalstaaten, Berliner S. B. 1936 Nr. 13; beides jetzt auch in Ges. Abhandlungen, 1941.

[329]) Nach *v. Dungern*, Die Staatsreform der Hohenstaufen, Festschrift für Zitelmann 1913.

[330]) Wertvoll scheint mir der Hinweis von *E. Perels*, Der Erbreichsplan Heinrichs VI. 77 u. öfters, daß auch hierbei die Initiative von den Fürsten ausging und der Erbreichsplan als eine Gegenforderung des Kaisers erscheint. So vor allem in der Reinhardsbrunner Chronik und bei Gervasius v. Tilbury. Um der Gegenforderung zu entgehen, schlugen die Fürsten freiwillig die Wahl des Sohnes vor, *Krammer*, Kurkolleg 17.

felhaft. Aber die ganze Verstaatung geriet in den Zeiten nach der Doppelwahl von 1198 ins Stocken, und auch der zweite Friedrich hat sie in Deutschland nicht durchführen können. Je geringer die konkreten Erfolge blieben, um so größer wurden indessen die ideellen Aspirationen[331]. Friedrich II. fühlte sich als Kosmokrator, aber den deutschen Staat auszubauen überließ er anderen. Um das Jahr 1230 war es schon entschieden, daß im Wettlauf um die Staatlichkeit die Länder der Reichsfürsten den Sieg davontragen würden. Als Rudolf von Habsburg und Ottokar von Böhmen einander gegenübertraten, hatte Rudolf das Reich, Ottokar einen Staat. Hier liegt die Wurzel der viel gescholtenen Hausmachtspolitik, die nur als *Verstaatungsversuch auf Umwegen* richtig verstanden werden kann. Daß zeitweise die Umwege zur Hauptsache und zum Selbstzweck wurden, steht auf einem anderen Blatte.

Viel bedeutsamer für uns ist die schon im 12. Jahrhundert einsetzende Aktion der Reichsfürsten, die im Schrifttum hinter den Staatsplänen der Staufer meist ungebührlich zurücktritt. Man weiß nicht recht, ob man sie eine Gegen- oder eine Parallelbewegung nennen soll, letzteres deswegen, weil auch auf die Fürsten das wiedererwachende römische Rechtsdenken Einfluß gewonnen hat; schon unter Friedrich I. sind sie der „Senat" des Reiches. Vielleicht hatten auch die Fürsten oder einzelne von ihnen einen ganz präzisen Staatsgedanken, aber keinesfalls hatten sie Interesse für die Begründung eines rein monarchischen, absolutistischen Regiments im gesamtdeutschen Raum. Ich glaube, daß das ständische Denken der Reichsfürsten, das dann im 15. Jahrhundert so bestimmend hervortritt, schon im 12. Jahrhundert in seinen Anfängen zu beobachten ist. Seine Wurzeln liegen natürlich im Investiturstreit, der die ganze Dynamik des Gegensatzes zwischen Reichsspitze und Fürsten aufgedeckt hatte. Das Wormser Konkordat hatte auch den geistlichen Fürsten ihren festen Platz in der Reichslehnsverfassung angewiesen; jetzt vereinigen sie sich mit den weltlichen im gemeinsamen Streben nach Erwerb, Ausbau und Abrundung ihrer

[331]) So vor allem *Krammer*, Reichsgedanke 50 ff., dessen Ausführungen für die *letzten* Staufen auch *Fehr* a. a. O. billigt.

Gebietshoheit. Daher die grundlegende Umgestaltung der Reichsverfassung, jene in ihrer Tragweite kaum zu überschätzende, fast revolutionär zu nennende Umstellung vom Stammesprinzip auf das Territorialprinzip. Der *Übergang vom Stammesfürsten zum Gebietsfürsten* ist mindestens ebenso wichtig wie der vom Amts- zum Lehnsfürsten, mochten auch die Gebiete noch stark in der Gemenglage liegen. Im Grunde ist die Unterstellung unter das Lehnrecht nur die äußere Seite dieses gewaltigen Prozesses, die Rechtsform eines politischen Strebens[332]. Weil die Geistlichen nach Gebietshoheit drängten, daher mußte die Kirche zur Auflösung des Stammesbegriffes die Hand bieten; denn nicht die Stammes-, sondern nur die Gebietshoheit war den Geistlichen zugänglich. Weil die Beherrschung und Behauptung eines Gebietes im Vordergrunde stand, deshalb mußte das Lehnrecht jenen erdgebundenen, dinglich gerichteten, vasallenfreundlichen Zug annehmen, der das deutsche und italienische System so unvorteilhaft von dem Lehnrecht der Westgruppe unterscheidet. Weil bei dem Übergang von der Stammesherrschaft in die Gebietsherrschaft die Gefahr bestand, daß die alten, in den natürlichen Rangverhältnissen der Stammesverfassung gelegenen Bindungen und Abstufungen in Verwirrung gerieten, daß die freigewordenen Dynasten der unteren Stufen selbst Gebietsherren wurden und direkten Anschluß ans Reich fanden — das Jahr 1180 ist das kritische Jahr dieses Prozesses! — deshalb müssen jetzt die neuen, später dogmatisierten, überstämmischen Ordnungsprinzipien sich bilden, vor allen die *Heerschildordnung*, die den Fürsten das Monopol der Reichsunmittelbarkeit sichern sollte; und aus der Heerschildordnung mußte sich ganz von selbst der *Leihezwang* ergeben, der die Reichsfürsten zur ständigen Zwischeninstanz zwischen dem König und seinen Grafen machte und zugleich als Garantie für den Rechtsbestand der Teilgebiete wirken sollte. Das alles zusammen ist der Kern des Prozesses, der als *Bildung des Reichsfürstenstandes* äußerlich in Erscheinung tritt und eine der größten Wandlungen des deutschen Staatsgedankens bedeutet. Und dies bleibt richtig, auch wenn man zugibt,

[332]) Zum folgenden LSt., insbes. 415 ff.; Staat des hohen MA.[2] 304 ff., 371 ff.

daß bei weitem nicht alle Absichten auf Mediatisierung der Nicht-Reichsfürsten damals Erfolg hatten; bekanntlich erhielt sich vor allem im Westen und Süden des Reichs der große Splitterbesitz der Reichsgrafen, Reichsritter, Reichsabteien usw., der später das bunte Mosaik von über 300 reichsständischen Herrschaften ergab — im Ganzen genommen eben doch nur eine Krankheits- und Entartungserscheinung, die ihrerseits wieder zur patrimonialen Entartung des Staatsbegriffs als solchen führte und erst langsam wieder überwunden werden mußte.

In diese großen Zusammenhänge gehört also die Entstehung eines Königswahlrechts im eigentlichen Sinne hinein. Eines der ersten Ziele des neugebildeten, standesbewußten Reichsfürstentums mußte die *Monopolisierung der Königswahl* sein. Die Fürsten wollten die Wahl beherrschen und in die Hand bekommen — dazu mußten sie sie erst einmal beherrschbar machen, technisieren und schematisieren. Sie mußte ihres volkstümlichen Charakters beraubt und als „Rechtsgeschäft" verselbständigt werden. Dann konnte sie in die Hand einer kleinen Gruppe von Fürsten gelangen. Das ist der Zweck der „Minderung der Kur"[333], die jetzt eintritt. Eine solche Aristokratisierung der Wahl findet sich übrigens nicht nur in Deutschland, sondern auch in den italienischen Stadtrepubliken[334]; inwieweit hier

---

[333]) So *Frensdorff*, Zur Geschichte und Erklärung der deutschen Rechtsbücher V, Nachrichten der Gesellschaft der Wissenschaften zu Goettingen Phil.-hist. Klasse 1923, 85 nach der Kölner Schöffenchronik zu 1212.

[334]) So vor allem in *Venedig*, der einzigen Republik mit durchgehendem Wahlrecht (so *Viollet*, Institutions du droit public II 421[5]). Dort wählte bis 1172 das ganze Volk, dann wird durch ein Wahldekret ein Kolleg von elf Wahlmännern bestimmt, *Claar*, Entwicklung der venetian. Verfassung 1 ff., das Volk auf eine Vollbort beschränkt; der erste so gewählte Doge Sebastiano Ziani gilt bezeichnenderweise als primus *per electionem* promotus (*technischer* Wahlbegriff!) im Gegensatz zu den früheren akklamierten; das Dekret erging pro evitanda discordia, Chron. Andr. Danduli bei *Hain*, Doge von Venedig, Leipzig 1883, 11. Aber schon 1178 wird der Wählerkreis von neuem eingeengt: 4 viri providi sollen 40 Wahlmänner nominieren, per quorum *maiorem partem electus* dux ab omnibus haberetur, *Maranini*, Const. di Venezia 179. So wurde u. a. Enrico Dandolo gewählt. Später (1249) wird die Zahl der Wahlmänner um einen erhöht: Veneti in electione ducis *discordiam*

Entsprechungen oder sogar Wechselbeziehungen vorliegen, kann hier nicht weiter verfolgt werden.
Das alles war nur mit den Mitteln der Wissenschaft erreichbar. Die Wissenschaft der Zeit aber war das *kanonische Recht*. Es ist nahezu selbstverständlich, daß das neue Königswahlrecht nicht ohne seine Hilfe aufgebaut werden konnte. Daraus mochten sich Reibungen mit den alten, deutschrechtlichen, volksmäßigen Anschauungen ergeben. Aber *beabsichtigt* waren sie nicht; die Kampfstellung gegen das deutsche Volk, den deutschen Staat und seine Interessen war nicht der Ausgangspunkt. Dazu ist noch eines zu beachten: Das kanonische Recht ist damals nicht päpstliches Recht schlechthin. Es ist allgemeines Bildungsferment des Abendlandes, Ausdruck neuer Geistigkeit, nuova scienza. Es ist auch verbindlich für deutsche Fürsten, für die geistlichen Reichsfürsten, die bei der Beherrschung der Königswahl die Hauptrolle spielen sollten. Geistlicher Reichsfürst – darin liegt ja der große, noch kaum genug beachtete Zwiespalt, der nur im deutschen Rechtskreis Wirklichkeit gewonnen hat: Das Problem, wie man dem Reichsrecht und dem kanonischen Recht zugleich unterstehen und die Gegensätze vor seinem Gewissen zum Aussgleich bringen kann. Hätten wir mehr Zeugnisse der frühesten deutschen Kanonistik, vielleicht könnte man den Konflikt noch deutlicher sehen. Vielleicht gab es damals schon ein deutsches partikulares Kirchenrecht, Volksrecht im Reich gegen Reichsrecht der Kirche? Bei Johannes Zemeke, genannt Teutonicus, finden sich ja Spuren davon, so die Zwei-

ex paritate votorum alias ortam evitare cupientes sanxerunt ut sicut Dux a maiori parte 40 electorum eligebatur, ita nunc per maiorem partem 41 eligi debet, Andr. Dandulo in Muratori Script. XII p. 350, *Claar* 12. Dann wird 1268 ein ungeheuer kompliziertes Verfahren mit 6 Wahlgängen eingeführt, *Maranini* 188. Vgl. noch *Kretschmayr*, Geschichte Venedigs I 324 ff., 489 ff. mit weiteren Angaben. Über andere italienische Städte vgl. *Edoardo Ruffini Avondo*, I sistemi della deliberazione collettiva nel medioevo italiano, Torino 1927, 35 ff. *Ernst Mayer*, Italienische Verfassungsgeschichte II, 1909, 543 f. Hochinteressant ist auch das Kaiserwahlrecht des lateinischen Kaiserreichs von Byzanz seit 1204, wo 12 Wahlmänner aufgestellt werden, je 6 fränkische und venetianische. Vgl. *Gerland*, Geschichte des lateinischen Kaiserreichs von Konstantinopel I 1905.

schwerterlehre in der Form, wie sie auch Eike gibt[335]. Doch inwieweit deutsche geistliche Fürsten davon ergriffen waren, das dürfte man heute kaum schon zu entscheiden wagen.

---

[335]) *Rosenstock*, Ostfalens Rechtsliteratur unter Friedrich II. (1912), 119 ff. m. Nachweisungen. *Hugelmann* ZK. 40, 56[1]. Zweifelnd *v. Gierke* ZG. 34, 550. Neuere Forschungen bestätigen aber das Ergebnis. Die Glossa ordinaria zum Decretum Gratiani enthält immerhin an einer Stelle (zu c 8 D 10 „Discrevit" – nach *F. Heyer* bei *Baethgen* ZK. 41, 175[3]) sicher von Johannes Teutonicus) den Satz: „est hic argumentum quod imperium non habetur a papa, et quod non habet utrumque gladium, nam exercitus facit imperatorem (Hinweis auf c 24 D 93, s. u. A. 529). Aber andrerseits steht wieder zu c 1 D 22 ad v. „Caelestis": Papa habet utrumque gladium scilicet spiritualem et temporalem". Wie die Antinomie aufzulösen ist, kann hier ebensowenig entschieden werden wie die Frage der direkten Einwirkung der Glosse auf den Ssp. Vgl. zu diesen und anderen Stellen einzelner Glossenhandschriften *Martin Thilo* in seiner aus *Fr. Heyers* Schule hervorgegangenen Studie: Das Recht der Entscheidung über Krieg und Frieden im Streite Kaiser Heinrichs VII. mit der Kurie, Eberings Hist. Studien 343, Berlin 1938, 40, 42, 86. Er weist treffend darauf hin, daß schon in den glossierten Originalstellen sich sehr verschiedene Stadien der Kirchenrechtsentwicklung spiegeln und so der Glosse Anknüpfungspunkte in den divergentesten Richtungen geboten wurden.

ZWEITER TEIL

DIE FÜRSTENWAHL

Viertes Kapitel

DIE DOPPELWAHL VON 1198

I. 1. Der *Erbreichsplan Heinrichs VI.* bedeutet Höhe und Wende der deutschen Verfassungsgeschichte auf Jahrhunderte hinaus. Er zeigt die stolzeste Entfaltung staufischen Selbstgefühls und zugleich die praktischen Grenzen der Herrschermacht innerhalb des Reichs. Er ruft aber auch die Abwehrkräfte des Papsttums auf den Plan. Das Papsttum gerät in eine ähnlich verteidigende Stellung wie zur Zeit Heinrichs V., von dessen Vorgehen ja noch die Deliberatio Innozenz' III. ein schreckerfülltes Bild entwirft[336]. Zwar werden für den Erbreichsplan Gegenangebote gemacht, aber sie liegen vorwiegend auf finanziellem Gebiet[337], und welche Einwirkungsmöglichkeiten dem Kaisertum in Zukunft die unio regni ad imperium gewähren werde, konnte zu Lebzeiten Heinrichs VI. niemand voraussehen. Dies alles muß man sich vor Augen halten, um die Stimmung zu verstehen, in der Innozenz III. nach dem frühen Tode Heinrichs die Regierung der Kirche übernahm. Dazu kam, daß der Papst Gläubiger eines Kreuzzugsversprechens war[338], ja daß ein jetzt führerlos gewordenes Kreuzheer in aussichtslosem Kampfe stand[339]. Schon um deswillen mußte eine rasche Erledigung des

---

[336]) RNI. 29: Henricus enim, qui primus imperium de genere hoc accepit, persecutionem gravissimam in ecclesiam suscitavit . . . Folgt eine längere Schilderung des Vorgehens gegen Paschal II. Wieso der Papst Heinrich V. den Ersten seines Geschlechtes nennt, darüber vgl. *Georgine Tangl*, Das Register Innozenz' III. über die Reichsfrage, Geschichtsschreiber der deutschen Vorzeit 95, 1923, 71[1].

[337]) Darüber *Volkert Pfaff*, Kaiser Heinrich VI. höchstes Angebot an die Kurie' Heidelberger Abhandlungen zur mittleren und neueren Geschichte 55, 1927, eine Dissertation aus der Schule *Hampes*, in der alle älteren Theorien (*Jordan, Haller* usw.) kritisch dargestellt werden. Zusammenfassend *Hampe*, Das abendländische Hochmittelalter, Propyläen-Weltgeschichte III, 524 f. *Hampe-Baethgen*, Deutsche Kaisergeschichte[7] (1937) 219.

[338]) *Toeche*, Kaiser Heinrich VI. 375 ff. *Jastrow-Winter*, Deutsche Geschichte im Zeitalter der Hohenstaufen II 60.

[339]) *Winkelmann*, Philipp von Schwaben I 59 ff. Die deutschen Fürsten im gelobten

deutschen Thronstreites angestrebt werden. Mit diesem hing ja dann auch die Ablenkung des 4. Kreuzzugs auf das neurömische Reich zusammen, die andrerseits von den Venetianern aus handelspolitischen Gründen unterstützt wurde[340].

2. Zugleich zeigte aber der Erbreichsplan und alles, was ihm folgte, wie sehr der Gedanke der ideellen Einheit von regnum und sacerdotium schon in Gefahr geraten war. Zwar bestand noch kein offener Gegensatz zwischen beiden; auch in der Folgezeit ist noch nicht die transzendente Idee, das principium unitatis geleugnet worden; noch ein Bonifaz VIII. verwirft als integraler Monist den binarius numerus infamis, die Doppelspurigkeit, das ponere duo principia[341]; noch für Dante[342] und Petrarca ist das gemeinsame, heilige Anrecht von regnum und sacerdotium auf die Beherrschung des christlichen Abendlandes ein unverlierbarer politischer Leitgedanke. Nur die unhaltbare Vorstellung, daß der Kampf zwischen weltlicher und geistlicher Gewalt gleichsam naturgegeben sei, kann dies verkennen. Aber freilich, unterhalb der transzendenten Idee, in der Sphäre der Immanenz, bilden sich schon schwere Spannungen; die empirische Notwendigkeit des Neben- und Miteinanderlebens führt zu Kompetenzkonflikten und Reibungen; und dies zumal in einer Zeit, wo beide Gewalten eine großartige Steigerung ihres Selbstgefühls erfahren. Der Erbreichsplan bedeutet das denkbar eindringlichste Bekenntnis zur Eigenständigkeit des Staa-

---

Land hätten übrigens alsbald untereinander das Treuversprechen für Friedrich (II.) erneuert. *Winkelmann* a. a. O. 61 mit Note 3.

[340]) Vgl. *Konrad Burdach*, Walther v. d. Vogelweide und der 4. Kreuzzug, HZ. 145, 19 ff. mit Literaturübersicht.

[341]) *Th. Steinbüchel*, Das christliche Mittelalter 1935, 236.

[342]) *Burdach*, Vom Mittelalter zur Reformation II, 1, 46. Dante de monarchia III, 12: Papa et Imperator quum sint relativa reduci habebunt ad aliquod unum in quo reperiatur ipse respectus superpositionis, absque differentialibus aliis. Et hoc erit vel ipse Deus. In III, 16 wird allerdings die Unterlegenheit des Kaisertums darauf zurückgeführt quum mortalis ista felicitas quodammodo ad immortalem felicitatem ordinetur. Zum Ganzen *Gierke*, Genossenschaftsrecht III § 11; *Dempf*, Sacrum imperium 13 ff.; *H. Kämpf*, Pierre Dubois und die geistigen Grundlagen des französ. Nationalbewußtseins, Beiträge zur Kulturgesch. des MA. und der Renaissance hsg. von *W. Goetz* 54, 1935, bes. 86 ff.

tes. Er sollte die *Verstaatung des Reiches* krönen; der deutsche Erbkaiser sollte nicht nur Herrscher eines geistig-sakralen Reiches im Sinne des großen Karl, sondern zugleich erblicher Lenker eines mitteleuropäischen Staates auf deutscher Grundlage werden; durch ihn hätte ein *römisches Reich deutscher Nation*, ein erweiterter und mit Süditalien verbundener deutscher Staat für alle Zeiten gesichert werden können. In der Umklammerung durch diesen Staat wäre dem Totalitätsanspruch der Kirche ein zweiter entgegengetreten, in dem Augenblick, wo sie daran ging, ihr objektives und subjektives Recht zur vollen Höhe zu entwickeln. Das hätte allerdings auch den Zerfall des principium unitatis praktisch herbeigeführt, noch ehe der spätscholastische Nominalismus auftrat, der die Wende im Geistigen brachte.

3. Der *Gang der Ereignisse nach dem Tode Heinrichs VI.* wird als bekannt vorausgesetzt. Der von der Kirche als im Banne befindlich[343] betrachtete Herzog Philipp von Schwaben, der berufene Träger des staufischen dynastischen Gedankens, erscheint schon Ende 1197 in Deutschland; er ergreift die Herrschaft zunächst nur als Vertreter und Platzhalter seines Neffen, des jungen Friedrich (Urkunde für Speyer v. 1198 Jan. 21[344]). Um den welfischen Gegenschlag zu parieren, wird er von seiner Partei zum Herrscher erhoben[345]. Dies vollzieht sich ganz in den uns bekannten Formen, stufenweise, durch aufeinander folgende Erklärungen in Ichtershausen, Arnstadt, Mühlhausen; der ursprüngliche und vielleicht seinem Wunsche entsprechende Plan, ihn nur zum Reichsverweser (defensor) zu erheben[346], wurde fallen gelassen. Unter den „Wahlorten" verdient Mühlhausen besondere Beachtung; es ist als Reichsstadt und als Vorposten des fränkischen Kolonisationsgebietes auch eine Stadt fränki-

---

343) Dazu *Baethgen*, Die Exkommunikation Philipps v. Schwaben, M. 34, 1913; *Eichmann*, HJb. 35, 1914. *Hugelmann* ZK. 7, 69. *Hampe-Baethgen* a. a. O. 232.

344) M. G. Const. II, 617 Nr. 446: tam ex persona domini nostri regis quam nostra consilium et auxilium a civibus illius civitatis expetivimus.

345) Zum Folgenden Winkelmann a. a. O. I 68 f.; RI. V 15.

346) Von ihm berichtet Otto v. S. Blasien (Kr. I 39): In Arnisperc (richtiger Arnstadt) ipsum in defensorem imperii eligere decreverunt, quoadusque nepos suus, imperatoris filius, dudum tam ab ipso quam a ceteris principibus electus, in Alamanniam deveniret.

schen Rechts[347]; damit ist aber noch nicht gesagt, daß man es deshalb wählte, weil man die Wahl auf „fränkischer Erde" vornehmen wollte[348]. Philipp ging bald nach der Wahl, am Weißen Sonntag 1198, „unter Krone", d. h. er zeigte sich mit der mit dem „Waisen" geschmückten achteckigen Bügelkrone, die dem Kaiser zukam an Stelle des bloßen Zirkels, des Goldreifs der „armen Könige"[349]. Offenbar hat also eine weltliche Krönung (Selbstkrönung ?) stattgefunden, zu der später die geistliche in Mainz trat, vorgenommen durch den Erzbischof von Tarentaise in Burgund[350], mit Bewilligung des Mainzer Domkapitels, sine praeiudicio domni Moguntini Conradi[351].

Die Verhandlungen der Welfenpartei zogen sich bekanntlich länger hin, da sich nicht sofort der geeignete Kandidat fand. Von juristischem Interesse sind dabei die in dieser Weise bis dahin nicht zu beobachtenden Vorverhandlungen, z. B. mit Berthold v. Zähringen, in denen dem Kandidaten der Vollzug der Kur für den Fall seines persönlichen Erscheinens zugesichert wird, er aber andrerseits die Annahme der Kur versprechen muß; nach Otto v. St. Blasien[352] mußte Berthold sogar Geiseln für sein Erscheinen bezw. für eine für den Fall des Nichterscheinens bedungene Vertragsstrafe stellen; letztere wurde nach seinem Abfall von den Geiseln auch wirklich bezahlt. Nach Roger v. Hoveden[353] wurde zur Wahl auch der englische König Richard

---

[347]) *Herbert Meyer*, Das Mühlhäuser Reichsrechtsbuch[3] 75 ff.; Das Mühlhäuser Reichsrechtsbuch und die deutsche Stadtrechtsgeschichte, Hans. Geschichtsblätter 1934, 13 ff.

[348]) Dies gegen *Rosenstock*, Königshaus und Stämme 258.

[349]) *Burdach*, Die Wahl Friedrichs II. zum römischen Kaiser, H. Z. 154 (1936), 525; die Ausdrücke entstammen dem bekannten Reichsspruch Walthers „Ich hort ein wazzer diezzen"; dazu ferner *Burdach*, Vom Mittelalter zur Reformation II, 1 (1913) 171 ff., 237 ff. mit älterer Literatur.

[350]) Das Erzbistum gehörte zum Reich, *Stengel*, Regnum und Imperium, Marburger akademische Reden 49, 1930, 21. Der Erzbischof von Bisanz und der Pfalzgraf von Burgund hatten an der Wahl teilgenommen.

[351]) So Arnold v. Lübeck ed. *Lappenberg* 218 (Kr. I 41).

[352]) Bei Kr. I 39; vgl. auch die Kölner Königschronik ebda 40.

[353]) Roger v. Hoveden ed. *Stubbs* IV, 37 zu 1198: Infra natale Domini venerunt Rothomagum nuncii archiepiscopi Coloniensis et Maguntini . . . et aliorum magnatum Alemanniae, ad Ricardum regem Angliae dicentes . . . quod omnes

Löwenherz eingeladen; für diesen Fall, wo es ihm Vorteile brachte, betrachtete er also offenbar das Lehnsband mit dem Reiche, das ihn zum Reichsfürsten machte, noch als bestehend. Die Wahl selbst vollzog sich als vollkommen einheitlicher Akt, zu Köln am 9. Juli 1198[354]. Von einer Fortsetzung der Wahl, einer „Nachwahl", erfahren wir erst viel später, nach Philipps Tode; davon wird noch zu sprechen sein. Otto erlangte die Krönung in Aachen, also am richtigen Orte, durch den richtigen Kröner, den Erzbischof von Köln, aber nicht mit den echten Reichsinsignien. So hatte jeder der beiden Erhebungen ihre rechtlichen Mängel; nur das Schwert konnte entscheiden. Zunächst aber wandte sich die Welfenpartei an den Papst.

4. Gleich nach der Kölner Wahl sollen nach der herrschenden Meinung die ersten Wahlanzeigen der welfischen Wahlbeteiligten[355] und Parteigänger[356] nach Rom abgegangen, aber von Innozenz, der sich freie Hand lassen wollte, etwa neun Monate lang unbeantwortet gelassen worden sein[357]. Das führt auf die Entstehungsgeschichte des *Registrum super negotio imperii*, die hier, soweit sie zum Thema gehört, in aller Kürze dargelegt werden muß. Daß die heute in Photokopie vorliegende und eigentlich erst kritisch benutzbar gewordene Handschrift[358] das Originalregister enthält, war lange bestritten, ist aber nach den For-

---

magnates Alemanniae convenirent . . . ad eligendum imperatorem et praeceperunt ei *in vi sacramenti et fidei quibus astringebatur* imperatori et imperio Romano, quod . . . veniret Coloniam . . . ut ipse, sicut *praecipuum membrum imperii* esset simul cum illis ad eligendum imperio idoneum imperatorem. Derselbe Schriftsteller hatte vorher (III 203) von der Lösung des Lehnsbandes berichtet. Dazu *Cartellieri*, Philipp August III 174.

354) *Böhmer-Ficker*, RI. V, 198 f.

355) Es handelt sich um die Briefe König Ottos, RNI. Nr. 3, des Grafen Balduin von Flandern, Nr. 7, des Grafen von Dagsburg, Nr. 8, des Erzbischofs von Köln, Nr. 9, und das zusammenfassende Schreiben Nr. 10, das unten bei A. 393 zu besprechen ist.

356) Hierher gehören die Briefe des Königs von England Nr. 4 und 5, der ja nicht mitgewählt, sondern nur eine Gesandtschaft zur Beobachtung der Wahl abgeordnet hatte, und des Podestà Johannes Rusca von Mailand, Nr. 6.

357) Für alle: *Georgine Tangl* a. a. O. XI.

358) Regestum Dni. Innocenti tertii PP. super negotio Romani imperii, riprodotto in fototypia a cura della Biblioteca Apostolica Vaticana con introduzione di *W. M. Peitz* (Codices e Vaticanis selecti Vol. XVI), Roma 1927.

schungen von *Peitz*[359], v. *Heckel*[360] und *Tangl*[361] einwandfrei klargestellt. Das Hauptargument ist, daß die Schreiberhände nicht von Lage zu Lage, sondern von einer Stückegruppe zur andern wechseln; es sind also die Ein- und Ausgänge in aller Regel den Zeitereignissen folgend in gewissen Abständen (vielleicht von Woche zu Woche) eingetragen worden. Ein nachträglich in Registerform zusammengestelltes „Weißbuch" liegt *nicht* vor. Nun scheint aber nach der von Peitz vertretenen Ansicht gerade der Anfang des Registers in gewisser Beziehung eine Ausnahme zu bilden[362]. Das Register beginnt mit dem bekannten Brief an den im Heiligen Lande weilenden Erzbischof Konrad v. Mainz vom 3. Mai 1199, der ihn über die deutsche Doppelwahl unterrichtet und ihm Unterordnung unter die päpstliche Entscheidung anbefiehlt, und dann folgt das Schreiben an die deutschen Fürsten vom gleichen Tage, in dem sie unter Berufung auf die Zweischwerterlehre in kurialer Fassung zur Eintracht ermahnt werden unter Androhung sonstigen päpstlichen Eingreifens zugunsten des vom Papst für den Würdigeren erachteten Thronwerbers. Dann erst kommen die welfischen Briefe. Aus dieser Anordnung hat man geschlossen, daß Innozenz das Register aus eignem Antrieb hat anlegen lassen, um sich für später eine Entscheidungsgrundlage zu schaffen, daß er also von Anfang an daran gedacht hat, die Entscheidung an sich zu ziehen, und seine lange geübte Zurückhaltung, die oft wiederholte Beteuerung, daß der deutschen Fürstenwahl nicht vorgegriffen werden sollte, nur taktischen Erwägungen entsprungen sei[363]. Demgegenüber vertritt *Peitz* die Hypothese, daß erst das

[359]) *Peitz*, Das Originalregister Gregors VII. im Vatikan. Archiv, mit Beiträgen zur Kenntnis der Register Innozenz' III., SB. der Ak. der Wissensch. Wien, Phil.-hist. Klasse 155, 1904, 168 ff.

[360]) Untersuchungen zu den Registern Innozenz' III., in HJB. 40, 1920.

[361]) *Michael Tangl*, Die Deliberatio Innozenz' III., SB. der Ak. Berlin, 1919, 1014 ff. Dazu noch *Zatschek*, Studien zur mittelalterlichen Urkundenlehre, Schriften der philosoph. Fakultät Prag, 4, 1929.

[362]) *Peitz*, Die Entstehung des Registrum super negotio imperii und der Anlaß zum Eingreifen Innozenz' III. in den deutschen Thronstreit, HJb. 46, 1926 354 ff. Dazu *Tilmann* Quellen u. Forsch. aus it. Arch. 23, 53 ff.

[363]) So vor allem *M. Tangl* a. a. O., ihm folgend *G. Tangl* und *Haller*, Innozenz III, und Otto IV., in Papsttum und Kaisertum, Festschrift f. *Paul Kehr* (1926) 481 ff.

Eintreffen der welfischen Briefe Nr. 3—10 den Anlaß zur Anlegung des Registers gegeben habe, in das dann anordnungsgemäß auch die schon ausgelaufenen Briefe Nr. 1 und 2 vorgetragen worden seien. Wäre das richtig, so würde sich das Vorgehen des Papstes doch in einem etwas anderen Lichte zeigen; das Reichsregister wäre dann erst eröffnet worden, nachdem er von dritter Seite mit der Reichsangelegenheit befaßt worden war und die Überzeugung gewonnen hatte, daß er einer Stellungnahme nicht mehr werde ausweichen können. Die Briefe Nr. 1 und 2 wären dann unmittelbar nach dem Eintreffen der welfischen Gesandtschaft geschrieben — ihr Wortlaut nimmt stellenweise ganz deutlich auf die welfischen Dokumente Bezug —, aber doch jedenfalls vor Anlegung des Registers; jedenfalls gaben sie nicht den Anlaß dazu. Sie würden also eigentlich hinter Nr. 10 gehören, das Register würde richtiger mit Nr. 3 beginnen. — Ohne mich auf dies alles bindend festlegen zu wollen, möchte ich doch darauf hinweisen, daß ein Umstand in den Darlegungen von *Peitz* sehr klar hervortritt: das ist die Initiative des *englischen Königs*, der noch in ganz anderem Maße, als man bisher annahm, die treibende Kraft und die Seele der Welfenpartei gewesen zu sein und auch die Verbindung mit Rom hergestellt zu haben scheint[364]. Das entlastet die deutschen Fürsten keineswegs vollständig, darf aber doch aus verschiedenen Gründen nicht außer acht gelassen werden.

II. 1. Die Antwort des Papstes an die welfischen Parteigänger kreuzte sich mit der Anzeige von der Wahl Philipps v. Schwaben[365]. Diese ist eines der berühmtesten Stücke des Registers; anderweit ist sie uns nicht überliefert. Sie gilt allgemein als weittragende programmatische Erklärung der dem staufischen Staatsgedanken treuen „Fürsten des Ostens", abgegeben unter Anknüpfung an den Erbreichsplan Heinrichs und an die Ideen Barbarossas und seiner Ratgeber, wie sie auf dem Reichstag zu Besançon und in den darauffolgenden Kundgebungen zutage ge-

[364]) Auch die englischen Geschichtsschreiber, besonders Roger v. Hoveden, behandeln die Wahl Ottos als eine rein englische Angelegenheit.

[365]) RNJ. 14. Gedruckt auch bei Kr. I 44 und *Zeumer*, Quellensammlung zur Geschichte der Reichsverfassung im MA. und in der Neuzeit² 29.

treten waren[366]. „Zu Speier proklamieren der König und seine Anhänger vor dem Papste die Unabhängigkeit des römischen Kaisertums.[367]“ Darum sollen sie auch ihren Philipp nicht einfach zum König, sondern gleich zum *Kaiser* erhoben haben. „*Collecta multitudine principum, unde nobilium et ministerialium imperii numerus aderat copiosus, illustrem dominum nostrum Ph(ilippum) in imperatorem Romani solii rite et solempniter elegimus*“, so liest man es in allen Drucken, bei Baluze[368], bei Migne[369], in den Constitutiones et Acta imperii[370], in den Reichsregesten[371], zuletzt noch bei *Krammer* und *Zeumer*. Wie erstaunt man aber, wenn man beim Vergleich mit der Photokopie gerade im entscheidenden Wort eine Abweichung findet; denn dort steht nicht in *imperatorem*, sondern klar und deutlich – in ***imperaturam.*** Am paläographischen Befund ist nicht zu zweifeln[372]. Es ist mir auch ganz unwahrscheinlich, daß die bisherigen Benutzer des Originalregisters – z. B. *Tangl*, der es für die Constitutiones neu verglichen hat – die Abweichung nicht bemerkt haben sollten. Ich kann nur davon ausgehen, daß sie sie für ganz unwesentlich erachtet haben. Immerhin ist es sonderbar, daß man sie nirgends im Apparat erwähnt findet. Es scheint mir nun durchaus der Erwägung wert, ob hier nicht auch eine sachliche Besonderheit vorliegt. Die Möglichkeit, daß das Wort erst bei der Übernahme in das Register diese Form erhalten hat, scheidet wohl aus.

„Imperatura“ ist allerdings ganz ungewöhnlich, ein glattes ἅπαξ λεγόμενον. Kein einziges unsrer Wörterbücher des Mittellatein enthält es, auch nicht das Material des Thesaurus Linguae La-

---

366) Für alle: *Bloch*, Staufische Keiserwahlen, 1911, 22 ff.; auch HVjschr. 1909, 233 ff.

367) *Bloch* a. a. O. 25.

368) Innocentii ep. ed. *Baluze* 1, 690.

369) *Migne*, Patr. lat. 216, 1009.

370) II 3 Nr. 3 (Dedit vir d. *Tangl* e Registri Innocentii III. tom. VI. fol. 4,. ep. 14). Das Zitat steht Z. 29 f.

371) RI. V 26, wo die deutsche Übersetzung lautet: zum römischen Kaiser; *Georgine Tangl* a. a. O. übersetzt vorsichtiger: zum Herrscher des römischen Reiches.

372) Das wurde mir durch die Herren *Hirsch* und *Pivec* bestätigt. Auch später ist kein Zweifel geäußert worden.

tinae[373]. Trotzdem oder vielleicht gerade deshalb halte ich die Lesung für richtig. Man befand sich in einer Ausnahmesituation, die noch nie da war und nie wiederkehren sollte. Diese Ausnahmesituation erforderte eine ganz neue Wortprägung. Ich werde darin bestärkt durch die ganz ungewöhnliche Wortfügung, über die man bisher nur allzu leicht hinweggelesen hat. „In imperatorem Romani solii" wäre eine ungebräuchliche und dem Sprachgefühl zuwiderlaufende Wendung. Zu imperator gehört üblicherweise „Romanorum", der Genitiv der beherrschten Person. Hier aber sollte offenbar eine *objektive Herrschaft* über den römischen Thron, das Römische Reich, ausgedrückt werden. Dazu bediente man sich des Suffixes -ura. Es ist eines der häufigsten im Mittellatein[374]; es hat geradezu „gewuchert". Ich halte es für sehr möglich, daß eine sonst nicht belegte Analogiebildung vorliegt.

Wenn man von imperatura ausgeht, so hat man allerdings die treffendste Bezeichnung für den Pflichtenkreis, der Philipp auf diese Weise übertragen werden sollte. Es sollen die *kaiserlichen Pflichten* betont werden, die Philipp, ohne persönliche Vorteile zu suchen, aus der Not des Reiches heraus übernehmen mußte, wollte er sich nicht den Vorwurf der Schwäche zuziehen. Er selbst hat ja sieben Jahre später dem Papst seine Gewissensnot in beredten Worten geschildert[375]. Möglich, daß er sich inner-

---

[373]) Ebensowenig die mit dessen Material gearbeitete Jenaer Diss. von *E. Zellmer*, Die Wörter auf -ura, Gotha 1930. Immerhin gewährt sie einen Begriff von dem Reichtum an Neubildungen solcher Verbalnomina bis ins frühe Mittelalter hinein, besonders in den Fachsprachen, auch in der Sprache der Verwaltung; zahlreiche Worte auf -ura hat schon der Codex Theodosianus.

[374]) Vgl. etwa *Max Niedermann*, Über einige Quellen unserer Kenntnis des späteren Vulgärlatein, Neue Jahrbücher f. klass. Altertum 29, 1912, 328 ff., der von „lawinenartigem" Anwachsen der Suffixbildung im Vulgärlatein spricht und zahlreiche Beispiele für Wörter auf -ura bringt; auch *Meyer-Lübke*, Grammatik der roman. Sprachen II 466 f., 492 f. Die von *Steinmeyer* und *Sievers* hsg. Althochdeutschen Glossen enthalten (III, 379 f.) nicht nur *ductura* neben ducatus herzogrîche (vgl. *W. Schlesinger*, Die Entstehung der Landesherrschaft I 1941, 121), sondern auch *comitatura* neben comitatus grafscaf.

[375]) Vgl. sein Schreiben an den Papst vom Juni 1206, RNJ. Nr. 136, Const. II 11 Nr. 10: Nos tamen adhuc pro puero laboravimus, quod a multis principibus et fidelibus nostris *ignominiose* obiectum est, nos non audere recipere imperii dignitatem. –

lich noch nicht vom Gedanken einer bloßen Reichsverweserschaft losgesagt hatte. Möglich, daß er sich selbst zunächst nur als König fühlte, wie er ja auch, wenn von seiner Person die Rede ist, im selben Schreiben von 1199 als rex bezeichnet wird[376], aber eben mit dem Imperium als Herrschaftsgebiet, das er zu treuhänderischer Verwaltung übernehmen wollte. Das Wort imperatura mag dem allem Rechnung getragen haben: Philipp sollte ein König in kaiserlicher Machtstellung sein. Auch dem Papst gegenüber war es vielleicht vorsichtiger, ein Wort zu wählen, das alle Möglichkeiten offen ließ. Die Fürsten selbst hatten allerdings bereits erklärt, daß sie sich an den Kaiser Heinrich bei der Designation Friedrichs geleisteten Eid nicht für gebunden hielten[377] — aber konnte man wissen, wie sich der Papst dazu stellen würde? Und in der Tat zeigt die deliberatio, daß darüber verschiedene Ansichten möglich waren.

2. Nimmt man den Text wie er in der Handschrift steht, so wirkt der Kaiserwahlsatz doch viel weniger schroff als mit dem wie eine Fanfare klingenden „in imperatorem elegimus". Und das läßt einen Schluß auf den Charakter des ganzen Schreibens zu. Es ist aus der Situation heraus entstanden, wahrt in kräftiger und würdiger Weise die Reichsrechte in dem vollen Umfange wie sie der sechste Heinrich besessen hatte, also auch in Sizilien, das Heinrich als Imperator, nicht als Gemahl Konstanzes, regiert hatte; aber es enthält keine überflüssige Schärfe, keine Kampfansage an einen Gegner, dessen Haltung zu erkunden man noch gar keine Gelegenheit gehabt hatte. Schließlich war die Lage der staufischen Partei ja doch nicht so, daß sie gleich mit dem ersten Schreiben alle Brücken hätte abbrechen können. Es ist vielleicht bei der Beurteilung des Speyerer Schriftstücks manchmal unbewußt etwas von der Stimmung des Halle-Bamberger Protestes[378] von 1202 mit eingeflossen und hat zu einer Art von

Wenn er im gleichen Schreiben behauptet, er habe nicht *einen* deutschen Fürsten dazu bewegen können, an der Designation Friedrichs festzuhalten, so ist das nach dem oben A. 339 Gesagten nicht ganz zutreffend.

[376]) Kr. I 45: cum predicto domino nostro *rege* Ph(ilippo) apud Nurenberc solempnem curiam celebravimus ... Über den Nürnberger Hoftag RI. V, 21 d.

[377]) Das ergibt sich aus dem in A. 375 zitierten Schreiben von 1206.

[378]) Const. II 5, Kr. I 51; unten bei A. 408. Vgl. auch *H. Tillmann* a. a. O. 69 ff.

Prognose ex post geführt, die aber mit der Gesamtsituation nicht recht in Einklang steht.

Aus dem Gesagten lassen sich weitere Folgerungen für die *Beurteilung der ganzen Kaiserwahllehre* ziehen. Auch dieser hat es wenig genützt, daß man sie dogmatisch überspannt und alle Einzelbelege in den Rahmen eines zwangsläufig abrollenden Kampfprogramms eingefügt hat. Dabei entstand die Gefahr, daß der richtige Kern der Lehre ganz verloren ging. Von gewissen Gesichtspunkten aus reiht sie sich in die gesamte Verfassungsentwicklung des 12. Jahrhunderts reibungslos ein. Es wird sich schwer bestreiten lassen, daß eine engere Verbindung des Königtums mit dem Kaisertum im Zuge der staufischen Staatsauffassung, von der schon öfters die Rede war, liegen mußte[379]. Daß der deutsche König die Aussicht oder Hoffnung[380] hatte, die Kaiserwürde zu erwerben, stand seit Otto I. fest; auch die Kirche hat es nicht bestritten, wie die bekannte Stelle im Papstwahldekret Nikolaus' II. von 1059 beweist[381], wo gesagt ist: *Salvo debito honore et reverentia dilecti filii nostri Henrici, qui inpraesentiarum rex habetur et futurus imperator Deo concedente speratur* . . .

In diesen Worten liegt ja eigentlich schon die ganze Kaiserwahllehre im Keime begriffen und sie brauchte sich nur noch zu entfalten, wie es vor allem seit Friedrich I. geschehen ist. Die einzelnen Phasen sind hier nicht zu verfolgen[382]. Aber auf eine Scheidung möchte ich aufmerksam machen: Es ist nicht daran zu den-

---

379) Das gesamte Schrifttum zum Kaiserproblem des MA. kann hier nicht angegeben werden. Ich verweise auf *Fr. Schneider*, Die neueren Anschauungen der deutschen Historiker und die deutsche Kaiserpolitik des Mittelalters[5] 1942.

380) Schwerlich aber von Haus aus das Anrecht oder den Anspruch, wie meist gelehrt wird; dieser dürfte sich erst im Laufe des 11. Jahrhunderts entwickelt haben und mit dem (seit 1045 belegten) Titel Rex Romanorum zusammenhängen; *Ficker* M. 6, 255 f.; *Wilhelm* M. Erg. 7, 13. Seine Voraussetzung ist die sichere und dauernde Beherrschung Reichsitaliens. Über den untechnischen Gebrauch des Wortes „Anspruch" s. oben A. 39.

381) M. G. Const. I 539 (auch bei *Mirbt*, Quellen zur Geschichte des Papsttums und des römischen Katholizismus[4] 140).

382) Insbesondere nicht die rückwärtigen Beziehungen zur Wiederaufnahme des römischen Rechts, für deren Frühgeschichte *P. E. Schramm*, Kaiser, Rom und Renovatio (1929) I 275 ff. zu vergleichen ist, auch wegen der älteren Lit.; ferner muß ich übergehen die Frage der Kaiserwahl durch Volk und Senat der Stadt Rom,

ken, daß irgend eine Wahl durch die deutschen Fürsten dem Gewählten das Imperium im Sinne der überweltlichen, religiösen, sakralen, transzendenten Idee seines ersten Gründers verschaffen konnte. Diese „plenitudo potestatis" konnte nur die Krönung in Rom durch den Papst als vicarius Christi[383] geben. In diesem höchsten Sinne war auch der imperator electus ein imperator futurus oder, kirchlich gesprochen, *nur* ein electus, *nichts als ein electus*, und daher den für einen electus geltenden Prüfungsbestimmungen unterworfen[384]. Wohl aber konnte sich

---

die man heute kaum mehr mit *Stengel* (Hist. Aufs. f. *Zeumer* 257) als „lächerliche Anmaßung" bezeichnen wird, da solchen Dingen im Mittelalter größere Bedeutung zukam als man früher annahm. Vgl. neuestens *Konrad Burdach*, Die Kaiserwahl Friedrichs II., H. Z. 154, 523, der mit Recht auf die Rolle der römischen Wahl bei den englischen Schriftstellern, Roger v. Wendower und Roger v. Hoveden, hinweist. – Einer Untersuchung bedarf endlich der Gedanke der translatio imperii in dem Sinne, daß auf die deutschen Fürsten die Rechte des römischen Senats übergehen, wie es später im Dekret über die Wahl Konrads IV. 1237 (Const. II Nr. 329) ausgeführt wird; dazu vorläufig *Stengel*, Den Kaiser macht das Heer 33 ff.; *Hugelmann*, Wahl Konrads IV. zu Wien (1914) 39 f.; *Hampe* Z. f. Gesch. d. Oberrheins N. F. 20, 12 ff. Über die byzantinische Politik Barbarossas und die von ihr ausgehenden Einflüsse vgl. *W. Ohnsorge*, „Kaiser" Konrad III., zur Geschichte des staufischen Staatsgedankens, M. 46, 343 f.; zu den außenpolitischen Anfängen Friedrich Barbarossas, Quellen und Studien aus ital. Archiven 32, 1942, 13 ff., Die Byzanzpolitik Friedrich Barbarossas und der „Landesverrat" Heinrichs des Löwen, D. A. 6, 118 ff. Ferner *Brackmann*, Canossa und das Reich, in Stufen und Wandlungen der deutschen Einheit, hsg. von *K. v. Raumer* und *Th. Schieder* 1943, 9 ff., 25 ff.

[383]) Üer die Stellung des Papstes im allg. vgl. *Ulrich Stutz*, Kirchenrecht in *Holtzendorff-Kohlers* Enzyklopädie der Rechtswissenschaft, V, 1914, 323 f.; *Werminghoff*, Verfassungsgeschichte der deutschen Kirche im MA.[2] 40 ff.; 194 ff., *Baethgen*, Papsttum in Die Religion in Geschichte und Gegenwart IV 896 ff. mit reichen Literaturangaben.

[384]) Diesen Punkt betont vor allem *Hermann Kalbfuß*, Die staufischen Kaiserwahlen und ihre Vorgeschichte, M. 34, 1913, 501 ff. Vgl. auch *E. Michael*, Zwei staatsrechtliche Fragen des MA., Zschr. f. kathol. Theologie 37, Innsbruck 1913, 689 ff. Wie recht sie haben, zeigt vor allem RNJ. 40 (in den Drucken 41), wo der Papst an den Pfalzgrafen Heinrich, den Bruder Ottos, schreibt: cum excepto *nomine imperatorie dignitatis* cetera tibi et . . . regi Ottoni *in Romanorum imperatorem electo*, quem nos *in regem recipimus* (sic!) . . . communia sint futura. Hier sieht man deutlich, daß der Electus bisher nur ein rex ist, dem die imperatoria dignitas erst zuteil werden soll. Nicht bedeutungslos scheint es mir, daß die Handschrift das Praesens recipimus hat, während die Drucke recepimus enthalten.

die Anschauung herausbilden, daß die Fürsten dem gewählten König zugleich die *staatsrechtliche* Stellung eines Kaisers im mitteleuropäischen Raum übertragen konnten, in Deutschland mit seinen Nebenländern, also einem Machtkomplex, den man sich gewöhnt hatte in einem etwas engeren Sinne das Imperium zu nennen, und das man so nennen mußte, weil es über den einzelnen regna stand, ohne daß diese ihre Selbständigkeit ganz einbüßten[385]. In diesem Sinne war *schon* der electus Kaiser, da die deutsche Erhebung ihm die staatsrechtliche Herrschaft in dem ganzen weltlichen, immanenten, machtpolitisch beherrschbaren „Reich" gab. Es war also ein „Staatskaisertum", eine höchste Würde der Nation, neben das alte „Reichskaisertum", die höchste Würde der Christenheit, getreten oder, wie man auch sagen kann, ein nationales Reichskaisertum neuen Stiles neben das Weltkaisertum, und das wird selbst von Innozenz III. in gewissem Sinne anerkannt und zugleich schlagend formuliert, wenn er es für notorisch erklärt, Philipp habe *regnum Theutonicum et, quantum in eo est, imperium* an sich gezogen[386]. Im deutschen Königtum liegt sonach ein Stück Kaisertum beschlossen! Und *Ficker* drückt denselben Gedanken meisterhaft so aus[387]: „Das Imperium des Mittelalters fiel nicht zusammen mit der res publica Christiana; es schloß sich nicht an die Idee des dominium mundi an, sondern es ruhte durchaus auf einer tatsächlichen Grundlage, auf einer Ländermasse, welche, da sie längere Zeit von den deutsch-römischen Kaisern beherrscht wurden, als Kaiserreich zusammengefaßt wurden.... Dieses Kaiserreich hatte seiner geschichtlichen Entwicklung nach mit dem Kaisertume in seiner

---

385) *Stengel*, Regnum und Imperium (1930), der auch auf die Punkte hinweist, wo die regna innerhalb des Imperiums noch gesondert werden (Bischofseinsetzung, Heerfahrt, s. u. A. 369, 371).

386) Der ganze Satz der Deliberatio (RNJ. 29, Kr. I 49) lautet: Preterea, cum notorium sit ipsum iuramentum fidelitatis puero praestitisse, et nunc regnum Theutonicum et, quantum in eo est, imperium occupasse, constat eum periurii esse reum.

387) In Rfst. II, 2, 143 (1921). Natürlich klingen ähnliche Gedanken schon in den früher veröffentlichten Schriften *Fickers* an, so in Das deutsche Kaiserreich in seinen nationalen und universalen Beziehungen (1861) 61 ff., 88 ff.; Deutsches Königthum und Kaiserthum (1862) 31 ff., 43 ff. *Ficker* hat hier tiefer gesehen als viele nach ihm.

kirchlichen und universalen Bedeutung nur sehr wenig gemein ... Die Kaiserwürde und das Kaiserreich waren verschiedenen Ursprungs; wenn Gervasius v. Tilbury an K. Otto schreibt: nec cedit imperium, cui Teutonia, sed cui cedendum decrevit papa, so ist das richtig bezüglich der Würde, deren Verleihung kraft des jus conferendi imperii unstreitig dem Papste zustand, nicht bezüglich des Kaiserreiches, dessen Besitz davon fast ganz unabhängig war." Daher heißt, worauf gleichfalls *Ficker* aufmerksam macht, das Reich im 12. Jahrhundert schon gelegentlich *Imperium* teutonicum oder Teutonicorum[388]. Es findet also in der Stauferzeit eine Territorialisierung, eine Verdinglichung des Imperiums statt, die eine genaue Entsprechung zu den Vorgängen in den deutschen Stammesgebieten bildet; und zugleich eine Säkularisation, eine Verweltlichung, die freilich nicht ausschloß, daß man auch dieses Imperium als ein sacrum[389] unter höheren Schutz stellte. Das Imperium im transzendenten Sinne ist der Idee nach grenzenlos, ein Ewigkeitswert; das immanente hat seine festen Grenzen. Nur dieses engere, weltliche Imperium konnten die deutschen Fürsten mit ihrer „Kaiserwahl" vergeben wollen, auf jenes konnte sie nur einen Anspruch begründen; sie hat eine Gegenwarts- und eine Zukunftswirkung, ist Programm und Erfüllung zugleich.

An einem Punkte läßt sich das Verhältnis noch deutlicher machen. Bekanntlich gelten besondere Vorschriften für die *Romfahrt*, den hostis Romae; hierin entfaltet die Wehrverfassung des Mittelalters ihre höchste Kraft[390]. Indem der gewählte König

---

[388]) Rfst. II, 2 145[9]. Im Wormser Konkordat (Calixtinum) werden noch Regnum Teutonicum und Imperium (Reichsitalien und Burgund) geschieden. Im späteren 12. Jhdt. wird sacrum imperium unbedenklich gebraucht, wo es sich um rein staatliche Angelegenheiten Reichsitaliens handelt, so z. B. bei den Reichsheerfahrten gegen Mailand, Const. I 224, 277; vgl. *Zeumer*, Heiliges Römisches Reich deutscher Nation (Qu St. IV, 1) 11; aber MG. Const. 1, 325 (1167) heißt es Teutonicorum imperium; weitere Stellen bei Ficker a. a. O. Über ähnliche Bezeichnungen des Reiches in französischen Quellen W. *Kienast*, Deutschland und Frankreich in der Kaiserzeit, 1943, 104.

[389]) Über *sacrum* imperium (im Gegensatz zur *sancta* Ecclesia) vgl. *Kern*, Gottesgnadentum 131 ff.

[390]) Über die Sonderstellung der Romfahrt seit der Stauferzeit vgl. *Ficker* Rfst. II,

zur Romfahrt aufbietet, setzt er die Normen der Wehrverfassung in Vollzug; jetzt droht jedem, der sich auf den ronkalischen Feldern nicht stellt, Lehnsverlust. Der König tut es, um die Kaiserwürde (im Sinne *Fickers)* zu erwerben, als futurus imperator im Sinne der Kirche, und zugleich doch auch schon als Herrscher des territorial gedachten Kaiserreiches, da sein Befehl alle Reichsteile betrifft[391]; im ersten Sinne gilt: *Den Kaiser macht das Heer*[392], aber in einem andern Sinne heißt es auch: *Der Kaiser macht das Heer*, d. h. er befiehlt die Mobilmachung des Heeres, mit dem er sich die Krönung in Rom erkämpfen und als wahres Schwert der Kirche legitimieren soll. Im ersteren Sinne bedeutet das Wort Kaiser den Weltkaiser, im zweiten den Nationalkaiser. Das *Heer*kaisertum des siegreichen Feldherrn wurde 955 auf dem Lechfeld begründet, das *Welt*kaisertum 962 in Rom erneuert[393]. Durch die Erhebung des Herrschers zum König unterwerfen sich nun die deutschen Fürsten zugleich den für die Romfahrt geltenden Sonderbestimmungen[394], sie setzen ihre Lehen für ihre Teilnahmepflicht ein.

1, 322 ff. *Waitz* Vfg. 8, 110 ff. LSt. 597 f. Otto v. Freising, Gesta Friderici II, 12 (Aufruf auf den ronkalischen Feldern). Erst die Teilnahme am hostis Romae macht das Lehen voll erblich, 1 F. 7 § 1. Vgl. noch 2 F. § 24. SLR. 4 §§ 1–3. SchLR. 8.

[391]) Gesetz von Roncalia 1154, Const. I 208: Firmiter statuimus *tam in Italia quam in Alemannia,* ut quicumque in dicta publica expeditione Romana ad suscipiendam imperii coronam vocatus . . . supersederit, feudum . . . amittat. Burgund ist nicht ausdrücklich erwähnt, aber daß die deutschen Reichsgesetze dort galten, ist unbestritten.

[392]) Ein Satz, dessen Ideengeschichte von *E. E. Stengel* in dem gleichnamigen Buche von 1910 (auch Histor. Aufs. f. *Zeumer* 1910, 247 ff.) mustergültig dargestellt wurde, dazu *Heymann* ZG. 32, 422 ff., der aber die Geltung des Satzes *als Rechtssatz* bezweifelt. Jedenfalls diente er dazu, die Unabhängigkeit des weltlichen Schwertes vom geistlichen begründen zu helfen. Vgl. auch die Glosse des Johannes Teutonicus zu c. 8 D. 10: nam exercitus facit imperatorem . . . et imperium a solo Deo habetur. *Bloch,* Kaiserwahlen 86.

[393]) *Stengel,* Den Kaiser macht das Heer, 1910; Kaisertitel und Suveränitätsidee, DA. 3, 28 ff. *Lintzel,* Das abendländische Kaisertum im 9. und 10. Jahrhundert, Welt als Geschichte 6, 444. *Mitteis,* Staat des hohen Mittelalters[2] 1944, 127; *H. Eichler,* Die Gründung des Ersten Reiches (1942) 58.

[394]) Daß die strengen Sonderbestimmungen auf die Romfahrt beschränkt blieben und für sonstige Italienzüge jedesmal eine neue Vertragsgrundlage unter großen Opfern geschaffen werden mußte, ist auch wieder bezeichnend für die politische

Um so begreiflicher mußte es sein, daß sie diese Wahl, die ihnen mit dem Kaisertum so eng zusammenhängende Pflichten schuf, schon als Kaiserwahl auffaßten. In diesem Sinne war aber Ottos Wahl genau so eine „Kaiserwahl" wie die Wahl Philipps. Auf die zufällig in den Wahlanzeigen gebrauchten Ausdrücke, die noch dazu nicht einmal eindeutig feststehen[395], kann nicht so viel ankommen wie *Bloch* annahm, der in den beiden Schreiben der Philipps- und der Ottowähler zwei ganz verschiedene Welten erblicken wollte[396].
Überhaupt wird man sich sehr hüten müssen, zwischen den hier vertretenen beiden Auffasungen von „imperium" etwa einen scharfen Gegensatz konstruieren zu wollen. Sie schließen einander in keiner Weise aus, können vielmehr nebeneinander bestehen und gelegentlich ineinander übergehen. Das engere Imperium konnte als Vorstufe, als Rechtstitel zum Erwerb des weiteren aufgefaßt werden[397]. Daraus konnten natürlich schon

---

Lage des Reiches. Schwerlich kann man mit *Hugelmann* HVjschr. 51, 464 darin einen Beweis für den nationalstaatlichen Charakter des Reiches sehen, da ja auch innerhalb Deutschlands noch örtliche Beschränkungen bestanden, vgl. SLR. 4 § 1. Der Grund lag in der mangelnden Verpflichtbarkeit der Untervasallen, vgl. LSt. 599. Richtig bemerkt indessen *E. Otto*, Friedrich Barbarossa 90, daß u. U. in der Weigerung, einen Hilfsvertrag abzuschließen, eine Verletzung der allgemeinen Vasallenpflicht liegen konnte.

395) Darauf weisen schon hin *Michael* a. a. O., *Rosenstock* ZG. 34, 493, *Kalbfuß* a. a. O. u. a. m. Philipp wird *persönlich* rex genannt, umgekehrt von Otto gesagt (Kr. I 43): placuit . . . ad *regimen Romani Imperii* offerre; das dürfte übrigens der *imperatura* Philipps ziemlich genau entsprechen. Innozenz selbst spricht von Ottoni in *imperatorem* Romanorum electo, RNJ. 35 an den Grafen von Dagsburg. Über RNJ. 40 vgl. oben A. 384.

396) Staufische Kaiserwahlen 25.

397) So etwa in dem unter Friedrich I. gefälschten Karlsprivileg für Aachen M. G. Dipl. Karol. Nr. 295, auch Kr. I 32: ut in templo eodem sedes regia locaretur et in ipsa sede reges . . . initiarentur et . . . *iure* dehinc imperatoriam maiestatem Rome sine ulla interdictione plenius exequerentur. Dazu jetzt *Brackmann* HZ. 145, 16. Hierher gehört wohl auch die von *Hugelmann* herangezogene Glosse (wohl des Johannes Teutonicus) zu c. 24 D. 93, wonach der König ex sola electione principum verus imperator ist, wozu allerdings ein Späterer auf Grund der Decretale Venerabilem bemerkte: Contrarium est verum: *Hugelmann*, Königswahl 28. Bei Matthaeus von Paris, einem englischen Schriftsteller des 13. Jhdts., heißt das regnum Alemanniae „quasi arrha" ad imperium Romanorum adquirendum, *Kern*, Gottesgnadentum 103[188].

in der Stauferzeit und bis in die Gegenwart hinein[398] Überschneidungen und Mißverständnisse entstehen. Es wurde Friedrich II. zum Verhängnis, daß er die gesunde Basis des nationalen, auf dem deutschen Königtum aufruhenden Nationalkaisertums verließ, um noch einmal, zu spät für seine Zeit, die Idee des Weltimperiums zu verfolgen, das er als weltlicher Kosmokrator mit realem politischem Gehalt zu füllen versuchte. Er wollte die beiden Begriffe zum Aufgehen ineinander bringen; die reale Herrschaft sollte gleichsam die körperliche Erscheinung der Idee des universalen Imperiums darstellen. Diese Staatsidee, die schon bei Friedrich I. anklingt, wenn er die Herrscher der Nachbarländer als reguli bezeichnen läßt, die sich bei Heinrich VI. zur Befestigung und Neuanknüpfung von Lehnsverbindungen (England, Armenien, Zypern) steigert, ihren Höhepunkt aber doch erst bei Friedrich II. erreicht, bedingte eine Loslösung des Imperiums vom deutschen Königtum, das in der Hand des unglücklichen Heinrich (VII.) zum ersten und eigentlich einzigen Male verselbständigt auftritt[399]; und ferner bedingte es die schließlich zum Angriff übergehende Abwehr der Kirche[400],

---

[398]) Auf mangelnder Verständigung über den Begriff des Imperiums scheinen mir seit der Kontroverse zwischen *Ficker* und *Sybel* fast alle Meinungsverschiedenheiten zu beruhen. Aus der überreichen neueren Lit. ragen hervor die Arbeiten von *Stengel* (oben A. 385, 393, *(Rörig,)* s. o. A. 325); *R. Holtzmann*, Der Weltherrschaftsgedanke des ma. Kaisertums, H. Z. 159, 251 ff. *R. Scholz*, Germanischer und römischer Kaisergedanke im MA., Zschr. für deutsche Geisteswiss. 3, 1940, 116; Weltstaat und Staatenwelt, ebenda 4, 90 ff. *H. Heimpel*, Reich und Staat im deutschen Mittelalter (in Deutsches Mittelalter, 1942, 50 ff.;) *G. Tellenbach*, Die Entstehung des Deutschen Reiches[2] 1942, 151 ff. *H. Aubin*, Das Erste Reich der Deutschen als Versuch einer europäischen Staatsgestaltung, Breslauer Univ.-Rede 1941; Vom Aufbau des mittelalt. Deutschen Reiches, HZ. 162, 479 ff.; *K. Jordan*, Der Reichsgedanke der deutschen Kaiserzeit, Kieler Bl. 1942, 137 ff. *A. Brackmann*, Canossa und das Reich (oben A. 382).

[399]) Gerade seine Regierung liefert aber auch wieder viele Beweise dafür, daß das nationale Kaiser-Königtum ein lebendiger Begriff war. *Becker*, Königtum der Thronfolger 76 ff.

[400]) Zum Folgenden *Kalbfuß* M. 34, 517 f. *Baethgen*, Der Anspruch des Papsttums auf das Reichsvikariat, ZK. 41, 168 ff., bes. 239 ff., 257 ff. Dort auch die ältere Lit. (*Domeier*, *Engelmann* usw.). Ferner noch *Hugelmann* ZK. 40, 12. Die Kirche beanspruchte die Handhabung der Reichsrechte vor allem in Reichsitalien; sie war also auf dem schon 1122 im Calixtinum festgelegten Standpunkt der Trennbarkeit

Entstehen des Approbationsanspruchs und des Anspruchs auf das Reichsvikariat, Gesichtspunkte, aus denen heraus seit Innozenz IV. die Herrschaft in Reichsitalien, ursprünglich königlichem Machtgebiet, und schließlich im ganzen Imperium von der päpstlichen Bestätigung oder der Krönung in Rom abhängig gemacht werden sollte. Für Dante ist dann Italien das Imperium schlechthin, seine Beherrschung die notwendige Vorstufe der Weltmacht[401].

Den Menschen der damaligen Zeit mußte die Unterscheidung allerdings mehr Schwierigkeiten bereiten als uns Heutigen. In der Theorie kann man behaupten, daß das Imperium im weiteren Sinne auf kirchen- und, wenn man schon so sagen darf, völkerrechtlichen[402] Vorstellungen ruhte, das Imperium im engeren Sinne auf dem erweiterten und verstärkten Bannrecht des fränkischen Königs. Es war im wesentlichen eine Verwaltungshoheit, eben eine imperatura. Aber die praktische Grenzziehung ist nicht leicht. In beiden Erscheinungsformen stecken kirchliche Elemente; so ist die Vogtei über die Reichskirche als solche schon im Königsrecht enthalten, der Schutz der christlichen Gesamtkirche als Trägerin einer Weltreligion geht hingegen darüber hinaus; nur die letztere umfaßt die Pflicht zu Kreuzzug,

---

der regna stehen geblieben, und Friedrich II. hatte dem dadurch Vorschub geleistet, daß er seine Söhne als Unterkönige im Regnum Teutonicum behandelte. – Über den päpstlichen Approbationsanspruch ältere Lit. bei *Schröder-v. Künßberg*, Lehrb. der Deutschen Rechtsgeschichte[7] 521[47]). Dazu *H. E. Feine*, Die Approbation der luxemburgischen Kaiser in ihren Rechtsformen an der Kurie, ZK. 58, 1938, 364 ff. Der Approbationsanspruch entsteht aus dem schon in der Dekretale „Venerabilem" auftauchenden und durch deren Aufnahme in das Corpus Juris Canonici (c. 34 X. de elect. 1, 6) sanktionierten Entscheidungsrecht bei zwiespältiger Wahl. Spätestens seit Bonifaz VIII. gilt es auch bei einhelliger, s. unten A. 752.

[401]) *Fr. Schneider*, Kaiser Heinrich VII., Dantes Kaiser, 1940. *Fr. Bock*, Kaisertum, Kurie und Nationalstaat, Röm. Quartalsschrift 44, 1937, 207.

[402]) *Werminghoff*, Verfassungsgesch. der Kirche 47. Von wann an man eigentlich den Begriff „Völkerrecht" verwenden darf, ist noch genauer zu untersuchen. Indessen geht man jetzt schon erheblich weiter zurück als früher, vor allem auf Grund genauerer Kenntnis der kirchlichen Völkerrechtstheorie. Vgl. *A. v. Verdroß*, Völkerrecht (Enzyklopädie der Rechts- und Staatswissenschaft 30, 1937) 6 f. Für die historischen Grundlagen *W. Kienast*, Die Anfänge des europäischen Staatensystems im späteren MA., HZ. 153, 1936.

Heidenmission[403], Ketzerbekämpfung, nur sie gewährt Einfluß bei Kirchenreform[404] und Papstwahl. Auch das Imperium im transzendenten Sinne ist eine nicht nur geistes- sondern auch verfassungsgeschichtlich zu wertende Größe, aber umgekehrt trägt auch das weltliche sakrale Züge. Nicht zwischen Königs- und Kaiserrecht, sondern zwischen dem Recht des Staatskaisers und dem Recht des Weltkaisers läuft in der Stauferzeit die Grenze[405]. Daß aber eine Steigerung der Königs- zur Kaisergewalt auch innerhalb des engeren Reiches stattgefunden hat, daß nicht etwa nur ein neuer Name für eine alte Sache gebraucht wurde, dafür könnten noch eine Reihe von Tatsachen angeführt werden; der Beweis wird aber erst mit vollem Erfolg geführt werden können, wenn eine Gesamtübersicht über die Staatspraxis und Staatsauffassung der ersten Staufer aus ihren Urkunden zu gewinnen sein wird. Bis dahin werden wir uns mit der Wahrscheinlichkeit begnügen müssen, die schon aus der Tatsache spricht, daß es sich ja um international zu beobachtende Vorgänge der Intensivierung des staatlichen Lebens handelt[406]. Das fränkische Königtum mußte im 12. Jahrhundert in eine neue Form übergeleitet werden, schon um der Stellung des Deutschen Reiches in der Außenpolitik willen, dann aber auch, weil das Stammesprinzip, auf dem die ganze Auffassung des Reiches als eines fortgesetzten ostfränkischen Teilreiches ruhte, um diese Zeit sich bereits stark verflüchtigt hatte. Insofern sind die Bildung des Reichsfürstenstandes, des Gebietsfürstentums und des römisch-deutschen Imperiums wirklich Teilerscheinungen desselben großen Umbildungsprozesses. Daß man aus dem *fränkischen* Königtum unter Überspringung der

---

403) Dazu vor allem *Hans Hirsch*, Der ma. Kaisergedanke in den liturgischen Gebeten, M. 44, 1 ff.

404) Daß Sigismund auf dem Konstanzer Konzil 1415 als advocatus ecclesiae auftreten konnte, ohne in Rom gekrönt zu sein, glaubt noch Dietrich v. Nieheim aus dem Notrecht der weltlichen Gewalt rechtfertigen zu müssen, *Werminghoff* a. a. O. 48[5].

405) Man könnte also auch beim Kaisertum temporalia und spiritualia unterscheiden, erstere durch Wahl und Krönung in Aachen, letztere in Rom zu erwerben.

406) *Brackmann* HZ. 145, 1 ff. *H. Mitteis*, Der Staat des hohen Mittelalters[2] 214, 371 f. Vgl. auch oben bei A. 328.

naturgegebenen Zwischenstufe eines gesamt-deutschen Königtums unmittelbar zum *römischen* Königtum gelangte und dies alsbald zum römisch-deutschen Imperium übersteigerte, darin liegt wieder ein Stück von der Tragik der deutschen Geschichte. Sie hat sich wiederholt, als das deutsche Volk, ohne erst sein heimisches Recht vereinheitlichen und zu einem widerstandsfähigen geschlossenen Gedankenbau ausgestalten zu können, wie es in Frankreich und England gelang, vom Recht eines fremden Kulturkreises überflutet wurde, das aber eben infolge der Entwicklung, die das deutsche Staatsrecht genommen hatte, den Lenkern der deutschen Geschicke gar nicht als fremdes, sondern als das ihnen und, ihrem Volke zukommende Recht erscheinen mußte.

III. Im Laufe des Jahres 1200 ging die Führung in der Wahlfrage immer mehr auf den Papst über. In seiner Antwort an die deutschen Fürsten[407] vom Juni 1200 hielt er zwar grundsätzlich noch daran fest, daß diese von sich aus zu einer Einigung zu kommen hätten. Das war die Zeit des Vermittlungsvorschlags Konrads v. Mainz[408] Aber er deutete doch schon die Gesichtspunkte an, aus denen er sich äußerstenfalls zur Entscheidung berufen fühlte. Sie beruhen zum großen Teil auf dem Vorbringen der beiden Parteien, das hier gleichsam in seiner Rohform erscheint. In der berühmten *Deliberatio super tribus electis*[409] sehen wir es dann in aufbereitetem Zustande. Daß sie eine vorbereitende Ansprache, eine Sichtung der Entscheidungsgründe in einem geheimen Konsistorium war, dürfte jetzt unbestritten sein[410] Daher ist vieles in ihr noch unbestimmt, nur erst angedeutet. Von einer Erörterung dieses dialektischen Meisterstücks im ganzen[411] muß hier abgesehen werden, vor allem seiner

---

[407]) RNJ. 21.

[408]) *Winkelmann* I 165 ff., *Maurenbrecher*, Königswahlen 189.

[409]) RNJ. 29.

[410]) Seit *M. Tangl* BSB. 1919, 1020, ebenso *G. Tangl* a. a. O. 61, *Haller* in Papsttum u. Kaisertum 494 unter ausdrücklicher Aufgabe seiner früheren (HVjSchr. 20, 1920, 23 ff.) Ansicht; *Haller*, Das Papsttum, Idee und Gestalt II, 2, 1939, 324 f.

[411]) Man beachte nur, wie bei den beiden staufischen Kandidaten erst die (Schein-) Gründe gegen die Nichtanerkennung, dann die wahren Gründe gegen die Anerkennung, stets nach der dreiteiligen Formel licet-decet-expedit vorgetragen, dann

historischen[412] und Persönliches oder den Approbationsanspruch betreffenden Teilen. Wir haben es nur mit den Sätzen zu tun, die auf die Wahl unmittelbar gemünzt sind. Und hier ist zu sagen: Eine Entscheidung über die beiden Wahlen wird nicht getroffen, vor allem nicht etwa nach dem Mehrheitsgrundsatz[413]. Der Papst erwähnt nur als Parteivorbringen, daß Philipp

aber bei Otto umgekehrt erst die Gründe gegen, dann die für seine Anerkennung gebracht und letztere in einem förmlichen Stringendo, einer echt italienischen Stretta, zusammengerafft werden!

[412]) Ich möchte aber doch auf eines hinweisen: *Konrad Burdach*, der sich in seinem Aufsatz „Der mittelalterliche Streit um das Imperium", Deutsche Vierteljahrsschrift für Literaturwissenschaft und Geistesgeschichte, 13, 1935, 509 ff. zuletzt sehr eingehend mit der Deliberatio befaßt hat, bringt aus der Photokopie eine Lösung des berühmten, zwischen *Haller* und *Tangl* geführten Streits über die Worte rediens ad se . . . petiit investiri. *Haller* MÖIG. 35, 648 ff. wollte daraus eine „innere Einkehr" Heinrichs VI., die zu seiner Lehnsnahme führte, erschließen, *Tangl* (wie schon *Toeche*) eine körperliche Rückkehr zum Papst. *Burdach* zeigt, daß im Original das ad fehlte, also einfach rediens se petiit investiri zu lesen ist. Ein neuer Grund gegen die Belehnungstheorie, die inzwischen übrigens wohl allgemein aufgegeben ist (vgl. *Schramm* I 327). – Der Aufsatz *Burdachs* von 1935, nächst dem kürzeren in HZ. 154 das Letzte aus seiner Hand, beschäftigt sich in höchst aufschlußreicher Weise mit der Datierung von Walthers Reichsspruch „Künc Constantin", der eine Königswahl als „Pfaffenwahl" bezeichnet. B. weist nach, daß damit nur Ottos Wahl gemeint sein kann und nicht die Friedrichs von 1211. Das gibt ihm Gelegenheit zu eingehenden juristischen Ausführungen, die eine außergewöhnliche Quellenkenntnis verraten. Indessen ist zu beachten, daß der Aufsatz schon 1902 geschrieben war und die neue Literatur nur zur Ergänzung herangezogen wird. – Walther schrieb dieses und andre Gedichte im „Wiener Hofton", in den Jahren 1198/9–1203. Über seine staufische Gesinnung s. Burdach 518, über seine Ideen über das Verhältnis von Staat und Kirche 557 ff. Dazu das Waltherbuch von 1900 passim.

[413]) Auch nicht nach dem der sanior pars, wie *Burdach* 542 nach *Engelmann*, Aussprüche der Päpste auf Konfirmation und Approbation bei den deutschen Königswahlen, Breslau 1886, 34 annimmt. Denn das würde voraussetzen, daß die Gültigkeit beider Wahlen zweifelsfrei ist und daß man beide Wählerschaften als eine Einheit auffassen könnte, innerhalb deren die Entscheidung nach irgend einem Mehrheitsprinzip möglich wäre. – Übrigens war das Prinzip der sanior pars nicht so neu, wie *Burdach* anzunehmen scheint, sondern schon mindestens seit dem Wormser Konkordat ins deutsche Reichsrecht eingeführt, bekannt war es schon früher, s. oben A. 227. Über seine ältesten Anwendungsfälle (Regula scti Benedicti etc.) vgl. *Schmid*, Begriff der kanonischen Wahl 54, *Brandi*, Erbrecht und Wahlrecht 10; über sein Auftreten in den Statuten des Deutschen Ordens *Walther*, Ursprung der deutschen Behördenorganisation (1913) S. 49 ff.

a pluribus et dignioribus[414] gewählt worden sei und noch ihre Gefolgschaft habe. Bei Otto wird, übrigens auch nicht um die Entscheidung zu seinen Gunsten darauf zu stützen, sondern mehr nebenbei erwähnt, daß *tot vel plures ex his, ad quos principaliter spectat imperatoris electio, in eum consensisse noscantur quot in alterum consenserunt.*

1. Dieser Satz ist einer der meistbesprochenen von allen. Er ist dazu benützt worden, das Bestehen eines Wahlvorrechtes oder Vorstimmrechtes einzelner deutscher Fürsten zu behaupten[415]. Dies bedarf der Nachprüfung. Zunächst ist festzustellen, daß der Papst hier über das welfische Parteivorbringen – wenigstens soweit wir es aus den Akten kennen – hinausgegangen ist. Die Welfen sprachen bis dahin immer nur davon, daß Otto von Fürsten gewählt worden sei, *ad quos de jure spectat electio* (RNI. Nr. 3), *qui de jure eligere debent* (RNI. Nr. 9), und die Berufung darauf, daß alle Wähler ihre Reichslehen direkt aus seiner Hand empfangen haben (RNI. Nr. 10) zeigt, daß damit die Reichsfürsten neuen Stils gemeint sind; man scheint also in der Kanzlei Ottos den größten Wert darauf gelegt zu haben, genau den offiziellen Sprachgebrauch zu verwenden, und hat infolgedessen auch einen Nicht-Reichsfürsten nur mit *consensi et subscripsi* unterzeichnen lassen[416]. Daß nun der Papst bewußt mit dem

---

[414]) Der Papst nimmt also an, daß zu den staufischen Wählern möglicherweise Ranghöhere gehören; aber das bedeutet noch nichts für die Funktion bei der Wahl.

[415]) So meist in der Literatur vor *Maurenbrecher* und *Lindner*, derentwegen kurzerhand auf *Maurenbrecher*, Königswahlen 198[1], 203[1] verwiesen wird. Dann trat durch die Genannten ein Umschwung ein, der sich bei *Seeliger*, MÖIG. 16, 81 f., und *Alfred v. Wretschko*, Einfluß der fremden Rechte auf die deutsche Königswahl, ZRG.[2] G. A. 20, 1899, 164 ff., 166 zeigt. Anders dann wieder *Hugelmann*, Die deutsche Königswahl im Corpus Juris Canonici, *Gierkes* Untersuch. 98, 1909, 69, 167; *Krammer*, Kurfürstenkolleg 32 ff.; *Rosenstock*, Königshaus und Stämme 250; *Burdach* a. a. O. 536 ff.

[416]) Über diesen Grafen von Kuik ist vielfach gestritten worden. Übersicht bei *Ficker* Rfst. II, 1, 17[4]. Daß man einen Grafen als Vertreter einer Gruppe unterschreiben ließ, deren Mitwirkung man nicht mehr als wesentlich ansah, ist eine unschädliche Konzession; andrerseits duldete man es ja auch ruhig, daß der Graf von Dagsburg sich als Wähler bezeichnete. Geht man davon aus, daß es überhaupt nicht so sehr auf ein subjektives Wahlrecht ankommt als auf die Gültigkeit der Wahl, so stellt sich die ganze Frage in einem ganz andern Lichte dar; man konnte

„principaliter“ einen noch engeren Kreis als die Reichsfürsten bezeichnet haben muß, ergibt sich daraus, daß unleugbar auch eine Mehrheit von *Reichs*fürsten auf Philipps Seite stand, was sich feststellen läßt, obwohl man in der Wahlanzeige die Grenze nicht so ängstlich eingehalten hatte[417]. Also ist objektiv kaum zu leugnen, daß einzelne Fürsten bei der Wahl nach Ansicht des Papstes eine besondere Stellung einnehmen sollen. Aber keinesfalls läßt das „principaliter“ irgend einen Schluß auf das Bestehen *subjektiver Wahlvorrechte* zu. Nicht ein besseres Recht *im Verhältnis zu andern Wählern* soll einzelnen Fürsten zuerkannt werden, sondern eine Sonderstellung *in bezug auf die Gültigkeit der Wahl;* eine *Rechtsposition also, von deren Wahrung die Gültigkeit der Wahl abhing.* Das kommt nun allerdings erst in der schärferen Fassung des berühmten Erlasses „*Venerabilem*“ klar heraus. In der Deliberatio wird ja der Punkt als bloße Hilfserwägung gleich wieder verlassen. In Venerabilem[418] erfahren wir Genaueres. Dort wird davon gesprochen, daß *plures ex illis, qui eligendi regem in imperatorem promovendum de jure ac consuetudine obtinent potestatem* Otto gewählt oder nachträglich zugestimmt hätten[419]. Das können wieder nicht die Reichsfürsten als

---

die Grafen ruhig mitwählen lassen, ihre Entscheidung war aber nicht mehr relevant. Folgepflichtig waren sie ja sowieso, da im Lehnsverhältnis zu den Reichsfürsten stehend. Allmählich werden sie ganz von selbst verschwunden sein. Daß sie hinter den Kulissen noch eifrig arbeiteten, zeigt die Magdeburger Schöppenchronik (Chr. der dtsch. Staedte 17, 136 bei *Harnack*, Kurf. Kolleg 33), die den Grafen von Eberstadt zu 1212 „disses kores mester“ nennt.

[417]) So auch *Krammer* 31 gegen *Bloch*, Königswahlen 298. Das Wort principaliter findet sich schon in der kirchlichen Rechtssprache des 11. Jahrhunderts zur Bezeichnung der Kardinalbischöfe als praeduces, vgl. oben A. 232. Petrus Damiani schreibt in seinem Brief an den Gegenpapst Honorius II. (Migne Patr. Lat. 144, 238, *Michel* a. a. O. 40): Quid tibi de cardinalibus videtur episcopis? qui videlicet et Romanum pontificem *principaliter* eligunt . . .

[418]) Über das – ungemein weit ausgedehnte – Notrecht der Kirche zur Vertretung der weltlichen Gewalt als Grundlage der Dekretale vgl. *Stutz* in *Holtzendorff-Kohlers* Enzyklopädie der Rechtswiss. 5, 323. *Baethgen* ZK. 41, 177. *Heimpel*, Studien zur Kirchen- u. Reichsreform des 15. Jahrhunderts, SB. der Ak. Heidelberg, Phil.-hist. Kl. 20, 1929, 1 ff.

[419]) Die ganze Stelle lautet, übersichtlich geschrieben, wie folgt (RNJ. 62, Const. II Nr. 398 c. 5, Kr. I 55): quamvis plures ex illis, qui eligendi regem in imperatorem

solche sein, denn von denen ließ sich das auch im März 1202 noch nicht behaupten[420]. Das sind offenbar wieder die, die in der Deliberatio als die „principaliter" Berechtigten auftreten[421]. Die Verbindung stellt eine voraufgehende Äußerung dem Erzbischof von Köln gegenüber her[422], wonach die Mehrheit derer Otto gewählt hat, *qui vocem habere in imperatoris electione noscuntur*, d. h. die das Recht auf eine *Einzelkur* haben, im Gegensatz zur Gesamtkur und Teilnahme an den Beratungen, zu den vota der Übrigen.

2. Was wird aber bezüglich dieser Prinzipalwähler gesagt? Nicht etwa, daß ihre Majorität schlechthin entscheidet. Auch in „Venerabilem" spielt das Majoritätsprinzip wieder nur die Rolle einer Hilfserwägung, wie seine Einführung in einem mit quamvis eingeleiteten Satz ergibt. Sondern *daß sie nicht übergangen werden dürfen*. Darin liegt für Innozenz der Fehler der staufischen Wähler, daß sie einen *contemptus* begangen haben, darum ist es klar *eos perperam processisse*. Und es wird als ein Satz anerkannten Rechtes verkündet *(explorati juris)*, daß einer Wahl

---

promovendum de iure ac consuetudine obtinent potestatem, consensisse perhibeantur in ipsum regem Ottonem,

et ex eo quod fautores Ph(ilippi), absentibus aliis et contemptis, ipsum eligere presumpserunt, pateat eos perperam processisse;

cum explorati sit iuris, quod electioni plus contemptus unius quam contradictio multorum obsistat.

[420]) *A. M. Bloch* 312.

[421]) Wiederholt ist behauptet worden (so von *Hugelmann* a. a. O. 167, *Krammer* a. a. O. 33), daß hier schon das ausschließliche Wahlrecht dieses engsten Fürstenkreises anerkannt werde. Das ist nicht gesagt und würde zur späteren Entwicklung nicht passen. Der Papst sagt ja nur, daß diesen von altersher berechtigten Fürsten, deren freies Wahlrecht nach c. 3 der Decretale unbedingt anerkannt werden muß, da es ihnen ja nach der von der Kurie vertretenen Theorie von dieser selbst übertragen worden ist, die *potestas* eligendi zustehe, daß sie also die Träger der Entscheidung sind (daß es im Sachsenspiegel ähnlich ist, wird unten Kap. 5 III 2 zu zeigen sein). Daß es noch andere Wahlberechtigte geben kann, bleibt dahingestellt. Aber die „principaliter" Berechtigten dürfen eben für keinen Fall übergangen werden; darin liegt kein subjektives Vor*recht*, sondern ein objektiver Vor*zug*.

[422]) RNJ. 55, zwischen 1201 November und 1202 Mitte Februar zu datieren. *G. Tangl* a. a. O. 103. – Eine Zusammenstellung der verschiedenen Wendungen jetzt auch bei *Buchner*, HJb. 55, 206.

plus contemptus unius quam contradictio multorum obsistat. Hier erhebt sich die Sprache des Erlasses zu grundsätzlicher Bedeutung[423]. Die Rüge eines Verfahrensfehlers ist ein Novum in der Geschichte des Wahlrechtes[424]. Fortan wird die Wahl als ein einheitlicher, bestimmten Normen des formellen Rechtes unterstellter prozessualer Akt aufgefaßt werden müssen. Die spätere kanonische Lehre von der unitas actus kündigt sich an.

3. Es gibt also jetzt schon bestimmte Prinzipalwähler, in dem Sinne, daß die Gültigkeit der Wahl von ihrer Mitwirkung abhängt oder, genauer gesagt: davon, daß ihnen Gelegenheit gegeben wurde mitzuwirken. Diese Tatsache wird einwandfrei bewiesen in erster Linie durch die Mitwirkung selbst, sonst durch die in Zukunft immer wichtiger werdenden Ladungsschreiben. Damit ist zugleich das *Ausschlußprinzip* gegeben: Wirken die Geladenen nicht mit, so haben sie sich selbst ausgeschlossen. Wer nun diese Fürsten waren, die der Papst mit den principaliter Berechtigten meint, können wir nur vermuten, allerdings wohl mit ziemlicher Sicherheit. Einen kennen wir genau, das ist der Kölner, dem eigens vom Papste bestätigt wird, daß ihm specialiter — das heißt nicht notwendig ihm allein, sondern ihm vor allem mit andern zusammen — die Königswahl zustehe, und Philipp in contemptum seiner Kirche und Person gewählt sei[425].

---

[423]) Was besonders dadurch betont wird, daß der Brief als normativ ins Corpus iuris aufgenommen wurde (c. 34 X de el. 1, 6; Comp. III c. 19 eod.) - allerdings, worauf *Hugelmann* a. a. O. 57 hinweist, mit einigen Weglassungen.

[424]) In der kanonistischen Literatur wird contemptus in gleichem Sinne wie contumacia gebraucht, vgl. z. B. Bernardi Papiensis Summa de electione II § 8 ed. *Laspeyres* 315: cum autem sine licentia recessit, iam tamquam *per contumaciam et contemptum* absens videtur. In der Decretale bedeutet contumacia das Nichterscheinen der staufischen Partei bei der Wahl Ottos, contemptus ihren Verstoß durch Ausschließung der welfischen Wähler. Schon die Kölner Königschronik (Cont. Rec. II ed. *Waitz* 162, Kr. I 40) berichtet, die Kölner hätten den Bischof Hermann von Münster abgeordnet, rogantes, ne absentibus eis aliquam electionem celebrarent, dieser sei aber schon zu spät gekommen. - Ein paralleler Satz findet sich in c. 28 X de el. 1, 6.

[425]) RNJ. 80, Kr. I 57: (Philippus) qui in Coloniensis ecclesiae ac tuae personae contemptum, ad quam, *specialiter* inter reliquos principes electio regis spectat, per intrusionis vitium nomen sibi regium usurpavit . . . Damit soll natürlich nicht behauptet werden, daß nun gerade der Kölner Erzbischof jener unus ist, den die

Wir müssen die andern also in der unmittelbaren Umgebung des Kölners suchen. Und da ist doch nicht so einfach darüber hinwegzugehen[426], daß Roger v. Hoveden uns von *vier Fürsten* berichtet, die „wählen" sollen[427]. Daß die vier Namen schwerlich stimmen, und auch sonst Unglaubwürdiges erzählt wird, ist sicher. Man wird auch den Engländer nicht als Zeugen für geltendes Recht, sondern nur für die am Kölner Hofe herrschenden Anschauungen nehmen dürfen, die aber deswegen von Bedeutung sind, weil sie auch in Rom vorgetragen wurden. Es dürfte also richtig sein, daß nach Rom gemeldet wurde, vier Fürsten seien bei der Wahl unentbehrlich, und nach dem oben in Kap. 3 Gesagten kann es auch nicht zweifelhaft sein, daß damit die drei rheinischen Erzbischöfe und der Pfalzgraf bei Rhein gemeint sein mußten[428] —

Decretale Venerabilem exempli gratia erwähnt (so *Maurenbrecher* 204 Anm. und wohl auch *Lindner* 102, was *Burdach* a. a. O. 553[1] mit Recht als „exemplarisch unzulässige Interpretation" bezeichnet).

[426]) Zu meiner Genugtuung bezweifelt auch *Burdach* a. a. O. 539[2], ob man die zahlreichen, allerdings teils unklaren, teils mit Unrichtigkeiten durchsetzten älteren Zeugnisse von Giselbert von Hennegau, Roger von Hoveden, Gervasius von Tilbury, die für eine bevorzugte Gruppe von Wählern, und zwar die ersten beiden für eine Vierzahl sprechen, so vornehm beiseite zu schieben berechtigt ist, wie es meist geschieht (B. nennt da die zur Zeit der Abfassung des Aufsatzes neue Literatur; es ist auffallend, daß der Überkritizismus des 19. Jahrhunderts inzwischen stark nachgelassen hat).

[427]) Roger v. Hoveden ed. *Stubbs* IV 38 (Kr. I 42, der aber nach der älteren Ausgabe Scr. XXVII, 177 zitiert): Defuncto itaque imperatore, archiepiscopi, episcopi, abbates, duces, comites et omnes ceteri magnates Alemanniae in unum convenientes, debent duodecim viros eligere communiter, et eos presentare archiepiscopo Coloniensi, et Maguntino, et duci de Saxonia, et comiti Palatino de Reno; et *quemcumque illi quatuor elegerint* de praedictis duodecim electis, erit rex Alamannorum et coronabitur apad Hays-Capellam, ubi Karolus Magnus sepultus requiescit.

[428]) So auch *Krammer*, Wahl und Einsetzung 50 ff., Kurfürstenkolleg 31 ff. *Hugelmann*, Königswahl 167. Ganz anders *Rosenstock*, Königshaus 250. Aber bei Annahme der Vierzahl gelingt es erst recht, die „Rechnung des Papstes zu verifizieren" (so *Rosenstock*): Zur Zeit der Deliberatio waren Köln und Pfalz einwandfrei welfisch, Trier zum Staufer übergegangen, Mainz unsicher, daher tot vel plures; zur Zeit der Decretale war Mainz entschieden welfisch, daher jetzt plures. *Rosenstock*, der (ähnlich wie *Bloch* 311) schon das spätere 6- bis 7stellige Kurkolleg annehmen will, muß sich mit der Annahme helfen, daß der Böhme schon damals als nichtdeutscher Mann nicht mitgezählt worden sei, S. 255 oben. Der Papst soll also die erst etwa 20 Jahre später aufgestellte Lehre des Sachsenspiegels gekannt und für

zumal der Letztere gerade in diesem Falle als Bruder des Thronwerbers gar nicht übergangen werden konnte. Drei Geistliche und ein Weltlicher — darin spiegelte sich ja auch das Zahlenverhältnis zwischen Weltlichen und Geistlichen im Reichsfürstenstand ab[429], auf dessen Geschlossenheit man gerade in Köln so viel Wert zu legen schien.

4. Zusammenfassend läßt sich also sagen: In dem Augenblick, wo die Wahl als geschlossener, an Ort und Zeit gebundener Prozeßakt aufgefaßt und ihre Gültigkeit davon abhängig gemacht wird, daß gewissen Wählern die Ausübung ihres Wahlrechts gewährleistet wird, ist der erste Rechtssatz über die Königswahl überhaupt ins Leben getreten. Nunmehr wird sie herausgehoben aus dem Gesamtzusammenhang der Königserhebung und wie ein selbständiges Rechtsgeschäft ihren eigenen Normen unterworfen, die dem ganzen Geiste der Zeit entsprechend aus dem kanonischen Recht herausentwickelt werden mußten. Hier, in der Einführung juristischer und insbesondere prozessualer Begriffe — nicht im Mehrheitsprinzip! — liegt die eigentliche Einbruchsstelle des kanonischen Rechts. Und seine Hauptwirkung erblicke ich darin, daß die bis dahin einen Gemeinschaftsakt darstellende Königserhebung jetzt ein formalisierter Rechtsakt einiger Weniger wird, daß die volkstümlichen Grundlagen vollständig verloren gehen und im Endergebnis die Königswahl ein Spielball der europäischen Politik zu werden droht. Nicht erst der Sachsenspiegel hat mit der Aussonderung eines engsten Wählerkreises begonnen, sondern die rheinischen Fürsten, die

geltendes Recht gehalten haben! – Man könnte einwenden, daß unter Vieren eine Majoritätsbildung ungewöhnlich sei. Aber gerade diese kommt auch sonst vor. Wiederum Roger v. Hoveden berichtet (III p. 259), daß beim Waffenstillstand von Verneuil zwischen England und Frankreich (1194) vier arbitri oder dictatores bestimmt worden seien, quorum arbitrio, *vel maioris partis*, der Schadenersatz festzusetzen sei. In Const. II 174, einem Aktenstück zum Frieden von S. Germano 1230, werden auch 4 arbitri eingesetzt, hier soll allerdings ein fünfter zugewählt werden, um den Ausschlag zu geben. – Mainz, Köln, Trier und Pfalz als die ältesten Königswähler hat auch Jordan v. Osnabrück De praerogativa Romani imperii c. 5, hsg. von *Waitz*, Gött. Abh. 14, 1869 u. von *H. Grundmann*, Quellen zur Geistesgeschichte des Mittelalters und der Renaissance 2, 1930, worauf *Tannert* Vorstimmrecht 41 Note schon hingewiesen hat.

[429]) *Ficker* Rfst. I 374; *derselbe*, Fürstl. Willebriefe und Mitbesiegelungen, M. 3, 60.

unter englischem Einfluß dem Papst das Material zu seinen Entscheidungen geliefert haben, tragen dafür die Verantwortung.

5. Ganz ohne Gegenwirkung ist alles das nicht geblieben. Bekanntlich hat der Protest der staufischen Fürsten[430], zuerst in Bamberg, dann in Halle, sehr mannhafte Töne gefunden, um – allerdings nicht gerade in glücklich gewählter Stunde[431] – gegen das Vorgehen des päpstlichen Legaten Guido v. Praeneste Verwahrung einzulegen[432], der am 3. Juli 1201 Otto in Köln als den Kandidaten des Papstes ausgerufen hatte[433]. Die ganze Dekretale „Venerabilem" ist ja nur eine Verteidigungsschrift gegenüber diesem Protest[434]. Hier stehen wirklich zwei Welten einander gegenüber. Auch die Fürsten des Ostens beklagen sich über den ihnen gegenüber begangenen contemptus[435], aber sie meinen damit die Verletzung der Folgepflicht, die ihnen geschuldet wird, da sie an Zahl und Ansehen stärker seien[436] – und,

---

430) Const. II 5, Kr. I 51, RNJ 60. Die dort aufgeführte constitutio primi Henrici jetzt DH II Nr. 427 (1020).

431) *Bloch* 42, *Winkelmann* 214 ff.

432) Doch halte ich es für verfrüht, in ihm einen Versuch, die Grenzen zwischen Staat und Kirche zu bestimmen, sehen zu wollen (so *Burdach* 558).

433) *Winkelmann* I 218 ff.

434) Man darf nie vergessen, daß sie eben doch eine vielleicht in der Schlußredaktion übereilte Gelegenheitsschrift ist. *Hugelmann*, Königswahl 51 f. hat schon einige Unklarheiten beobachtet; gewisse Schärfen sind auch bei der Aufnahme in die amtliche Sammlung gemildert worden, wo z. B. der Satz fehlt, daß die Teilnehmer an einer mangels gehöriger Ladung ungültigen Wahl ihr Wahlrecht verlieren, a. a. O. 57. *Haller*, Papsttum II, 2, 331 sagt von der Dekretale, sie sei „kein Meisterstück". Ich erblicke eine Hauptunklarheit darin, daß, nachdem die Wahl Philipps eigentlich schon für nichtig erklärt und der Tatbestand der Doppelwahl somit beseitigt war, doch wieder auf das Entscheidungsrecht des Papstes bei streitiger Doppelwahl zurückgegriffen wird (Quod autem, cum in electione vota principum dividuntur), um das alteri favere posse begründen zu können.

435) Dies kann wohl schon eine Erwiderung auf das Vorbringen der Kölner Partei sein; wiewohl der Protest von Bamberg-Halle der Decr. Venerabilem vorausging, kann doch das ihr zugrunde liegende, von Köln gelieferte Material benutzt worden sein. *Burdach* a. a. O. 528 weist darauf hin, daß einzelnen Vertrauensleuten der staufischen Partei, z. B. dem späteren Propst Burchard v. Ursperg, die päpstlichen Register so bequem zugänglich waren, daß sie daraus kopieren konnten. Daß es auch in Deutschland selbst Zwischenträger gegeben haben wird, ist anzunehmen.

436) Kr. I 53: Quomodo enim ea pars principum, quam numerus ampliat, quam dignitas effert, iniuste nimium est contempta?

wie wir aus den Reichssprüchen Walthers ergänzen dürfen, da ihr Kaiser-König die echten Reichsinsignien[437] trug! Der Minderheit sprechen sie das Recht ab, ihrerseits Folge zu verlangen oder die Abwesenden auszuschließen[438]. Noch immer hoffen sie auf eine gütliche Einung, der von keiner Seite vorgegriffen werden darf[439]. Und was soll geschehen, wenn sie nicht zustande kommt? Darüber ist nichts gesagt; aber es ist doch zweifellos, daß auch für diesen Fall ein höherer Richter nicht anerkannt worden wäre; dann hätte eben, wie schon mehrfach, der Kampf als Gottesurteil der Waffen entscheiden müssen, der ja auch wirklich längst begonnen hatte. Zu diesen Fürsten sprach die Stimme ihres Gottes deutlicher aus dem Sieg der Waffen als aus dem Munde irgend einer geistlichen Autorität. Philipp selbst hat es später, freilich in Zitate aus der Heiligen Schrift eingekleidet, an den Papst geschrieben[440]: „Und Gott tat auch ein Zeichen zum Guten an uns. Denn viele haben uns gesehen und gehaßt und werden zu schanden." So, kann man wohl sagen, haben die Fürsten des sächsischen Stammes und ihre Kampfgenossen das Ihre getan, um der Wahl ihren alten, im Volks-

---

437) Vor allem den „Waisen"; s. o. A. 276.

438) Nam quid erit aut quas vires habere poterit, quod ab hiis fit, quos tenuior compescit numerus, quos minor comitatur auctoritas, quod partis alterius reddit absentia vitiosum? – Zum Protest von 1202 vgl. noch *E. Mayer*, Deutsche und französische Verfassungsgeschichte II (1899) 387, dessen Scrutator-Theorie aber allgemein abgelehnt wird.

439) Romanorum enim regis electio si in se scissa fuerit, non est superior iudex, cuius ipsa sententia integranda, sed eligentium voluntate spontanea consuenda.

440) In dem schon früher einmal (oben A. 375) benützten Brief vom Juni 1206, RNJ. 136, Const. II 11 Nr. 10, Kr. I 59: Fac mecum Domine signum in bonum. (Ps 85, 17; übrigens Wahlspruch Innozenz' III. und deshalb wohl nicht ohne Absicht angezogen, *A. J. Walter*, Die staufische Reichskanzlei während des Endkampfs zwischen Staufern und Welfen, 1938, 130.) Fecit quoque nobis Deus signum in bono. Multi enim nos viderunt et oderunt, et confunduntur. Philipp konnte das 1206 ruhig sagen, als sich das Glück ihm zugewendet hatte. Anfangs war seine Lage weniger günstig gewesen. Daher beruft er sich auch weiter in dem genannten Schreiben darauf, er habe das Reich nach seiner Wahl 13 Wochen lang in ruhigem Besitze gehabt, also nicht zu kämpfen gebraucht, und später auf Grund falscher Vorspiegelungen der Gegner sein Heer entlassen, sei also am Kampfe verhindert worden. Aber gerade in der letzteren Bemerkung zeigt sich wieder die Rechtsauffassung der Zeit. Weitere Belege bei *Ficker* Rfst. II, 247.

empfinden wurzelnden Charakter zu erhalten. Ein dauernder Erfolg sollte ihnen aber nicht beschieden sein[441].

IV. In dem nunmehr beginnenden Ringen um die Reichsgewalt, das das deutsche Volk durch Jahrzehnte hindurch nicht zur Ruhe kommen ließ, begegneten sich noch mehrfach die im Vorigen dargelegten Anschauungen, ohne daß sich alsbald ein Ausgleich gefunden hätte.

1. Weder konnte sich Philipp mit der Erhebung lediglich durch die staufische Partei begnügen noch Otto mit der Wahl nur durch seine niederrheinischen Anhänger. Das Jahr 1204 brachte den allgemeinen Abfall von Otto, der zum Teil auf die Furcht vor dem Wiederaufleben der welfischen Restitutionspolitik[442], zum Teil auch auf außenpolitische Ereignisse, vor allem die Erfolge des alten Verbündeten der Staufer, Philipp Augusts von Frankreich, gegen England zurückzuführen war; konnte man doch damals sogar mit der Landung französischer Truppen auf englischem Boden rechnen[443]. Um die Jahreswende 1204/5 stand Philipp unmittelbar vor der Wiederholung seiner Krönung, diesmal aber durch Erzbischof Adolf von Köln in der alten Krönungsstadt Aachen[444]. Es ist sicher bezeugt[445], *daß damals auch die Wahl wiederholt* wurde, und zwar nach der Fortsetzung der Kölner Königschronik der Form nach als *Neuwahl*, indem Philipp das Königtum (*regium nomen*) mitsamt der Krone niederlegte, um sich einer einhelligen (concorditer) Wahl sämtlicher deutscher Fürsten mit Erzbischof Adolf an der Spitze zu unterwerfen[446]. Über den Sinn dieser Handlungsweise hat lange Streit

---

441) Bezeichnend ist wieder, daß Innozenz selbst nach dem Tode Philipps später seine Entscheidung als eine Art Gottesgericht oder als durch ein solches bestätigt auffaßte, RNJ. 155, Juli–August 1208: Nos enim eidem regi, quem divino iudicio credimus approbandum, nostrum in hac parte judicium approbante, parati sumus ... favorem et auxilium impertiri ...

442) *Holtzmann* in Gebhards Handbuch der Deutschen Geschichte I[7] 360.

443) *Kienast*, Die deutschen Fürsten im Dienste der Westmächte I, Utrecht 1924, 166; *Cartellieri*, Philipp II., August IV., 1, 212 ff.

444) Zum folgenden *Rodenberg*, Über wiederholte deutsche Königswahlen im 13. Jahrhundert, *Gierkes* Unters. 28, 1889, 7 ff.

445) Vor allem durch die Chronica regia Coloniensis, Cont. S. Pantaleonis Rec. C, ed. *Waitz* p. 219, Kr. I 60.

446) Ibi (sc. Aquisgranis) rex, consilio cum suis habito, ut principes suam liberam

geherrscht. Es ist aber doch wohl nicht zu bezweifeln, daß hier auch der Sache nach eine Neuwahl stattfand[447]. Die Anregung dazu ging sicherlich vom Erzbischof von Köln aus; die Beratung Philipps mit seinen Anhängern hatte nur den Zweck, ihre Bedenken zu überwinden[448], ähnlich wie sich der jüngere Konrad 1024 mit seinen Anhängern beraten hatte, ehe er den älteren kürte[449]. Eine Neuwahl liegt ganz in der Linie der Umgestaltung der Wahl zu einem einheitlichen Rechtsgeschäft, wie sie von Köln aus schon 1198 verfolgt worden war. Adolf hätte seine eigenen Grundsätze preisgegeben, wenn er sich zu einem bloßen Anschluß in den Formen der älteren Stufenwahl verstanden oder mit einer Akklamation im Rahmen der Krönung begnügt hätte, wie sie die älteren Krönungsordines[450] vorsahen. Darin, daß der Krönung noch einmal ein geschlossener, einheitlicher Wahlakt vorgelagert wurde, sehe ich die *einzige*, aus der Logik der bisher verfolgten Entwicklung fließende *Anpassung an das neue*, formstrengere, nach den Begriffen des kanonischen Rechtes ausgerichtete[451] *juristische Denken*. Daher war *die Aachener Neuwahl die erste ihrer Art* in der ganzen deutschen Geschichte. Hingegen kann ich in ihr weder einen Kampf des Wahlrechts gegen das Krönungsrecht des Kölner Erzbischofs[452] noch ein Ausspielen des „fränkischen" gegen den „imperialen" Staatsgedanken[453] erblicken.

2. Diesem Gedankengang fügt sich aber auch vollständig ein, was nach der Ermordung Philipps am 21. Juni 1208 geschah, als

electionem secundum antiquitatis institutum non perdant, *regium nomen et coronam deponit* et ut concorditer ab omnibus eligatur precatur. Über nomen s. u. bei A. 519. Genau so handelte Albrecht I. 1298, s. u. Kap. 7 II 2.

447) So auch *Seeliger* M. 16, 79; a. M. wohl *Lindner*, Königswahlen 110.

448) Anders und unzutreffend *Bloch* 73; gegen ihn *Krammer*, Kurkolleg 42[3].

449) Wipo c. 2. bei Kr. I 12.

450) S. oben Kap. II 1.

451) Es muß immer wieder betont werden, daß eine Übernahme der für die kanonischen (Bischofs- oder gar Papst-)Wahlen geltenden Regeln als solche für diese Zeit nicht in Frage kommt. Die „Rezeption" ist viel weniger ein institutioneller als ein vergeistigter Anpassungs- und Angleichungsvorgang.

452) So *Bloch* a. a. O. 74.

453) So *Krammer*, Kurkolleg 43. Dag. auch W. *Reese*, Die Niederlande und das Deutsche Reich I, 1941, 208.

die bis dahin staufisch gebliebenen Fürsten zusammen mit der gesamten staufischen Reichsministerialität[454] sich zu Otto bekannten, ohne auch nur den Versuch zu machen, ihrer Partei ein neues Haupt zu geben; die vom Auslande her ins Leben gerufene und unterstützte Gegenkandidatur Herzog Heinrichs von Brabant[455] brach bald zusammen. Als es nun galt, die Zustimmung dieser bisher staufischen Fürsten in eine rechtlich gültige Form zu bringen, lag gar keine Veranlassung vor, den durch Adolf von Köln mit der Neuwahl von 1205 vorgezeichneten Weg noch einmal zu gehen. Die staufischen Fürsten hatten ja selbst schon mehrfach Stufenwahlen getätigt und hielten auch jetzt an ihren Grundsätzen fest. Sie begnügten sich wiederum mit persönlichen Einzelerklärungen, die ebensogut völlig getrennt hätten abgegeben werden können[456] und mehr zufällig als notwendig auf dem *Halberstädter Tage vom 22. September 1208*[457] zusammengefaßt wurden. Eine Fortsetzung davon stellt wieder der *Frankfurter Tag vom November 1208*[458] dar, wo die nicht dem sächsisch-thüringischen Stamme angehörigen Fürsten ihre Erklärungen nachbrachten. Daß Adolf von Köln und die früheren welfischen Wähler fehlten, braucht nicht wunderzunehmen; sie hätten durch erneute Teilnahme ihre einwandfrei gültige Wahl vom 9. Juni 1198 anulliert; schon aus diesem Grunde mußte für sie der Gedanke einer Neuwahl ganz undiskutabel sein. Auch eine nochmalige Krönung kam nicht in Frage[459]. Bemerkenswert ist, daß bei diesen Wahlen zum letzten Male eine

---

454) Über die bedeutsame Rolle der Reichsministerialität in den Thronwirren nach 1197 unterrichtet jetzt *Dietrich v. Gladiß*, Beiträge zur Geschichte der staufischen Reichsministerialität, 1935, 36 ff.

455) Vgl. *Winkelmann*, Otto v. Braunschweig 118; *Cartellieri* a. a. O. IV 273 f.; *Kienast*, Deutsche Fürsten I 180 f. Vgl. auch die Urkunde Const. II 618.

456) Eine Quelle (Contin. Admunt., Scr. IX, 591, *Rodenberg* a. a. O. 10) sagt sehr richtig: Abhinc igitur *diversis quidem temporibus* sed eodem animo et infra spacium anni principes omnes Ottoni adherentes eum unanimiter in Regem Romanorum elegerunt et confirmarunt.

457) Vgl. die Berichte der Chronik von St. Peter in Erfurt und Arnold v. Lübecks, Kr. I 60/61; *Rodenberg* a. a. O. 16 ff.

458) Daß er überhaupt ein Wahltag war, hat *Rodenberg* a. a. O. 24 sichergestellt. Dort auch eine Liste der Anwesenden, aus der das im Texte Gesagte folgt.

459) *Krammer*, Kurkolleg 48.

Gliederung nach Stämmen erwähnt wird. Daher mußte auch in Halberstadt der Erzbischof von Magdeburg als erster Geistlicher des sächsischen Stammesgebiets, als Ranghöchster, und nicht etwa als Vertreter für Mainz, die erste Stimme führen[460]. Alle weitergehenden Ausdeutungen der den Wahlen von 1208 zu unterlegenden Absichten, insbesondere einer bewußten Stellungnahme gegen Rom[461], sind als unbeweisbare Vermutungen besser aus dem Spiele zu lassen.

3. Eine Stufenwahl liegt aber auch in gewissem Sinne den viel besprochenen Vorgängen bei der *endgültigen Erhebung Friedrichs II.* zugrunde. Bekanntlich wurde Friedrich zunächst, während er noch in Italien weilte, von einigen Fürsten zu Nürnberg zum Kaiser gewählt; das war im September 1211, und es muß hervorgehoben werden, daß die ausgezeichnet informierte und auch juristisch gut durchgearbeitete Chronik des Propstes Burchard von Ursperg gerade wieder *vier weltliche Fürsten* ausdrücklich nennt, die die Wahl vollzogen[462]. Welches die Motive waren, gerade damals den Gedanken der *Kaiserwahl* so in den Vordergrund treten zu lassen, ist bestritten; man kann am ehesten annehmen, daß eine ganze Reihe von Gründen zusammenwirkten. Einmal wollte man vielleicht dem gekrönten Kaiser Otto einen „Gegenkaiser" gegenüberstellen[463]. Dann war die Kaiserwahl, sachlich wieder eine Wahl in imperaturam, notwendig wegen Ottos Angriff auf Sizilien und eben deshalb auch im Interesse des Papstes gelegen; hatte doch auch Philipp sogleich nach der Kaiserwahl Rechte in Sizilien geübt. Ferner aber hielten sich manche Fürsten vielleicht doch an die kraft der väterlichen Designation getätigte Königswahl von 1196 gebunden und wollten nicht den Anschein ihrer Nichtigkeit erwecken; weiter hoffte

---

[460]) S. oben A. 178, 227.

[461]) Dies gegen die ganz willkürlichen Konstruktionen von *Bloch* 76 ff. Die Fürsten sollen dem päpstlichen Eintreten für Otto dadurch Schach geboten haben, daß sie eben diesen päpstlichen Kandidaten wählten!

[462]) Kr. I 62: Principes Alamannie, rex videlicet Boemie, dux Astrie, dux Bawarie et langravius Turingie et alii quam plures convenientes, Fridericum regem Sicilie elegerunt in imperatorem coronandum . . .

[463]) So *Scheffer-Boichorst* HZ. 46, 142. *Hampe-Baethgen*, Deutsche Kaisergeschichte 240[3]).

man vielleicht, für eine ausdrücklich so benannte Kaiserwahl rascher die päpstliche Bestätigung erhalten zu können, um die ja sofort nach dem Nürnberger Tage nachgesucht wurde[464]; in der Tat kam es jetzt zu der unter den Augen des Papstes vollzogenen Kaiserwahl durch das Stadtvolk von Rom[465], zur päpstlichen Approbation[466] allerdings erst auf dem 4. Laterankonzil 1215, aber eben doch zur Approbation der Kaiser- und nicht der späteren Königswahl. Zum Teil mag auch mitgespielt haben, daß in Nürnberg zum ersten Male der König von Böhmen an hervorragender Stelle mitwirkte und eine Einzelkur abgab[467], wie überhaupt die Tatsache, daß jetzt ein König zu den ständigen Wählern gehörte, sehr dazu beigetragen haben mag, dem deutschen Königtum die Rangerhöhung zum römisch-deutschen Kaisertum im staatsrechtlichen Sinne widerfahren zu lassen[468]. Schließlich aber mag den Ausschlag gegeben haben, daß Friedrich abwesend war und vorläufig auch nicht die entfernteste Möglichkeit hatte, sich in Aachen krönen zu lassen und die Gewalt im Reich zu erlangen[469]. Unter diesen Umständen mochte eine Wahl zum Kaiser, der trotz des hohen Titels ganz offenbar der Charakter des Provisorischen, einer ersten Ergebenheitserklärung, anhaftete[470], weniger befremden als eine Königswahl,

---

464) Vgl. die bei *Winkelmann*, Otto v. Braunschweig 501 zusammengestellten Zeugnisse, vor allem Chronik v. Reinhardsbrunn MG. Scr. 30, 578: Fredericum ... antea ab universitate electum futurum imperatorem declararent. Wie im Text *Hugelmann*, Der Sachsenspiegel und das vierte Lateranensische Konzil, ZK. 44, 1924, 431.

465) Burchard v. Ursperg a. a. O.: Nuncios itaque acquirunt, qui hanc suam electionem tam in civitate Romana, quam ad prefatum Fridericum ... promoveant et ipsum in Alamanniam perducant. Dazu *Hampe*, Zeitschrift für Geschichte des Oberrheins N. F. 20 (1905), 10 ff. *Burdach* HZ. 154, 515.

466) *Hugelmann* a. a. O. 433 ff.

467) Friedrich II. in seinem Privileg für Böhmen 1212, MG. Const. II, 55, *Zeumer* Quellensammlung² 35, Kr. I 62: Attendentes ... quod illustris rex Ottacharus a primo inter alios principes *specialiter ex ceteris* in imperatorem nos elegit.

468) Dies gehört wieder in den Kreis des von *H. Hirsch* in Festschr. f. Heymann (oben A. 71) Beobachteten.

469) So vor allem *Krammer* 49.

470) Trotzdem war sie nicht bloß eine „Designation", so neuestens wieder *Burdach* HZ. 154, 514.

zumal wenn ausdrücklich betont wurde, daß sie dem imperator futurus oder coronandus galt[471]. Aber unter keinen Umständen wird man sich darauf festlegen dürfen, sie hätte nicht doch gleichzeitig den ersten einleitenden Akt einer Königswahl bilden können. Denn nur bei dieser Annahme läßt sich einwandfrei erklären, daß sich Friedrich schon vor der definitiven Königswahl am 5. Dezember 1212 selbst König nennt[472], weil er auf dem besten Wege ist, die Reichsgewalt nunmehr zu erobern. Die Frankfurter Wahl, die vom Reichskanzler, dem Bischof Konrad von Metz und Speier, in dem berühmten Brief an den König von Frankreich geschildert wird[473], war also nur die Fortsetzung und Vollendung des in Nürnberg Begonnenen; sie erklärt sich aus dem sich immer mehr festigenden Erfordernis der einmaligen, einheitlichen Reichswahl. In ihr einen Sieg über das Papsttum zu sehen, liegt gar kein Grund vor[474]; schon der Umstand hätte vor dieser verfehlten Auffassung warnen sollen, daß Friedrich in der Egerer Goldbulle von 1213, die eine Reihe wertvollster Zugeständnisse an die Kirche enthält[475] und in der Aufgaben übernommen werden, die, wie die Ketzerbekämpfung, zum Imperium im weiteren Sinne gehören, sich nur als rex Romanorum bezeichnet, woraus wieder zu ersehen ist, daß kein künstlicher Gegensatz zwischen diesen beiden Würden konstruiert werden darf.

Hiermit sind wir in die unmittelbare Nähe des bedeutendsten deutschen Rechtsbuchs, des Sachsenspiegels, gelangt und haben uns die Frage vorzulegen, wie dessen Schilderung der Königswahl in den Rahmen der Entwicklungsgeschichte dieser Institution, wie wir ihn bisher gezeichnet haben, eingefügt werden kann.

---

[471]) Coronandus oben A. 419, futurus in der Erfurter St. Peterschronik. – Übrigens gibt es eine Entsprechung aus viel früherer Zeit, die „Kaiserwahl" Karls II. von 875 vor der lombardischen Königswahl von 876. *Mitteis* bei *Th. Mayer*, Der Vertrag von Verdun (1943) 85. Auch hier kommt die schon oben bei A 130 erwähnte Gleichgültigkeit des deutschen Rechtes gegen die Reihenfolge der Akte zum Durchbruch.

[472]) *Böhmer-Ficker* RI. V 679, 680 v. 21. Nov. und 3. Dez. 1212.

[473]) Const. II 621, Kr. I 63.

[474]) Höchstens in dem einen Punkt, daß die Titel rex Romanorum und rex Siciliae nebeneinander geführt werden, *Bloch* 103[3], dessen Auffassung i. ü. abzulehnen ist, so auch *Michael* Z. f. kath. Theol. 1913, 692. *Hampe-Baethgen* a. a. O. 242[2]).

[475]) Const. II 57; *Mirbt*, Quellen[3] 142.

Fünftes Kapitel

DIE DEUTSCHE KÖNIGSWAHL IM ZEITALTER DES SACHSENSPIEGELS

I. Die Frankfurter Wahl Friedrichs II. von 1212 ist die letzte, die unbestritten vor die Entstehung des Sachsenspiegels fällt. Die nächste, deren zeitliches Verhältnis zum Rechtsbuch und deren Einwirkung auf seine Lehre von der Königswahl schon verschieden beurteilt wird, ist die Wahl des unglücklichen Heinrich (VII.) zu Frankfurt am 23. April 1220, des einzigen Staufers, der wirklich ein deutscher König und nicht anders als ein deutscher König genannt werden kann[476]. Auf die Problematik der Zeit, in der diese Wahl mitten drin steht, etwa das Versprechen, die unio regni ad imperium wieder aufzuheben, und dessen Zusammenhang mit Kreuzzugs- und Romfahrtsplänen sowie der Frage der Reichsverweserschaft in Deutschland[477] kann hier nicht eingegangen werden. Wir haben es hier nur mit einem kleinen Ausschnitt zu tun, und da ist zunächst die Frage zu erörtern, ob diese Wahl eine *Designationswahl* in dem oben dargelegten Sinne war.

1. Bei dem Urteil darüber ist große Vorsicht geboten. Sicherlich handelte es sich um die Wahl des Sohnes eines regierenden Herrschers, aber doch *nicht um eine Sohneswahl im eigentlichen Sinne*[478]. Oder wenigstens – wenn auch der heißeste Wunsch des Vaters damit in Erfüllung ging, so wurde sie doch offiziell nicht als solche ausgegeben. Der bekannte Wahlbericht des Kanzlers, des

---

[476]) Vgl. das (mit Kritik zu benutzende) Buch von *E. Franzel*, König Heinrich VII. von Hohenstaufen, Studien zur Geschichte des „Staates" in Deutschland, Prag 1929.

[477]) *Winkelmann*, Kaiser Friedrich II., I 12 ff.

[478]) *A. M. Lindner*, Königswahlen 115; *Hugelmann* MÖJG. 28, 691; 34, 356; Die Wahl Konrads IV. zu Wien im Jahre 1237 (Weimar 1914) 33; *Rosenstock*, Königshaus und Stämme 219 ff., 262, 269; *Eckhardt*, Rechtsbücherstudien II (Abh. der Ges. der Wissenschaften zu Göttingen, Phil.-hist. Klasse XXIII, 2, 1931) 27. Wieder anders (nur „Nomination", worunter aber kein rechtlich faßbarer Begriff verstanden werden kann) *Krammer*, Kurfürstenkolleg 58. Dagegen *Becker*, Königtum der Thronfolger 62.

Bischofs Konrad v. Metz[479], schildert sie als Improvisation, als eine von den *Fürsten* ausgehende Überraschungswahl[480] in Abwesenheit des Königs, der sich dann die Genehmigung vorbehielt und sich durch diese Taktik wohl eine Rückzugslinie für den Fall der Versagung der päpstlichen Weihe offenhalten wollte[481]. Trotz dieser diplomatisch verschleiernden Fassung ist der Wahlbericht für uns verwendbar, ja, für die Beurteilung der Wahl sind wir an ihn gebunden. Daran wird auch dadurch nichts geändert, daß zwei Jahre später, anläßlich der Krönung des jungen Heinrich, in Fortsetzung des Wahlverfahrens die väterliche Designation durch einen Fürsprech, den Bischof Otto v. Würzburg, verkündet, also nachträglich noch ein bindender Wahlvorschlag gemacht wurde[482], der gegenüber den Fürsten, die ihren Wahlwillen bereits zu Frankfurt erklärt hatten, nur mehr die Natur der Annahme eines von ihnen ausgehenden Angebots haben konnte. Die normale Reihenfolge ist also umgekehrt; keinesfalls zwingt uns aber die Aachener Wahlhandlung, den Frankfurter Vorgängen lediglich den nicht näher bestimmbaren Charakter einer Nomination zuzusprechen[483]. Hält man sich gegenwärtig, daß der Gedanke der unitas actus noch durchaus nicht voll in das Reichsrecht eingedrungen war, und daß immer noch wie früher Wahlen möglich waren, deren einzelne Vollzugsakte sich auf mehrere Jahre erstrecken konnten, so kommt man zu der ungezwungensten Deutung des ganzen Verfahrens.

2. Daß der eben genannte Bischof von Würzburg von den Marbacher Annalen als derjenige bezeichnet wird, durch den in Vertretung des Vaters Heinrich „in regem electus" worden sei, kann nicht wundernehmen, wenn man die Vieldeutigkeit des Wortes eligere bedenkt, worunter eben auch der Wahlvorschlag des

---

479) MG. Epistolae saec. XIII, I, p. 92; Kr. I 63.

480) Casualiter et ex improviso in filium domini mei . . . *vota tam electorum quam etiam omnium principum et nobilium* Teutonie convenerunt.

481) Eine Vermutung *Krammers* a. a. O. 60.

482) Annales Marbacenses ed. *Bloch* 89, Kr. I 65: Heinricus vero filius imperatoris admodum puer quasi decennis, per Ottonem Wirzeburgensem episcopum, cuius tutele deputatus fuerat a patre, de consensu principum in regem electus.

483) S. oben A. 478.

designierenden Vaters verstanden werden konnte[484]. Keineswegs erscheint es nötig oder auch nur möglich, ihn als elector im Sinne der kanonischen electio per unum aufzufassen[485], von deren Übernahme ins weltliche Recht um diese Zeit noch keine Rede sein kann. Ferner aber ergibt sich aus dem Gesagten, daß die Nachricht der Marbacher Annalen sicher auf 1222 zu beziehen ist, wie es ja vorhin schon geschehen ist und nach der heute herrschenden Ansicht vom Bau dieser Quelle durchaus möglich erscheint[486]. Zu 1220 paßt der elector erst recht nicht, da in dem schon erwähnten Kanzlerbrief eine *Mehrheit von electores* auftritt. Über deren Bedeutung und ihr Verhältnis zu den principes und nobiles ist noch keine volle Klarheit gewonnen. Nach einer Ansicht, über die aber wohl kein Wort mehr zu verlieren ist, sollen mit den electores die Anwesenden, mit den principes und nobiles die Abwesenden, mit den vota deren gute Meinung und Parteinahme für den Neugewählten gemeint sein[487]. Nach einer andern bedeuten die electores die nur noch allein wahlberechtigten Reichsfürsten, die principes und nobiles die Nicht-Reichsfürsten[488]; dann hätte die Reichskanzlei sich desselben mehrdeutigen Sprachgebrauchs bedient wie angeblich der Sachsenspiegel mit seiner mangelnden Scheidung von Amts- und Lehnsfürsten, die ja sogar gerade zur Auslegung des Königswahlartikels herangezogen wurde[489]. Dieser

---

484) S. oben Kap. 1 IV.

485) So *Hugelmann* a. a. O., und schon Königswahl 149; zustimmend *Krammer*, Hist. Aufsätze f. *Zeumer* 359; dagegen schon *Stutz*, Erzbischof v. Mainz 76 Note 1.

486) Vgl. *Bloch*, Kaiserwahlen 126[1], der entgegen seiner eignen Ausgabe den ganzen zu 1220 zusammengefaßten Sammelbericht für einen Nachtrag hält, und zwar einer Neuburger Bearbeitung, was *Haller*, Die Marbacher Annalen, 1912, widerlegt hat; aber auch er nimmt an, daß vieles in diesem Teil der Marbacher Annalen „rückschauend oder vorgreifend" berichtet ist, a. a. O. 53, und zwar gerade in dem Stück, das die Geschichte Heinrichs 1220–1227 schildert. Ebenso *Holtzmann*, Zu den Marbacher Annalen, Festg. f. *Cartellieri* (1927) 55.

487) Lindner, Königswahlen 117 u. Andere.

488) *Seeliger* M. 16, 88.

489) *Bloch*, Kaiserwahlen 321[1]. Danach hätten die „Amtsfürsten" gewählt, die „Reichsfürsten" unter Vortritt der Kurfürsten gekoren. Dagegen *Moeller*, Die Neuordnung des Reichsfürstenstandes und der Prozeß Heinrichs des Löwen, ZG. 39, 37. *Hans Fehr*, Fürst und Graf im Sachsenspiegel 35[1], wollte gerade im Ssp. III 57 § 2 vorsten und des rikes vorsten für gleichbedeutend ansehen.

Lösungsversuch ist wenig ansprechend. Wenn man sich hingegen daran erinnert, daß es sich um ein Schreiben an die Kurie handelt, so wird man am ehesten begreiflich finden, daß man die Teilnahme derjenigen Reichsfürsten besonders hervortreten lassen wollte, die sie selbst schon als diejenigen bezeichnet hatte, denen *principaliter* das Wahlrecht zukomme, deren Ausschluß (contemptus) die Wahl nichtig mache[490], ja, auf deren Einzelkur schon so sehr das Hauptgewicht liegt, daß man von ihnen vielleicht mehr in Würdigung der tatsächlichen als der rechtlichen Verhältnisse als von den eigentlichen „Wählern" sprechen kann, was nicht ausschließt, daß noch andere gleichfalls Wahlberechtigte neben ihnen stehen. Und in der Tat hatte der Kanzler mit ihrer Hervorhebung Recht; denn die drei rheinischen Erzbischöfe und der Pfalzgraf bei Rhein haben den Frankfurter Wahltag zweifellos besucht[491]. — Andrerseits sagt der Kanzler aber durchaus nicht, daß ihnen ein *Wahlvorrecht* im eigentlichen Sinne des Wortes zugestanden worden sei; er erwähnt die electores nur um der unanfechtbaren Gültigkeit der Wahl willen; ihre Stimmen haben sich mit denen der übrigen Fürsten verbunden: unter diesen erscheinen auch einfache Nobiles, worunter sicher Nicht-Reichsfürsten zu verstehen sind, was nur denen ernsthaft Kopfzerbrechen verursachen wird[492], die darauf bestehen, daß die Nicht-Reichsfürsten seit 1198 definitiv von der Mitwirkung bei der Wahl ausgeschlossen waren; das kann, wie bereits bemerkt, aus der Wahlanzeige für Otto von Braunschweig, die ja doch nur das Dokument einer Parteiauffassung war, nicht herausgelesen werden; die staufische Partei war mit dem Ausschluß der Nicht-Reichsfürsten viel weniger ängstlich gewesen, und es mag noch einige Zeit gedauert haben, bis er sich durchgesetzt hat und das Standesgefühl der Reichsfürsten so erstarkt war, daß sie die Mitwir-

---

[490]) S. oben Kap. 4 III 2; *Buchner*, Herzogtum Bayern 23; *Krammer* a. a. O. 64, sowie Wahl und Einsetzung 53; *Ficker* M. 3, 51 f., *Puntschart* in Rfst. II, 1, 19[19] mit älterer Literatur.

[491]) *Winkelmann*, Friedrich II., I 524.

[492]) Wie *Krammer* a. a. O. 25, 63, der sich mit der Behandlung der Wahl von 1220 als „Nomination" über die Schwierigkeit hinweghilft (s. o. A. 478).

kung von Untergenossen bei der Wahl ebenso strikt ablehnten wie beim Urteil. Vielleicht sollte aber wirklich die Erwähnung der nobiles hauptsächlich dazu dienen, in Rom Eindruck zu machen[493], ebenso wie die Anführung der electores; es ist daher durchaus zu begreifen, daß die wenigen anderen Quellen über die Wahl von 1220 ihrer nicht gedenken.

3. Nun aber zu der Frage, ob die Wahl von 1220 in Beziehung zum Sachsenspiegel steht! Sie ist erst in den Vordergrund getreten, als man im Zuge des jüngsten Aufblühens der Rechtsbücherforschung die zeitgeschichtlichen Ereignisse zur Erklärung und Datierung stärker heranzog. Aber die Meinungen sind geteilt: *Hans v. Voltelini*[494] hat sich verneinend, *Eckhardt*[495] bejahend ausgesprochen. Wir können dazu Stellung nehmen, ehe wir noch die Königswahllehre des Sachsenspiegels von Grund auf behandelt haben.

Voltelini sieht in dem Wahlbericht des Kanzlers Konrad schon die Beschränkung des Kurspruchs auf eine kleine Zahl von electores, in dem die allein rechtserzeugende Handlung zu erblicken sei; er hält also, wenn ich ihn richtig verstehe, die electores schon für die Alleinwähler, die andern principes nur für zustimmungsberechtigt. Da dies im Sachsenspiegel unbestrittenermaßen anders ist, läßt v. *Voltelini* die Wahl von 1220 für ihn „schon gewiß nicht" in Betracht kommen. Dieses Argument ist allerdings nach dem soeben Vorgetragenen nicht stichhaltig; es ist durch nichts geboten, die electores von 1220 für Alleinwähler zu halten. Die principes geben nicht nur ihre Zustimmung oder Vollbort[496], sondern sie wählen gleichfalls[497]. Im äußeren Aufbau ist das vom Kanzler geschilderte Verfahren

[493]) Damit hat *Krammer* a. a. O. 61 trotz seiner im übrigen abweichenden Beurteilung wohl recht. Vgl. *Eckhardt* ZG. 45, 479[1]).

[494]) Der Sachsenspiegel und die Zeitgeschichte, SB. der Akademie der Wissenschaften in Wien, 201. Bd., 5. Abh. 106 f.

[495]) Rechtsbücherstudien II, 24 f.

[496]) Vgl. übrigens schon *Siegel*, Deutsche Rechtsgeschichte[3] 212.

[497]) So auch *Eckhardt* a. a. O. 25 mit Hinweis auf den Brief Friedrichs II. an den Papst bei *Winkelmann*, Acta imperii inedita I Nr. 180, wo er Wahlerklärungen *sämtlicher* Reichsfürsten beizubringen verspricht, und die Confoederatio cum principibus ecclesiasticis, wo er *allen* geistlichen Fürsten für die Wahl dankt.

dem des Sachsenspiegels wirklich sehr ähnlich. Wenn wir trotzdem zu dem gleichen ablehnenden Ergebnis wie *v. Voltelini* gelangen, so geschieht das doch mit anderer Begründung. Diese gewinnen wir aus einer Kritik der *Eckhardt*schen Aufstellungen, wobei zur Vermeidung von Mißverständnissen zu bemerken ist, daß dessen Datierungsversuch als solcher hier nicht zur Erörterung steht[498], zumal ja seine aus dem Vergleich mit zwei Landfriedensgesetzen gewonnene engste Gabel (1221–1224) den terminus a quo ja noch um ein Jahr hinaufrückt.

Eckhardt geht vor allem (im Anschluß an *Rosenstock)* davon aus, daß 1220 keine „echte" Wahl, sondern eine *Sohneswahl* stattgefunden habe, bei der begreiflicherweise die Erzbeamten besonders hervorzutreten Gelegenheit hatten, da sie als eigentliche Angelegenheit des Königshauses aufgefaßt wurde. Wir brauchen uns hier auf die Grundlagen der „Erzämtertheorie" noch gar nicht einzulassen, vielmehr nur auf früher Gesagtes hinzuweisen[499]: Die von Rosenstock beliebte scharfe Scheidung zwischen Sohneswahl und echter Wahl ist reine Konstruktion, die Auffassung der Sohneswahl als Internum des königlichen Hauses hält der Nachprüfung im Gesamtzusammenhang der Reichsverfassung nicht Stand. Die sogenannten „Erzämter" waren auch keine Hausämter wie die täglich versehenen Dienste der eigentlichen Hausbeamten; wenn die ersten Magnaten des Reichs bei dem feierlichen Staatsakt des Krönungsmahles ihre Ehrendienste verrichten, so tun sie das im Angesicht des ganzen Reiches. Endlich muß auch derjenige, der alles dies ablehnen sollte, darauf hingewiesen werden, daß die Kennzeichnung der Wahl von 1220 als Sohneswahl im eigentlichen Sinne nach dem oben Ausgeführten versagt.

Dazu kommt nun aber noch, daß wir von der Ausübung der Erzämter im Jahre 1220 nichts erfahren und schlechterdings

---

[498]) Es ist dabei nicht zu übersehen, daß *Eckhardt* ja nur die *erste deutsche* Fassung zeitlich festlegen wollte. Sollte für sie 1220 der terminus a quo sein, so müßte wohl in der vorausgehenden lateinischen Urfassung das Königswahlrecht noch gefehlt haben, also einem „Nachtrag" angehören, der vielleicht schon von Haus aus deutsch niedergeschrieben wurde. S. u. bei A. 511.

[499]) S. oben Kap. I IV 4.

nichts erfahren können, da ja keine Krönung stattfand; wenn also die Formulierung richtig wäre, daß die Entstehung des Kurfürstenkollegs mit dem Einzug der Krönungsfürsten in das Wahlrecht zusammenhängt, so wären die Ereignisse von 1220 nicht dazu angetan gewesen das zu vermitteln. Aber selbst daß die weltlichen Erzbeamten sich auch nur an der Wahl beteiligt hätten, können wir nicht nachweisen. *Eckhardt* will ja sogar schon mit einem sechsstelligen Kollegium der electores rechnen; er beruft sich dabei auf Winkelmann[500] und druckt sogar dessen ganze Beweisführung ab, aus der man sofort den Eindruck des durchaus Hypothetischen gewinnt:

„Als Vertreter Brandenburgs ... könnte Markgraf Albrecht fungiert haben, da ihm doch wohl auf diesem Reichstag der König, wie dies 1221 bezeugt wird[501], *tutelam omnium feodorum* (sc. der beiden minderjährigen Markgrafensöhne) ... *per sententiam principum imperii commisisset.* Übrigens war auch der Privatvormund der jungen Markgrafen, Graf Heinrich von Anhalt, in Frankfurt. Oder war er etwa Vertreter seines noch als Kreuzfahrer in Livland weilenden Bruders, des Herzogs Albrecht von Sachsen, auf dem Reichstage überhaupt und dann im besonderen auch bei der nicht vorzuhersehenden Wahl?"

So viele Fragen, so viele Rätsel! Soll wirklich die Bevollmächtigung zur Vertretung auf einem Reichstag auch das Recht zur Stimmabgabe bei einer improvisierten Königswahl gegeben haben? Soll Heinrich zwei Stimmen als Vertreter geführt haben, war ein solches Zählen und Scheiden damals schon gebräuchlich? Und hatte wirklich der Lehnsvormund, wie man allgemein anzunehmen scheint, als solcher das Recht, seinen Mündel bei der Königswahl zu vertreten? Gerade der letztere Punkt lohnt die Nachprüfung. Sie läßt sich durchführen auf Grund des oben erwähnten Dokumentes von 1221, einer der verfassungsgeschichtlich interessantesten Urkunden. In ihr wird — nur eines muß jetzt schon herausgegriffen werden — eigentüm-

---

500) Friedrich II., I 524.

501) In der Urkunde der Markgrafen von Brandenburg für ihren Lehnsvormund, den Erzbischof Albrecht von Magdeburg, *Riedel*, Codex diplomaticus Brandenburgensis I 8, *Böhmer-Ficker* RJ. 10886.

licherweise noch mit der Möglichkeit einer Doppelwahl ex discordia principum gerechnet, bei der der Erzbischof von Magdeburg auf der einen, seine Mündel auf der andern Seite stehen könnten[502], und daraus werden einige erst später interessierende Folgerungen gezogen. Hier ist nur eines zu fragen: Wie konnte eine solche Spaltung möglich sein, wenn der Magdeburger für sich und zugleich als Lehnsvormund den König wählte? Sollte er, wie es im modernen Aktienrecht vorkommt, im eignen Namen anders stimmen können als im fremden? Die Frage stellen heißt sie verneinen. Die Lage ist nur denkbar, wenn nicht der Lehns-, sondern der *Landrechts*vormund („Privatvormund") das Recht der Königswahl oder genauer gesagt der Kur ausübte. Und das ist auch sachlich richtig. Denn was hatte sie mit dem Lehen zu tun? Gehörte sie denn zur tutela feodorum[503], dem abgegrenzten Pflichtenkreis des Lehnsvormunds? Das ließe sich dann, aber auch erst dann behaupten, wenn schon die Radizierung des Stimmrechts auf das Territorium, die „stat" des Lehens, eingetreten gewesen wäre. Daran ist aber 1220 noch kaum zu denken. Damals war das Recht der Teilnahme an der Königswahl noch ein höchst persönliches. Der Landrechtsvormund vertrat eben die beiden jungen Markgrafen als Personen; ob er dabei eine oder zwei „Stimmen" führte – diese Frage ist in einer Zeit, die eine mechanische Abzählung noch nicht kannte, eben gar nicht zu stellen. Den Umschwung zur territorialen Auffassung hat erst der Sachsenspiegel selbst mit seinem Bekenntnis zur Erzämtertheorie angebahnt, und das Reichsgesetz von 1231 mag dazu beigetragen haben, ihn bei den weltlichen Kurfürsten in die Praxis umzusetzen. Um 1240 ist er, wie sich noch zeigen wird, vollzogen. Und nun noch das Letzte: Von dem Landrechtsvormund, Heinrich v.

[502]) Si autem per discordiam principum contingat eligi duo reges, si placuerit nobis, ut regem alium habeamus quam eum, in quem Dominus Archipiscopus proposuerit consentire . . .

[503]) Das behauptet ohne weiteres *Rosenstock* a. a. O. 262. Über die Urk. von 1221 und ihre Scheidung von Land- und Lehnrechtsvormund vgl. meinen Aufsatz zur Geschichte der Lehnvormundschaft in Festschrift f. *Alfred Schultze*, Weimar 1934, 166.

Anhalt, ist es ja gerade fraglich, ob er zur Zeit der Königswahl (23. April) schon in Frankfurt war[504]; bezeugt ist er erst zum 1. Mai. Man sieht: Es ist zumindest vorsichtiger, mit dem sechsstelligen Elektorenkolleg nicht zu rechnen. Das einzige, was wir sicher wissen, ist, daß die Mindestzahl von vier der für die Wahl für unentbehrlich gehaltenen Reichsfürsten in Frankfurt anwesend war und diese durch ihre Teilnahme an der Wahl bekundeten, daß sie nicht übergangen worden waren.

II. Aber die grundsätzlichste Frage ist erst noch zu stellen: *Ist es denn überhaupt notwendig anzunehmen, daß der Sachsenspiegel sich nach dem Vorbild einer bestimmten Königswahl gerichtet habe?* Daß dieses Problem auftaucht, scheint mir bezeichnend für den heutigen Stand der Rechtsbücherforschung zu sein. Nachdem man lange die Rechtsbücher ganz isoliert und wie in einem luftleeren Raum stehend betrachtet oder die zeitgenössischen urkundlichen Zeugnisse höchstens dazu benutzt hat, an jenen heftig Kritik zu üben, bemüht man sich jetzt, sie in möglichst vollkommenen Einklang mit den Zeitereignissen zu bringen. Dieser Umschwung mußte notwendig eintreten einmal dadurch, daß der einwandfreie Nachweis dafür gelungen war, daß auch die sächsische Weltchronik dem Rechtsbuchverfasser Eike v. Repgow zuzuweisen sei[505], so daß nun auch sein Ruf als Geschichtsschreiber fest begründet war; dann aber hat vielleicht auch die moderne Rechtstatsachenforschung einen gewissen Anteil an dieser Entwicklung. Aber bei aller grundsätzlichen Anerkennung des in dieser Richtung schon Geleisteten wird man doch nicht aus dem Auge verlieren dürfen, daß ein Rechtsbuch mit anderen Maßstäben gemessen werden muß als eine rein beschreibende Quelle. Eike wollte nach seinen eigenen Worten im Sachsenspiegel das Recht darstellen, wie es von den

---

[504]) *Rosenstock* a. a. O. 262[104]); zweifelnd allerdings *Eckhardt*, Rechtsbücherstudien II 26[4]).

[505]) Bekanntlich durch *Zeumers* Aufsatz „Die sächsische Weltchronik, ein Werk Eike von Repgows" in der Festschrift zu *Heinrich Brunners* 70. Geburtstag, 1910, 135 ff. Dazu noch *Ballschmiede*, Die sächsische Weltchronik, Niederdeutsches Jahrbuch 40 (1914) 81 ff. *Eckhardt*, Rechtsbücherstudien II 121 ff.

guten Vorfahren überkommen war[506]; also die *Rechtsnormen*, die er als geltend ansah und denen er verbindliche Kraft beimaß; er bewegt sich auf dem Gebiete des *Sollens* und nicht des *Seins*. Es macht gerade seine geistige Größe aus, daß er die beiden Betrachtungsweisen voneinander zu scheiden wußte, daß er beide Techniken beherrschte. In der Chronik schildert er das Einmalige, wie es nach dem damaligen Stande der Erkenntnis wirklich gewesen war, im Rechtsbuch das Dauernde, Allgemeingültige, das zwar von der Wirklichkeit vorübergehend verdunkelt werden, dessen Geltungsanspruch aber nicht auf immer beseitigt werden kann. Sein rechtliches Weltbild ist nicht bloßes Abbild der Wirklichkeit, sondern ein „Spiegel" für das positive Recht, eine der platonischen Idee adaequate Vorstellung. Wo die Tatsachen seinem Vorstellungsbild widersprechen, da schweigt er, so über die Möglichkeit der Lehnsbindung an mehrere Herren, oder er übt offen Kritik, so bekanntlich in der Lehre von der Unfreiheit[507]. Aber auch wo er das nicht tut, zieht er aus der Fülle der Tatsachen nur das in Betracht, was ihm für Vergangenheit, Gegenwart und Zukunft von Bedeutung zu sein scheint. Für ihn sind die Tatsachen der Erfahrung ein Rohstoff, der noch der Gestaltung bedarf. Allen Wechselfällen der Politik normative Kraft zuzugestehen, lag ihm wohl durchaus ferne. Und das alles mußte sich besonders in demjenigen Teile seines Werkes zeigen, der sich mit der Reichsverfassung beschäftigt. Auch hier verfällt er nicht etwa in wirklichkeitsfremde Konstruktionen; aber sichtlich will er ein *Idealbild* des Deutschen Reiches zeichnen, hinter dem die Wirklichkeit vielleicht zurückblieb und das sich gerade in den Tagen des Spieglers vollends aufzulösen drohte[508]; deshalb wollte er es fest-

---

[506]) Reimvorrede 151 f.:

Diz recht hân ich selbe nicht irdâcht
iz habent von aldere an unsich gebrâcht
Unse gûten vorevaren.

[507]) III 42; dazu *Hans Fehr*, Die Staatsauffassung Eikes v. Repgau, ZG. 37, 1917, 139 ff. *Voltelini* ZG. 57, 182 (1937).

[508]) Einen Gesamtüberblick über seine Staatsauffassung bietet der in der vorigen Anm. genannte Aufsatz *Hans Fehrs*.

halten aus derselben Reichsgesinnung heraus, die auch seinen großen Zeitgenossen Walther v. d. Vogelweide beseelte. Aber gerade wo er sich so zur höchsten Höhe idealer Betrachtung, man möchte sagen zur „Wesensschau" erhebt, kann er nicht mehr so auf dem Boden der nüchternen Realität stehen wie da, wo er aus der Praxis des täglichen Lebens schöpft[509]. Vielleicht ist er aber dort gerade am genialsten und im vollsten Sinne schöpferisch gewesen, wo man sein Rechtsbuch am wenigsten als reine Geschichtsquelle verwerten darf. Das ist der Blickpunkt, von dem aus man seine Königswahllehre ins Auge fassen muß.

1. Die Königswahllehre des Sachsenspiegels beginnt mit den bekannten Sätzen (III 52 § 1):

Die Dûdischen sullen durch recht den kuning kiesen. Swen die gewîet[510] *wirt von den bischopphen die dâ zû gesazt sîn, unde ûph den stûl zu Aken kumt, sô hât her koninclîge gewalt unde koninglîgen namen. Swen ine der bâbis wîet, sô hât her des rîches gewalt unde keiserlîchen namen.*

Daß mit diesem Artikel ein ganz neuer Abschnitt anheben sollte, mag schon der Verfertiger des langen Zusatzes III 47—51 empfunden haben[511]. Vom Rechte der Sachsen ist jetzt kaum mehr die Rede; das Recht *aller Deutschen* soll zur Sprache kommen, und da steht ihr Recht, den König zu wählen, an erster Stelle, das ganz besonders eindrucksvoll herausgestellt werden muß angesichts des ja auch in der Weltchronik erwähnten Versuches Heinrichs VI., es zu Gunsten der dynastischen Erblichkeit zu beseitigen. Dagegen war ja vor allem in Sachsen Widerspruch erhoben worden[512], und dieser wird hier in aller Form wieder-

---

[509]) Das ist wohl ziemlich allgemein anerkannt; vgl. etwa *Stutz*, ZG. G. A. 43, 242; *Voltelini*, Forschungen 73.

[510]) Die Quedlinburger Hs. schreibt „coren". Das mit *Voltelini* in „cronet" zu verbessern, scheint bedenklich. Eher könnte es ein Niederschlag der volkstümlichen Auffassung von den Wahlen 1246/7 sein, *Eckhardt*, Rechtsbücherstud. II 30: Ich neige der Ansicht zu, daß coren hier wie eligere den ganzen Erhebungsakt bedeuten soll, vgl. A. 104 und oben den Text.

[511]) *H. v. Voltelini*, Die Belehnung König Ottokars II. von 1276, Anzeiger der Akademie der Wissenschaften in Wien Phil.-hist. Klasse 1935, 38: Die Darstellung der Reichsverfassung wirkt wie ein Nachtrag zum 3. Buch des Landrechts.

[512]) *Perels* Erbreichsplan 83.

holt. Auf dem „Kiesen", das hier den Gesamtakt der Königserhebung bedeutet, liegt daher der Ton. Zugleich wird das Königtum als rein deutsches in Anspruch genommen, den italienischen und burgundischen Reichsangehörigen und allen Ausländern das Recht der Teilnahme an der Königswahl versagt[513].

2. Viel größere Schwierigkeiten bieten die nun folgenden Sätze. Diese liegen zum Teil in der handschriftlichen Überlieferung begründet. Schon Homeyer hatte in seiner Ausgabe die Worte „koninglike walt unde" als späteren Zusatz bezeichnet[514]. Als dann Zeumer, zunächst in seiner Quellensammlung zur Verfassungsgeschichte des Mittelalters und der Neuzeit[515], die Quedlinburger Handschrift veröffentlichte, die ihm dem Urtext am nächsten zu stehen schien, gewahrte man, daß in ihr auch die Worte „des rîches gewalt unde" fehlten; es schien sich so als die wahre Ansicht Eikes zu offenbaren, die Krönung in Aachen habe „nur" den königlichen Namen, die Weihe in Rom „nur" den kaiserlichen Namen übertragen. Darauf bauten *Krammer*[516] und *Bloch*[517] ihre Spekulationen, allerdings in verschiedenem Sinne, indem jener Eike für den staufischen Reichsgedanken, dieser für die Kaiserwahltheorie als Kronzeugen in Anspruch nahm.

Diesen Theorien ist jetzt der Boden entzogen dadurch, daß neuere Forschungen[518] die Quellenlage wiederum anders erscheinen lassen; es ist einwandfrei festgestellt, daß die Quedlinburger Handschrift an der besprochenen Stelle sekundäre Lücken aufweist, die nicht anders zu werten sind als die zahlreichen anderen Abschreiberversehen, die sich in ihr finden; irgend eine ver-

---

513) *Ficker* Rfst. II, 1, 24 f.

514) Ausgabe erster Hand (1835) I 226. Dazu *Eckhardt*, Rechtsbücherstudien III (1933) 8.

515) Erstausgabe Leipzig 1904, 72.

516) Zuerst Reichsgedanke des staufischen Kaiserhauses 1908, 46.

517) Staufische Kaiserwahlen (1911) 13, 84 f., 320. Aber auch *Fehr* a. a. O. 166. *Stengel*, Hist. Aufsätze f. *Zeumer* 300. *Hugelmann*, Die Wirkungen der Kaiserweihe im Sachsenspiegel, ZK. 40, 1 ff. (vgl. aber die Bemerkung von *Stutz* ebenda 62 Note.) Einschränkend *Rosenstock* ZG. 34, 502.

518) *Eckhardt*, Rechtsbücherstudien III 8, 11; II 32⁴.

fassungsgeschichtliche Bedeutung kommt der Auslassung nicht zu; der Urtext Eikes dürfte die vollere Form aufgewiesen haben, wie sie oben gegeben wurde.

Aber selbst wenn dieser Nachweis nicht geführt wäre, müßte man zur Ablehnung aller auf die Fassung der Quedlinburger Handschrift gestützten Theorien kommen. Sie konnten überhaupt nur aufgestellt werden und eine gelegentlich bis zur Gegenwart nachwirkende Beachtung finden, *weil man sich nicht genügend Rechenschaft über die Bedeutung des Wortes „namen" in einem mittelalterlichen Text gegeben hatte.* Zunächst ist davon auszugehen, daß diese schwerlich eine andere gewesen sein kann als die des lateinischen nomen, das in der Urfassung gestanden haben mag, wenn es überhaupt für diese Stelle eine lateinische Vorlage gegeben hat. Nomen ist nun allerdings eines der schwierigsten mittellateinischen Wörter; nicht umsonst hat eine ganze philosophische Richtung von weltbewegender Durchschlagskraft, der Nominalismus, ihre Bezeichnung daher genommen. Aber in Eikes Werk ist noch keine Spur nominalistischen Denkens zu erblicken. Für ihn ist Name alles andere denn „bloßer" Name, etwa gar bloß ein „Titel". Für ihn steht der Name noch nicht im Gegensatz zur Sache selbst[519]; der Königsname nicht im Gegensatz zur Königswürde, der kaiserliche Name nicht zur kaiserlichen oder Reichsgewalt. Er gebraucht das Wort Name noch so, wie man nomen im ganzen frühen Mittelalter und schon in der Antike gebraucht hatte[520]. Schon im Codex Justinians tritt nomen Romanum als Bezeichnung des römischen

---

[519]) Das ergibt sich klar aus der zweiten Stelle, in der *namen* vorkommt, III 53 § 1, von den vier Herzogtümern (s. o. Kap. 3, III 2): Diz wâren alle Kuningrîche; seder wandelde men ine den namen unde hiez se herzogen . . . doch behilden se die vorsten zu manne unde die vanlên under deme *namen* . . . Das kann doch wohl nur heißen, daß die Königreiche zu Herzogtümern herabgedrückt (nicht bloß umbenannt!) wurden, aber die Herzogsgewalt zunächst noch die Fahnbelehnung mit umschloß. S. oben bei A. 297.

[520]) Zum folgenden insbes. *Gerd. Tellenbach*, Römischer und christlicher Reichsgedanke, SB. der Heidelberger Ak. der Wiss. 1934, 1. Heft, 12 ff. mit Lit. Für den antiken Sprachgebrauch wäre auf *Platon* zurückzugehen, insbes. den Dialog Kratylos. Für die römische Rechtssprache vgl. *Heumann-Seckel*, Handlexikon s. o. nomen.

Staatsverbandes auf[521]; im weiteren Sinne bedeutet es Romanum imperium, das Römertum schlechthin. Nomen christianum bedeutet das christliche Bekenntnis; Plinius fragt bei Kaiser Trajan an, ob die Christen propter ipsum nomen christianum, schon wegen ihres christlichen Bekenntnisses zu verurteilen seien[522]. So wird auch nomen regium die königliche Gewalt ausgedrückt haben[523]. Und in dieser Bedeutung begegnete es sich mit urgermanischen Vorstellungen. Denn für den Germanen — das alles kann hier nur angedeutet werden — ist der Name religiöses, ma-

---

521) Cod. Just. 5, 5, 2, zit. bei *Heldmann*, Das Kaisertum Karls d. Gr. 41². - *Johannes Haller*, Geschichte des Papsttums II (1936), 1, 19 schreibt, es seien schon vor 800 Stimmen im Kreise des fränkischen Hofes laut geworden, daß dem König eigentlich nur noch der kaiserliche Name fehle. Auf Befragen verwies er mich freundlichst auf Ann. Laureshamenses zu 801, MG. Scr. I 38 und zugleich darauf, daß die betr. Stelle nach *Dannenbauer*, Die Quellen zur Geschichte der Kaiserkrönung Karls d. Gr., Kl. Texte für theologische und philologische Vorlesungen, hsg. von *Lietzmann*, Heft 161, S. 16 Note gleichzeitig mit den Ereignissen geschrieben ist. Sie lautet: Et quia iam tunc cessabat a parte Graecorum *nomen imperatoris* . . . tunc visum est et ipso apostolico Leoni et universis suis patribus . . . seu reliquo christiano populo, ut ipsum Carolum regem Franchorum imperatorem nominare debuissent . . . ideo iustum eis videbatur, ut . . . ipsum nomen haberet . . . Karolus . . . ipsum nomen imperatoris . . . suscepit. Bei Beachtung des im Texte Gesagten scheint es mir nicht angängig, die Stelle auf eine bloße Namensverleihung zu beziehen.

522) *Tellenbach* a. a. O. nach *Mommsen*, Der Religionsfrevel nach römischem Recht, HZ. 64 (1890) 394 Anm. 2. Ähnlich noch der Brief der Wormser Synode v. 1076 an Gregor VII.: Sicque per haec tua gloriosa decreta . . . Christi fere *nomen* periit. *Tellenbach*, Libertas 172.

523) Vgl. das „regium nomen" oben bei A. 446. Für Königsname = König, kgl. Würde vgl. auch *Grimm*, Deutsches Wörterbuch 7, 331. Ausgezeichnet auch schon *Zeumer* NA. 30, 103: Nicht um das Recht des Titels handelt es sich, sondern um die Möglichkeit, eine Sache ihrem wahren Wesen nach zu bezeichnen. Im Gedicht vom Schwanenritter (hsg. von Rückert, Bibl. der ges. dtsch. Literatur 36) heißt es in v. 6513 ff.:

> Der herren keiner ins verzêh
> wen in liber was das in ein keiser lêch
> diu lehen diu ein künec in lihen solde
> wen ie wirdeger ist *der nam*
> der diu lêhen lihet, deste minner scham
> der hat, swer im die hende rect . . .

Dazu *R. Schroeder*, Beitr. z. Kunde des dtsch. Rechts aus dtsch. Dichtern, Z. f. dtsch. Altertum hsg. von *M. Haupt* N. F. 1, 1867, 158. *Fehr*, Recht in der Dichtung 212.

gisches Symbol, die Namengebung, die dem Muntwalt vorbehalten ist, bedeutet Aufnahme in die Volksgemeinschaft und dadurch Verleihung der Rechtsfähigkeit[524]; der Name ist nicht bloß Bezeichnung, sondern *integrierender Bestandteil der Persönlichkeit.* So bewirkt, was besonders schön im Norden hervortritt, die Verleihung des Königsnamens, das gefa konungs nafn, einen Wechsel der Rechtssubjektivität[525]; es ist der eigentlich konstitutive Akt der Thronerhebung; der König wird „ein anderer Mann"[526]; was sich gelegentlich auch im außernordischen Bereich in einem Namenswechsel zeigt[527]. Und eine ähnliche Auffassung findet sich auch noch in Texten, die dem Sachsenspiegel zeitlich ziemlich nahe stehen[528]. So wollte also Eike auf alle Fälle sagen, daß die Weihe in Aachen das Königtum, die in Rom das Kaisertum verleihe, und es ist belanglos, ob er es in der kürzeren oder in der volleren Form ausgedrückt hat; die letztere

---

524) *Grimm*, Deutsche Rechtsaltertümer (4. Ausg. von *Heusler* und *Hübner*) I 627, ebenda 464 über Namenswechsel bei Freilassung. *K. v. Amira*, Grundriß des germ. Rechts[3] 146, 183.

525) *Maurer*, Vorlesungen I 255; es erfolgt durch einen Bauern, später durch einen Erzbischof oder Gesetzessprecher; *Lehmann*, Königsfriede der Nordgermanen 176; *E. Mayer* ZG. 23, 16[3]; *Puntschart* M. 24, 502. *A. Taranger*, Om Kongevalch i Norge i Sagatiden, Hist. Tidskr. 30, 1934, 110 ff., 162. *Karl Olivecrona*, Döma till Konung, Lund 1942, 21.

526) *Tellenbach*, Libertas, 71.

527) Vgl. Chron. Moissiac. MG. Scr. I 290 (*Kern*, Gottesgnadentum 24[45]): Franci Danielem quondam clericum in regem stabiliunt atque Chilpericum nuncupant. Bekannt ist der Namenswechsel von Königinnen; die byzantinische Irene nannte sich als Königin Maria, die Russin Praxedis Adelheid, die englische Isabella, Gemahlin Friedrichs II., Elisabeth. Von Gisela, der Gemahlin Konrads II., sagt Wipo c. 16: imperatricis consecrationem *et nomen* accepit; der bedeutet doch sicher die Würde. In diesen Zusammenhang gehört es auch, wenn Philipp 1205 vor der Neuwahl coronam et regium *nomen* deposuit; ganz falsch *Bloch* 73[5]: Er wollte *mit seinem schlichten Namen* zum König ausgerufen werden.

528) So beantragt der Graf von Hennegau 1188 seine Belehnung mit Namur, inde . . . marcio Namurcensis vocaretur et principium imperii gauderet privilegio, Gislebert v. Mons ed. *Vanderkindere* 229. Für den kirchlichen Sprachgebrauch wichtig scheint mir RNJ. 40 (bei Migne 41) zu sein, wo der Papst an den Pfalzgrafen Heinrich schreibt: cum excepto nomine imperatoriae dignitatis, caetera tibi et . . . regi Ottoni, in Romanorum imperatorem electo, quem nos in regem recipimus, et regalem ei praecipimus honorificentiam exhiberi, communia sint futura. Hier bedeutet nomen doch sicher das Kaisertum als solches.

erscheint fast als Tautologie. Keinesfalls darf man daraus irgendwelche Schlüsse auf Eikes Stellung zum Kaiserwahlproblem ziehen[529]. Es war für ihn wohl gar kein Problem. Schon oft ist darauf hingewiesen worden, daß er „König" und „Kaiser" wie man sagt „promiscue" gebraucht[530]. Ganz richtig ist das nicht. Er nennt den deutschen König aus dem gesteigerten Nationalgefühl seiner Zeit heraus einen Kaiser, wie z. B. gleich in dem eigentlichen Wahlartikel III 57 § 2, wo er von des „keyseres kore" spricht; aber ich kann keine Stelle finden, wo er vom König redet, wenn es sich um das Weltimperium, etwa um das grundsätzliche Verhältnis der geistlichen und weltlichen Gewalt handelt wie in I, 1. Für ihn ist der König-Kaiser das Haupt des engeren Reichsgebiets, und es ist besonders bezeichnend, daß er ihn mehrfach als Haupt der Heerschildordnung und Spitze des Reichslehnsrechts Kaiser nennt[531] — allerdings nur im Landrecht, während im Lehnrecht, soviel ich sehe, das Wort Kaiser überhaupt nicht mehr vorkommt.

So ergibt die Landrechtsstelle III, 52 zusammen mit III, 57 § 2 ein vollkommen klares Gesamtbild: *Die deutsche Wahl und Thronsetzung geben das Königtum und kaiserliche Waltung; die römische Kaiserweihe verleiht die Vollgewalt des Reiches.*

3. Nunmehr kommen wir[532] zu der eigentlichen Königswahl-

---

[529]) Und auch nicht auf seine textliche Abhängigkeit von der Teutonicus-Glosse zu c. 24 D. 93: ex sola enim electione principum dico eum verum Imperatorem antequam a papa confirmatur. Arg. hoc licet non ita appellatur – wozu schon Bartholomaeus von Brescia bemerkte: contrarium est verum. *Hugelmann* a. a. O. (oben A. 517) 19; *Bloch* 86. *Hitzfeldt*, Studien zu den religiösen und politischen Anschauungen Friedrichs III. von Sizilien (Eberings Hist. Stud. 193, 1930) 108. *Thilo* a. a. O. (oben A. 335) 45. Bei Joh. Teutonicus, der wohl unter dem Eindruck der Ereignisse von 1198 schrieb (*Hugelmann* 25, 47) hat „verus imperator" noch nicht die gesteigerte Bedeutung, die das 14. Jahrhundert diesem Ausdruck beilegte (s. u. bei A. 717), er bedeutet vielmehr die imperatura. Daher der Zusatz „Johannes dicit ita *nam Theutonicus erat*", *Thilo* a. a. O. Ähnliches steht aber auch schon bei *Huguccio*, Bloch 251. Eine *sachliche* Beeinflussung Eikes durch diese Literatur ist durchaus möglich, s. o. bei A. 335.

[530]) Für alle *Frensdorff*, Rechtsbücherstudien V 86.

[531]) III 59 § 2, III 60 § 1.

[532]) Unter Übergehung vom III 54 § 2 (Krönungsgelöbnis) und § 3 (passive Wahlfähigkeit, worüber oben A. 27).

stelle, den bekannten Sätzen in III 57 § 2. Sie nochmals abzudrucken kann ich mir ersparen. Eikes Darstellung zerfällt in fünf Sätze: Im ersten werden die drei rheinischen Erzbischöfe als Erster, Zweiter, Dritter an des Kaisers Kur bezeichnet. Im zweiten wird als Erster an der Kur der Pfalzgraf vom Rhein, des Reiches Truchseß, benannt, als zweiter der Marschall, der Herzog von Sachsen, als Dritter der Kämmerer, der Markgraf von Brandenburg. Dann folgt der dritte Satz, der dem Schenken des Reichs, dem König von Böhmen, die Kur abspricht, weil er nicht deutsch ist. Vierter Satz: Dann kiesen des Reiches Fürsten alle, Pfaffen und Laien; im letzten Satz endlich werden die Ersten an der Kur ermahnt, nicht nach ihrem Mutwillen zu kiesen, sondern den allererst bei Namen zu kiesen, den alle Fürsten zum König „gewählt" haben.

Der Aufbau der Handlung ist also ganz klar: *Aus der Beratung aller Reichsfürsten geht nach Ausscheidung der Ungeeigneten der Eine hervor, den zu küren beschlossen wird. Die Kur vollziehen dieselben Reichsfürsten, die gewählt haben. Dabei treten je drei Geistliche und drei Weltliche besonders hervor.* Von Verhandlungen mit dem zu Kürenden erfahren wir in diesem Zusammenhange nichts[533]; sie hätten in das Idealbild einer Königswahl schlecht hineingepaßt.

An diesen Tatbestand lassen sich eine Reihe von Fragen und Erwägungen knüpfen.

a) Zunächst handelt es sich um das Verhältnis von Wahl und Kur. Die Begriffe waren ja schon früher bekannt[534]; der Sachsenspiegel hat sie nicht erfunden, nur erstmals die deutschen Bezeichnungen dafür gebraucht. Aber zugleich hat sich die Bedeutung der beiden Akte etwas verschoben. Die Kur haben wir uns als einen an die breite Öffentlichkeit des Volkes gerichteten Erklärungsakt vorzustellen; denn das ganze Volk, natürlich vertreten durch die jeweils Anwesenden, sollte den Namen des neuen Königs erfahren. Dagegen hören wir nichts von einer Öffentlichkeit der Wahl. In ihr geben sich nur die Fürsten gegenseitig Erklärungen ab. Dem

---

533) Vgl. indessen III 54 § 2, Krönungsgelöbnis in Verbindung mit der Kur. Oben A. 165.

534) S. oben Kap. 2 III.

Volke gegenüber ist also nur die Kur eine Erklärung, die Wahl ist die dazugehörige Willensbildung. Das Ganze stellt ein gesonderter Betrachtung fähiges, aus Wille und Erklärung bestehendes *Rechtsgeschäft* dar. Auf die Bedeutung dieses Punktes wird alsbald noch zurückzukommen sein.

b) Weiter: Was läßt sich über den Hergang der Kur Genaueres ermitteln? Hier betreten wir sofort das Gebiet der Zweifelsfragen. Ist daran gedacht, daß die sechs Erstgenannten hintereinander ihren Kürspruch, also sechs gleichlautende Erklärungen, abgeben sollten[535] und erst anschließend alle andern Fürsten, oder findet eine Teilung in eine geistliche und eine weltliche Kurie statt? Und stimmt dann vielleicht gar an der Spitze jeder der beiden Kurien nur der Eine, der zum ersten an der Kur benannt ist, in besonderer Weise[536]? Für die Teilung in Kurien könnte die getrennte Zählung der geistlichen und weltlichen Erstkieser gebucht werden; dann hätten wir also eine Entsprechung zu der Scheidung in principes saeculares und ecclesiastici im Kanzlerbericht über die Frankfurter Wahl von 1212. Doch scheint mir diese Möglichkeit durch den Satz „*Sint kiesen des rîches vorsten alle, pfaffen unde leien*" schlechtweg ausgeschlossen zu sein, ebenso durch die bekannte Stelle im Lehnrecht 4 § 2, wo gesagt ist, daß sechs Fürsten mit dem Gewählten nach Rom fahren sollen, die die ersten in des Reiches Kur sind, um dem Papst die gültige Wahl zu beweisen (durch daz deme pâbese wizzelich sî des kuninges redelîche kore)[537]; hier findet sich die im Landrecht vermißte Zusammenzählung der Erstkieser. Daß zwischen Land- und Lehnrecht Eike seine Anschauung geändert habe, ist nicht anzunehmen. Dann hätte also die Kur in ihrem äußeren Aufbau den Vorgängen von 1220 geähnelt, wo electores und principes unterschieden werden; aber für die Datierung ist das wieder

[535]) Wohl überwiegende Ansicht; vgl. *Schroeder-v. Künßberg*, Lehrbuch der Deutschen Rechtsgeschichte[7] (1931) 515; *Bloch*, Kaiserwahlen 320; *A. M. Krammer*, Kurkolleg 46, 66 f.; *v. Schwerin* ZG. 52, 391; schon *Tannert*, Vorstimmrecht 6, 45 f.; M. 5, 632, *Buchner*, Königswahlen 58.

[536]) Diese Möglichkeit erwägt *v. Schwerin* a. a. O. Vgl. A. 518.

[537]) Durch die Einführung dieses *unanfechtbaren* (*Planck*, Das deutsche Gerichtsverfahren im Mittelalter II 180) „Gerichtszeugnisses" schneidet Eike zugleich jeden etwa behaupteten päpstlichen Wahlprüfungsanspruch ab. Vgl. A. 541.

nicht zu verwenden, da es ja schon 1208 so gehandhabt wurde[538]; damals kürten ebenfalls ausgerechnet drei weltliche Fürsten vor den geistlichen und das dürfte wohl im Gedächtnis der Gewährsmänner Eikes haften geblieben sein.

c) Welcher Natur ist nun die Stellung dieser sechs Ersten? Wodurch unterscheidet sie sich von der der andern Fürsten? Enthält sie eine materielle Bevorrechtung und in welchem Sinne? Zunächst ist davon auszugehen, daß die Kur ein *Verfahren* darstellt. Eike will sichtlich überhaupt mehr das Wahl*verfahren* schildern als das materielle Wahl*recht*, ihm kommt es auf die *objektiven Normen* an, die die Erhebung des Königs unanfechtbar gültig machen sollen, auf daß „des kuniges redelîche kore" der Welt offenbar werde. Er will einen *ordo* der Königswahl geben, entsprechend den ordines der Königskrönung. Die Zuordnung subjektiver Rechte hat er nicht im Sinn; diese könnte sich höchstens als Reflexwirkung der objektiven Normen ergeben. Aber andrerseits ist den sechs Ersten nicht bloß ein Ehrenvorzug gegeben[539], sondern eine ganz bestimmte, rechtserhebliche Rolle im Rahmen des feierlichen Staatsakts zugeteilt. Ihre Mitwirkung erscheint für seine Gültigkeit unentbehrlich — also derselbe Gedanke, den wir als einen in der Bildung begriffenen Satz des deutschen Verfassungsrechts aus der Erwähnung in der Bulle Venerabilem kennengelernt haben[540]. Daß auch Eike ihn kennt, nur daß er das Zahlenverhältnis ändert, ergibt sich aus der schon erwähnten Lehnrechtsstelle: Wenn die Sechs dem Papst die Kur bezeugen[541] sollen, so müssen sie sie gesehen haben, sie müssen also anwesend gewesen sein und mitgewirkt haben[542]. Nur darin liegt eine einleuchtende Erklärung dafür, daß sechsmal der gleiche Kurspruch ab-

---

538) S. oben bei A. 225; A. M. wieder *Krammer* a. a. O. 46.

539) So vor allem *Seeliger* M. 16, 84 ff.

540) Oben bei A. 425.

541) Nur als Zeugen kommen sie in Betracht, vgl. I 8 § 1: des mût die richtere selve sevende sô getâner lûte, die ime urtêl vinden, getzûch sîn; III 28 § 2. *Schroeder* a. a. O. scheint die Stelle so aufgefaßt zu haben, daß die sechs Dingzeugen zugleich Urteilfinder sein müssen; dabei ist ihm vielleicht eine Erinnerung an skandinavische Verhältnisse in die Feder geflossen, vgl. *E. Mayer* ZG. 23, 1 ff. Dagegen *v. Schwerin* a. a. O. 393¹. Vgl. jetzt noch *Olivecrona* (oben A. 525) 42.

542) Daß derartiges nie geschehen ist, kommt hier nicht in Betracht.

gegeben werden muß[543]. Zur konstitutiven Erklärung, zur Nennung des Königsnamens, wodurch der Gewählte zum Herrscher, zum königlichen Rechtssubjekt wurde, hätte in der Tat ein einziger „Elektor“ genügt! Aber die Kurfürsten sollen eben durch den Spruch ihre Mitwirkung allem Volk offenbaren, gleichsam zu Protokoll erklären. Das „bî namen kiesen“ kann auch den Nebensinn haben, daß sie *namentlich*, unter Nennung ihres eigenen Namens kiesen sollen[544]. Das unterscheidet ihren Kürspruch von dem der Folgenden, bei dem die Nennung des eignen Namens nicht mehr so wesentlich war, wie es auch für Eike nicht darauf angekommen sein dürfte, ob die übrigen Fürsten den Königsnamen einzeln oder gruppenweise nannten, was er wohl nach den Umständen des Einzelfalls überlassen wollte. Wesentlich war die Einzelabgabe der Erklärung nur für die sechs Ersten; sie sind *notwendig Einzelkieser*.

d) Nun bleibt noch der letzte Satz der Stelle zu erörtern, der die berühmte *Bindung des Kurspruchs* an das Ergebnis der vorangegangenen Wahl enthält. Den sechs Ersten wird es verboten, nach Mutwillen zu küren. Sie dürfen also weder anf einen Kandidaten, der in der Wahl bereits ausgeschieden ist, zurückgreifen, selbst dann nicht, wenn sie selbst dabei für ihn eingetreten sind[545]; noch dürfen sie die andern mit einem neuen, bis dahin noch gar nicht genannten Namen überraschen. Sie handeln als *Treuhänder* der übrigen Fürsten. Welche Sanktion steht aber hinter dieser Vorschrift Eikes? Was sollten die Fürsten tun, wenn eine solche Überraschung eintrat, wenn die Treubindung versagte? Gab es eine Instanz, an die sie sich hätten wenden können? Der Sachsenspiegel nennt uns keine, obwohl das vielleicht nicht undenkbar

---

543) Das zu *v. Schwerin* a. a. O. 393: „Bei diesem Sachverhalt aber ist eine Mehrzahl solcher namentlich Wählender völlig überflüssig. An sich genügte ein Einziger.“

544) Für bi namen = namentlich vgl. *Grimm*, Deutsches Wörterbuch, 7, 335; *Lexer*, Mittelhochdeutsches Wörterbuch 1, 178; 2, 31. Über namentliche Nennung in Urkunden vgl. *V. Ernst*, Entsteh. des nied. Adels 73.

545) Einem Zitat *Puntscharts* in *Ficker* Rfst. II, 1, 10 A. 15 entnehme ich die Glosse (per) Uota muotuuillon. *Steinmeyer-Sievers*, Die althochdeutschen Glossen 2, 27. Wollte man Mutwillen so prägnant durch Vota wiedergeben, so bekäme man den Satz, daß die Kurfürsten auch nicht nach ihren eigenen abweichenden Voten in der Wahl küren dürfen.

gewesen wäre. Der Schwabenspiegel, auf den hier ausnahmsweise vorverwiesen sei, kennt eine Berufung der andern Fürsten an den nächsten Reichstag, falls die Kurfürsten einen objektiv Ungeeigneten, einen Lahmen oder Aussätzigen, Gebannten oder Geächteten, Ketzer, Heiden oder Juden gekoren haben[546] — umso auffallender, als der Schwabenspiegel ja den Nicht-Kurfürsten überhaupt kein Wahlrecht mehr gibt, daß er ihnen dann als Rückstand ihres einstigen Wahlrechts ein Vetorecht beläßt! Der Sachsenspiegel kennt kein Veto der Reichsfürsten, wenn sie ihr Wahlrecht einmal ausgeübt haben, weder im Falle objektiver Ungeeignetheit noch bei nur subjektiver Abirrung der Kur von der Wahl. Auf legalem Wege können sie also ihre Gegenmeinung gar nicht zur Geltung bringen, höchstens durch eine Empörung oder richtiger durch Übung des *Widerstandsrechts*[547] gegen die Kurfürsten, und diese kann wieder nicht zum Ziele führen, da die Kurfürsten ja zur Kur unentbehrlich sind, die anderen Fürsten also gar keine Möglichkeit haben, dem von jenen Gekorenen einen mit dem gleichen Rechtstitel ausgestatteten Gegenkönig gegenüberzustellen! Es zeigt sich hier wieder der Wert unsrer früheren Unterscheidung zwischen Wille und Erklärung: Seitdem der Wahlwille als solcher der Öffentlichkeit gegenüber gar nicht mehr erklärt wurde, weil die Kur die Funktion der Erklärung übernommen hatte, kam er rechtlich nicht mehr in Betracht; wie bei jedem andern rechtsgeschäftlichen Handeln, ja wie überhaupt im Gebiete des älteren deutschen Rechts, so wurde auch hier die Willensseite von der Erklärungsseite vollständig überdeckt.

Man muß das alles erwägen, um einmal die Sätze Eikes in ihren praktischen Konsequenzen zu Ende zu denken. Man sieht dann erst, wie — unwirklich im Grunde sein Bild von der Königswahl ist. Er will offenbar nur den normalen Verlauf einer Musterwahl schildern, auf pathologische Fälle geht er gar nicht ein. Daß die Ersten an der Kur einmal uneinig sein könnten, kommt ihm nicht

---

546) SchwLdR. (Laßberg) 109, Gengler 101 § 3: Kiesent si in aber, die andern fürsten verwerfent in wol mit rechte an der stat, da danne der hof hin geboten wirt, ob man in diser dinge eines überkumet, als reht ist.

547) So sind wohl die Ausführungen von *Weizsäcker* ZG. 59, 398 zu verstehen.

in den Sinn; für ihn bilden sie noch eine fraglose Einheit. Andere, realistischer denkende Politiker rechneten damals noch ohne weiteres mit der Möglichkeit einer Doppelwahl, wie der Erzbischof Albrecht von Magdeburg, dessen aus der Urkunde von 1221[548], die dem Sachsenspiegel zeitlich fast genau entsprechen dürfte, zu erschließende Haltung ein grelles Streiflicht auf die Kluft zwischen Idee und Wirklichkeit wirft.

4. Aber bleiben wir noch einen Augenblick beim Vorstellungsbild des Sachsenspiegels! Wie mag er sich wohl die Wahl gedacht haben, die jener einmütigen Kur vorausging und ihren Inhalt bestimmte? Doch offenbar so, daß schon in ihr auf irgend einem Wege die volle Übereinstimmung erzielt wurde, so daß die Kurfürsten nur noch die Rolle der Wahlverkünder, des Wahlvorstands[549] zu spielen brauchten. Diesen Weg konnte aber nur die *Folgepflicht* zeigen, die Eike ja in andern Fällen für maßgebend erklärt; wiederholt[550] bekennt er sich zu dem „verdeckten" Mehrheitsprinzip, das bewirkt, daß in der Beratung die nach außen dann hervortretende Einmütigkeit erzielt werden muß. Denselben Grundsatz muß er bei der Wahl für anwendbar gehalten haben, und mit Recht, nur daß man nicht annehmen darf, die mechanisch errechenbare Zahlenmehrheit habe unter den Reichsfürsten wie in einer Bauerschaft den Ausschlag geben können. Sicher entschieden wirklich die bestehenden *Autoritätsverhältnisse*, wie es ja schon früher festgestellt wurde. Nicht auf die maior, sondern auf die competens pars[551] kam es an. Bei der Geistlichkeit ist das wohl ganz sicher; man denke nur an den Vorfall

---

548) S. oben A. 501. Es handelt sich wohl um eine Empfängerausfertigung, zumindest ist die Urkunde vom Empfänger inspiriert.

549) So *E. Mayer* ZG. 35, 528.

550) Vor allem II 55, III 21 § 1, LR 40 § 1. *Ruffini Avondo* a. a. O. 401 (oben A. 183.

551) Dieser Ausdruck stammt aus einer Urkunde Herzog Heinrichs v. Lothringen für den König von Frankreich von 1208, Const. II 618 = *Delisle*, Catalogue des actes de Philippe Auguste 513: Quod si nos coronati fuerimus in imperio Romano per illos qui hoc possunt facere vel *per partem competentem* illorum, nos erimus immunes de predicta pecunie summa. Das kann sich doch wohl nur auf die Wahl beziehen. Beachtlich der Ausdruck imperium Romanum für das Reich im engeren Sinne. Zur historischen Situation *Kienast*, Deutsche Fürsten im Dienste der Westmächte. I 180; Deutschland und Frankreich in der Kaiserzeit (1943) 164 f.

von 1208[552]. Die drei großen Erzbischöfe hätten sich auch von der gesamten übrigen Geistlichkeit nicht überstimmen lassen. Bei den Weltlichen mag die Autorität des Pfalzgrafen in ähnlicher Richtung gewirkt haben. Die schon mehrfach herangezogene brandenburgische Urkunde von 1221 kann hier vielleicht sogar einen Fingerzeig geben, der über die bloße Vermutung hinausführt. Der Erzbischof will zur Bemühung um die Gesamtbelehnung der jungen Markgrafen nur verpflichtet sein, wenn diese sich (durch ihren Landrechtsvormund) dem Kandidaten angeschlossen haben, den der Erzbischof vorschlägt[553]; andernfalls hält er sich für nicht gebunden. Er nimmt also ein *Recht auf Folge* für sich in Anspruch — aus welchem Titel, mit welcher Begründung und mit welchem Erfolge, das steht jetzt nicht zur Erörterung[554]; wesentlich ist nur, daß es unter den sechs Ersten Verhältnisse der Vor- und Nachordnung gegeben haben muß, aus denen eine Folgepflicht entspringen konnte. Daß Eike erst recht die sechs als Erste an der Kur Genannten als Gläubiger dieser Folgepflicht den übrigen Fürsten gegenüber auffaßte, wird man wohl annehmen können. So stehen seine „Kurfürsten", ganz germanisch gedacht, in der Rolle der taciteischen principes mit ihrer Vorberatung und ihrem Anspruch auf auctoritas.

Und damit kam er der Wirklichkeit wohl am nächsten. Ja vielleicht liegt hier der tiefste Untergrund seiner ganzen Lehre: er wollte für die *Gleichheit des Rechtes innerhalb des Reichsfürstenstands* eintreten. Er mochte das starke Übergewicht sehen, das die Geistlichen im Reichsfürstenstand den Weltlichen gegenüber hatten und das sich auch bei der Wahl auswirken mußte, wenn die Geistlichen als geschlossener Block auftraten. Daher setzte er wenigstens bei der Kur drei Weltliche unmittelbar hinter die drei Geistlichen; die zahlenmäßige Gleichheit entsprach seiner Grundanschauung vom Verhältnis der beiden Gewalten. Er mochte hoffen, daß der Vorzug im Verfahren auch einen Vorzug im mate-

---

552) S. oben Text bei A. 225.

553) S. oben A. 501: Si placuerit nobis, ut regem alium habeamus quam eum quem dominus archiepiscopus *proposuerit* consentire . . .

554) Eine ähnliche Auffassung findet sich schon bei *Ficker*, Kurfürstliche Willebriefe und Mitbesiegelungen, M. 3, 58.

riellen Recht, bei der Feststellung des Kandidaten, nach sich ziehen mußte; kein qualifiziertes Stimmrecht im modernen Sinne, aber erhöhte Autorität. Freilich brachte er damit erst recht seinen Grundsatz, das Wahlrecht *aller* Fürsten, in Gefahr; sein Versuch, dieses mit dem Erstkurrecht der sechs Fürsten, die er um der Gültigkeit der Wahl willen für unentbehrlich hielt, zu vereinigen, konnte schwerlich gelingen. Ihre Bindung an die Wahl aller Fürsten blieb eine bloße Sollvorschrift. So ist Eike wie ein Wanderer zwischen zwei Welten: Er sucht das Alte festzuhalten und doch birgt sein Werk schon die Keime des Neuen. Er wahrt noch das Wahlrecht aller Reichsfürsten, aber er entwertet es bereits durch die Kur. Denn wenn sie nur noch folgepflichtig waren — welches Interesse sollten sie an der Ausübung ihres Rechtes haben? Wäre es anders gewesen, sie hätten darum gekämpft und wir müßten die Spuren dieses Kampfes irgendwo entdecken können. Aber so schlief die Wahlbeteiligung der Reichsfürsten langsam ein; man brauchte ihnen ihr Recht kaum jemals formell abzuerkennen. Den Ausschlag gab, daß die ganze Thronerhebung immer mehr den Charakter des volkstümlichen Gemeinschaftsaktes verlor und die Teilnahme an der Wahl auch nicht mehr als Unterwerfung und Huldigung aufgefaßt wurde, an ihre Stelle vielmehr die reine Lehnshuldigung trat, die immer mehr zur bloßen Formalität erstarrte.

5. Hiermit könnten wir den Sachsenspiegel verlassen; denn die Erklärung der Umstände, die zur Auswahl gerade der sechs vom Sachsenspiegel Benannten geführt hat, fällt eigentlich nicht in den Rahmen unsrer Aufgabe. Nur ein paar kurze Bemerkungen dazu sind nicht zu umgehen. Von einer eingehenden Besprechung der zahlreichen Streitfragen sehe ich bewußt ab. Bekanntlich bestehen Meinungsverschiedenheiten immer noch darüber, ob Eike die sog. Erzämtertheorie erfunden oder übernommen hat, und ob sie dem geltenden Reichsrecht und der historischen Wirklichkeit entspricht[555]. Will man dazu Stellung nehmen, so

---

[555]) Als erste Übersicht immer noch brauchbar *A. Meister*, Deutsche Verfassungsgeschichte von den Anfängen bis ins 15. Jahrhundert (Grundriß der Geschichtswissenschaft II, 3) 150 ff.; dort auch die Literatur der Zeitfolge nach geordnet, aus der *M. Buchner*, Die Entstehung der Erzämter und ihre Beziehung zum Werden

wird man zunächst zu fragen haben: Was ist ein Erzamt, und wie konnten sich Erzämter aus den bei feierlichen Anlässen, namentlich bei der Königskrönung, geleisteten Ehrendiensten gewisser Reichsfürsten entwickeln? Die Antwort kann kaum zweifelhaft sein: Bei der überwiegenden Bedeutung des Lehnrechts für die Reichsverfassung seit dem 12. Jahrhundert doch nur so, *daß diese Ehrendienste sich in selbständige, vererbliche Lehnsobjekte verwandelten.* Daß etwas derartiges im Bereiche der Möglichkeiten lag, zeigt ein Blick auf England, wo die Umwandlung der Tafeldienste in erbliche Lehen in der neuesten Darstellung des Krönungsrechtes eindrucksvoll hervortritt[556]. Umgekehrt hat der König von Frankreich das Entstehen lehnbarer Hofämter zu verhindern gewußt[557]. In Deutschland läßt sich weder das eine noch das andere mit Sicherheit nachweisen. Es scheint, daß hier wieder einmal eine Zwischenstufe übersprungen wurde: In der älteren Zeit haben wir von Fall zu Fall vergebene Ehrendienste, später Erzämter, die aber schon mit bestimmten Territorien verbunden sind; die Stufe des selbständig lehnbaren Ehrenamtes ist ausgefallen. Oder wir haben zumindest nicht ein einziges Zeugnis für selbständige lehnsweise Vergabung. Nicht einmal das große Privileg für Böhmen von 1212[558] gedenkt des Erzschenkenamts, was als sehr auffällig bezeichnet werden muß. *Ficker*, dessen Kenntnis des Materials wohl immer noch unübertroffen ist, half sich damit, daß er für Böhmen die wiederholt bezeugte Ausübung des Schenkenamts entscheidend sein ließ[559]. Für die andern „Erzämter" tritt er gar keinen besonderen Beweis an, postuliert vielmehr ihre Existenz mit der Erwägung, daß der Hof des Königs in dieser Richtung kaum dürftiger ausgestattet gewesen sein könne als der anderer Fürsten.

Erst recht ist es noch nicht gelungen, einen schlüssigen quellen-

des Kurkollegs, 1911, hervorzuheben ist. Aus neuerer Zeit besonders *Kentenich*, Kurfürstliche Anfänge am Rhein, 1930, und *Buchner* HJB. 55, 1935.

556) *Schramm*, Engl. Königtum 67 ff. Dazu etwa noch *Le Foyer*, L'office héréditaire du Focarius Regis Angliae et l'histoire de ses titulaires normands de l'an 1066 à l'an 1327 (Bibliothèque d'histoire du droit normand IV, 1931).

557) *Holtzmann*, Französische Verfassungsgeschichte (1910) 134 f. *Schramm* a. a. O. 71.

558) *Zeumer*, Quellensammlung² 35.

559) *Ficker* Rfst. II, 1, 264 ff.

mäßigen Beweis für den Zusammenhang von Erzamt und Kurrecht zu finden. Denn selbst wenn das Vorhandensein von lehnbaren Ehrendiensten schon um etwa 1200 angenommen werden könnte, so wäre immer noch fraglich, ob daraus eine Vorzugsstellung bei der Wahl abzuleiten ist oder ob wenigstens die regelmäßige Teilnahme an der Wahl und Krönung die gemeinsame Wurzel für beides gebildet haben könnte. Nun ist es wohl sicher, daß bezüglich der drei Erzbischöfe[560] und des Rheinpfalzgrafen ein solcher Zusammenhang *nicht* bestanden hat. Ihre gehobene Stellung bei der Thronerhebung wurde schon früher besprochen und mit ganz anderen Erwägungen begründet[561]. Das scheint sich sogar aus Eikes Text zu ergeben; denn bei den Erzbischöfen fehlt jede Bezugnahme auf das Erzamt, beim Pfalzgrafen wird es beiläufig erwähnt, und zwar dem Namen nachgestellt, als ob es dem Verfasser so nebenbei eingefallen wäre, während es sonst voransteht[562]. Aber auch bei den drei anderen weltlichen Fürsten vermeidet es Eike, ihr Erstkurrecht aus dem Erzamt zu *begründen*; erst der Nachschreiber, Albert v. Stade, hat die feine Zurückhaltung seines Vorbildes fallen lassen[563]. Dem König von Böhmen aber, ausgerechnet dem Einzigen, wo wir wenigstens einen kleinen Anhalt für die Parallelentwicklung von Kur und Erzamt haben, spricht Eike gar die Kur ab — ein deutlicher Beweis, daß die „Erzämtertheorie“ nicht von ihm herrührt, sondern ihm von andrer Seite zugebracht wurde und von ihm nicht etwa voll übernommen, sondern mit Kritik betrachtet wird. Man wird also stets nur sagen können: *Für Eike gab das Erzamt keinesfalls den Rechtsgrund für das Erstkurrecht ab.* Höchstens betrachtete er die Fürsten,

---

560) *M. Krammer*, Kurrecht und Erzkanzleramt in Historische Aufsätze für Zeumer, 1910, 349 ff.

561) Vgl. oben bei A. 225 f.

562) Der Sachverhalt konnte auch erst nach dem Drucke der Quedlinburger Handschrift durch *Zeumer* klargestellt werden; die späteren Handschriften (vgl. die Ausgabe von *Homeyer*) haben den feinen Unterschied verwischt.

563) Annales Stadenses ad a. 1240, MG. SS. 16, 367 (Kr. I 70): Palatinus eligit, *quia* dapifer est, dux Saxoniae *quia* marscalcus, et margravius de Brandenburg, *quia* camerarius. Rex Boemiae, qui pincerna est, non eligit, quia Teutonicus non est. Daß qui und quia leicht ineinander übergehen können, bemerkt schon *Höhlbaum*, Der Kurverein von Rense, Göttinger Abh. 7, 3, 34 N. 1.

die er auf Grund der bei seinen Gewährsmännern herrschenden Anschauungen für die Träger der ständigen Ehrenämter hielt, als *legitimiert zur Erstkur*; für sie sprach eine *Vermutung*. Diese konnte aber durch stärkere Gründe widerlegt werden — so beim Böhmenkönig durch den Mangel des höheren Erfordernisses der deutschen Nationalität[564].

Es bleiben also noch die beiden Fälle Sachsen und Brandenburg übrig. Hier ist man vollends auf Mutmaßungen angewiesen, deren

---

[564]) Die Gründe seines Ausschlusses erörtert eingehend *Hugelmann*, Die deutsche Nation und der deutsche Nationalstaat im Mittelalter, HJb. 51, 1931, 466 ff., dazu noch *Hoyer*, Das Sprachenrecht des Sachsenspiegels, Sonderdruck aus dem Jahrbuch des Vereins für Geschichte der Deutschen in Böhmen, 2. Jahrg., 1929 (ein auf dem 1. Deutschen Rechtshistorikertag am 7. Juni 1927 zu Heidelberg gehaltener Vortrag); *Clara Redlich*, Nationale Frage und Ostkolonisation im Mittelalter, Berlin 1934, 17 ff., *Heinz Zatschek*, Volksbewußtsein, sein Werden im Spiegel der Geschichtsschreibung, Brünn-Wien-Leipzig 1936, 120 (Eikes „Grenzlanddeutschtum"); *W. Weizsäcker*, Der Böhme als Obermann bei der deutschen Königswahl, Festschrift f. *E. Heymann* I, 1940, 194, wo auch die weitere Geschichte der böhmischen Kur behandelt wird. Als feststehend wird man annehmen können, 1. daß die Ausschließung sich nicht nur auf die Kur, sondern auch auf die Wahl beziehen sollte („Kore" im Sinne von kiesen in III 52 § 1); 2. daß sie nicht einem bestimmten, sondern jedem böhmischen Könige galt (mit der Möglichkeit, daß Böhmen einmal, als erledigtes Lehen eingezogen, an eine deutsche Dynastie gelangen könnte, scheint Eike im Gegensatz zum Schwabenspiegel nicht gerechnet zu haben!), daß also auch nicht ein bestimmtes historisches Ereignis, etwa die Absetzung Ottokars I. durch das Hofgericht Ottos IV. 1212, verantwortlich zu machen ist; 3. daß der Satz aber niemals dem Reichsstaatsrecht entsprach; keinesfalls wurde Wenzel 1237 „zugelassen", weil er persönlich sich zum deutschen Kulturkreis bekannt hatte (so *Hugelmann* a. a. O. 471), sondern weil er Reichsfürst war und die Anerkennung seines Rechtes schon im Privileg von 1212 (Const. II 54) lag. Eike hielt eben an der alten, auf den Stämmen beruhenden Struktur des Reiches auch in diesem Punkte fest; in der Tat sind solche Erscheinungen wie das Wahlrecht des Königs von Böhmen erst nach der Bildung des Reichsfürstenstandes auf lehnrechtlicher Grundlage möglich geworden. Davon profitierten ja auch noch andre Ausländer, so schon 1198 der König von England. Vielleicht ahnte Eike überhaupt etwas von dem späteren Einfluß von Ausländern auf die Königswahl und wollte wenigstens in dem einen Falle einen Riegel vorschieben. Auch hier war nicht Unkenntnis des geltenden Rechts sein Beweggrund, sondern sein Rechtsgefühl; aus ihm heraus hat er das Sollen über das Sein gesetzt. — Wie stark man schon 1208 mit der Möglichkeit französischen Einflusses rechnete, zeigt die oben A. 531 erwähnte Urkunde Heinrichs v. Brabant, dazu *Kienast* a. a. O., der aber zu weitgehend von einem „in alter Form eingeräumten" Einfluß spricht.

Würdigung kaum mehr Sache des Rechtshistorikers ist[565]. Natürlich kann man auf die starke Stellung verweisen, die der Herzog von Sachsen bei den Wahlen auf sächsischem Boden 1198 und 1208 und bei den Hoftagen Ottos IV. und Philipps in Sachsen eingenommen hatte; begreiflicherweise mußte er in der Auffassung des Volkes und niederen Adels eine führende Rolle spielen. Dann käme hier wirklich Eikes sächsisches Stammesgefühl zum Durchbruch; wie nahe ihm die sächsische Herzogsfamilie stand, zeigt ja die Weltchronik auf Schritt und Tritt[566], und daß er ein Gegengewicht gegen die Rheinländer schaffen wollte, wäre auch durchaus zu begreifen. Bei Brandenburg[567] versagen auch diese dürftigen Anhaltspunkte; seine Wahlbeteiligung war gering, von Ehrendiensten wissen wir fast nichts. Hier bleibt nichts andres übrig, als aus ganz allgemeinen Erwägungen zu folgern, daß die Auffassung in den für Eike maßgebenden Kreisen den Markgrafen von Brandenburg eben doch als unentbehrlich für eine Königswahl ansah und dies mit der Rückerinnerung an früher einmal, zur Zeit Albrechts des Bären, bekleidete Ehrenämter begründete; dann hätten wir also seine Einfügung in die Kurfürstenliste einem archaisierenden Zug zuzuschreiben. Aber wenn gar keine politische Realität dahinter gestanden hätte, wäre sie vielleicht doch unterblieben. Aber diese war gegeben: Sachsen und Brandenburg bildeten für den Norden des Reiches eine Einheit, einen festen Block, vor allem gegen Dänemark; und die beiden Albrechte, Herzog und Markgraf, hatten am längsten am welfischen Königtum Ottos festgehalten[568]. Erst ihr Übertritt nach Ottos Tode machte Friedrich zum „koning ane werren"[569].

---

[565]) Aus der Lit.: *Waitz*, Forsch. z. dtsch. Gesch. XIII 199 ff. (gegen *Haedicke*). *Lindner*, Königswahlen 205. *Krammer*, Wahl und Einsetzung 97 f. Kurfürstenkolleg 68 f. *Buchner*, Erzämter 98 ff. (gegen ihn aber mit guten Gründen vor allem *Riedner*, HJb. 33, 1913, 843 f.). *Frensdorff*, Rechtsbücherstudien V 197 f. *Kentenich*, Kurfürstliche Anfänge am Rhein 93 f.

[566]) *Eckhardt*, Rechtsbücherstudien II 9 f. *Voltelini*, Forschungen III 75.

[567]) Darüber insbes. *M. Krammer*, Der Ursprung der brandenburgischen Kur. Forschungen zur brandenburgischen Geschichte, Forschungen zur brandenburgischen und preußischen Geschichte 26, 1913.

[568]) So insbes. *Kentenich* a. a. O. 97.

[569]) Sächs. Weltchr. c. 359. Über werra = discordia vgl. *Roethe*, Zsch. f. dtsch. Altertum 57, 1920, 121.

Vielleicht war es doch dieses eindrucksvolle Ereignis, das jene Volksmeinung entstehen ließ. Aber wie man es auch wendet – immer wird man darauf geführt, daß Eike in dieser hochbedeutsamen Reichsangelegenheit eine lokal und zeitlich bedingte, ja eigentlich schon unzeitgemäß gewordene Konstellation abspiegelte. Die Ausschaltung Österreichs z. B. läßt sich sachlich nicht begründen[570]. Welche Folgen dies alles für die ganze deutsche Geschichte hatte, bedarf keiner Ausführung. Für den Rechtshistoriker ist es wichtiger festzustellen, daß der Sachsenspiegel einen erheblichen Schritt auf dem Wege zur *Anerkennung subjektiver Wahlrechte* bedeutet. Er verknüpft die vorläufige Berechtigung zur Kur mit der Ausübung eines Erzamts, also eines subjektiven Rechtes, das wiederum nicht einer Person, sondern sehr bald einem Territorium zugeschrieben werden wird. Durch die Teilungen der Länder, die damit bedingte Stimmzersplitterung und Unsicherheit aber sind in der Zeit bis zur G. B. große Schwierigkeiten entstanden.

III. Die erste Wahl, die unbestritten nach der Abfassung des Sachsenspiegels liegt, ist die Konrads IV., zu Wien 1237. Sie ist in der Literatur ausgiebig behandelt worden[571] wegen der zahlreichen Besonderheiten, die ihr anhaften, zu denen die ungewöhnliche Lage des Wahlortes, aber auch das fast vollständige Schweigen der lokalen österreichischen Geschichtsschreibung[572] gehört. Mit der Wahl von 1220 teilt sie das Schicksal, des Wahlcharakters entkleidet und für eine bloße Nomination gehalten zu werden[573], wobei wieder offen bleibt, welcher Sachverhalt unter diesem Begriff eigentlich vorgestellt werden soll.

1. Dazu liegt aber auch sachlich gar kein Anlaß vor. Vielmehr fand zu Wien einwandfrei eine Königswahl statt, und zwar, wie

---

[570]) Schon *Lindner* M. 17, 581 versuchte es durch Berufung auf die Erleichterungen der Hoffahrtspflicht im Privilegium minus; aber gerade dieser Passus ist dringend interpolationsverdächtig, vgl. *Erben*, Das Priv. minus 1902, und *Steinacker* M. Erg. 11, 217 ff. *A. M. Güterbock* HZ. 147, 507 ff.

[571]) Zusammenfassend von *Hugelmann*, Die Wahl Konrads IV. zu Wien im Jahre 1237, 1914, dazu die ausführliche Besprechung *v. Wretschkos* ZG. 36, 550 ff.

[572]) *Hugelmann* a. a. O. 26 führt dies auf den politischen Gegensatz der babenbergischen Klöster gegen den König zurück.

[573]) Vor allem von *Krammer*, Kurfürstenkolleg 83 f.

1220, *die Wahl eines Sohnes, aber keine Sohneswahl;* vorgenommen auf Wunsch des Vaters, aber nicht in den eigentümlichen Formen der Designation, denn es fehlt der dafür typische bindende Wahlvorschlag des Vaters. Sachlich ist aber eine designatio de futuro gegeben[574]. Es war eine Wahl mit aufschiebend bedingter Wirkung, die nur eine Anwartschaft begründen sollte; erst nach dem Tode des Vaters sollte das Königtum Konrads in Kraft treten[575], dann aber mit automatischer Wirkung, ohne nochmalige Wahl. Daß in der Zwischenzeit schon eine rechtlich geschützte Position bestand, ist sicher anzunehmen; niemals hätte sich Konrad die Unterordnung unter einen andern Stellvertreter des Vaters in der Regierung gefallen lassen müssen[576], er hatte auch schon so viel eigenes Recht, daß er die ihm fallweise überlassenen Regierungsgeschäfte im eignen Namen vollziehen konnte; er war allgemein ermächtigt, das ihm jeweils Aufgetragene auszuführen; andrerseits mußte er sich väterliche Eingriffe in seinen Herrschaftsbereich jederzeit gefallen lassen. Volles königliches Recht hatte er noch nicht[577]; es war also nur folgerichtig, daß ihm nicht die Königskrönung zu Aachen zuteil ward; diese hätte ihm ja, wie der Sachsenspiegel sagt, des Reiches Gewalt und königlichen Namen, also auch die „imperatura", gegeben. Gerade aus dieser Vorenthaltung sehen wir, wie richtig Eike in diesem Punkte das Reichsrecht dargestellt hatte. Ferner führt Konrad folgerichtig auch nur den Titel eines rex electus. Damit ist es aber durchaus verträglich, daß er zugleich doch zum imperator futurus gewählt wird; das Wort „futurus" hat hier sogar einen besonders prägnanten Sinn; ich möchte annehmen, daß dies geschah, um die Fürsten jetzt

---

574) S. oben Kap. I IV und zum Folgenden insbes. *Becker*, Königtum der Thronfolger 99 ff. Die Fürsten wählen ad voluntatem et preces des Kaisers Konrad in Romanorum regem et in futurum imperatorem nostrum post obitum patris habendum.

575) Friedrich II. hat also gerade umgekehrt wie Otto I. bei der ersten Sohneswahl die Form der Erhebung zum Mitkönig, bei der zweiten die der Erhebung zum regem post se gewählt. Daß sich die Worte „post obitum patris habendum" auch auf das Königtum beziehen, hat *Bloch*, Kaiserwahlen 282 gegen *Krammer* erwiesen.

576) So richtig *Hugelmann* 51.

577) Die Stellen, in denen dies zum Ausdruck kommt, bei *Becker* a. a. O. 110 f. Dazu *Bloch*, Kaiserwahlen 137.

schon auf das Versprechen der Romfahrt festzulegen. Konrads effektiver Wirkungskreis war im übrigen sehr beschränkt, die Landeshoheit hatte sich in der Zeit seit 1220 so ausgebreitet, daß er nicht mehr wie Heinrich VII. ganz Deutschland für sich in Anspruch nehmen konnte, sondern vorwiegend im südwestdeutschen Eigenhoheitsgebiet der Staufer das Feld seiner Wirksamkeit suchen mußte[578]. Er kann also kaum mehr ein deutscher König im vollen Sinne des Wortes genannt werden.

2. Für uns handelt es sich vor allem um den Verlauf der Wahl. Über ihn besitzen wir zwei einander scheinbar in wesentlichen Punkten widersprechende Zeugnisse: Das sog. „Wahldekret“ oder besser Wahlprotokoll der Fürsten[579] und eine kurze Nachricht aus den fortgesetzten Marbacher Annalen[580]. Die Hauptschwierigkeit liegt in folgendem: Im Wahldekret erscheinen elf Fürsten ohne jeden Unterschied als Wählende; unter ihnen befinden sich drei von den vom Sachsenspiegel als Erstkieser Bezeichneten: Der Mainzer, der Trierer – Köln war unbesetzt –, der Pfälzer, der zugleich als Herzog von Bayern aufgeführt wird, endlich in der Reihenfolge nach diesem der König von Böhmen, den das Rechtsbuch gerade ausgeschlossen hatte. Die Annalen nennen dieselben vier Namen, stellen dabei den Böhmen vor den Pfalzbayern, bezeichnen aber diese vier als Wähler, die übrigen, „aber wenigen“ Fürsten als Zustimmende[581].

Beide Texte lassen sich sehr wohl vereinigen. Juristisch-staatsrechtlich ist das Wahlprotokoll unanfechtbar. Es ist genau nach den gleichen Grundsätzen aufgebaut wie der Kanzlerbrief über die Wahl von 1220[582]. Daß damals die vier Teilnehmer, die schon seit 1198 als unentbehrlich galten, mit dem Stichwort electores eingeführt worden waren, hatte sich aus dem besonderen Zwecke des Schreibens, die Wahl gegenüber der Kurie als unanfechtbar hinzustellen, erklären lassen; dieser besondere Zweck fällt in un-

578) Das betont vor allem *Ficker-Puntschart*, Reichsfürstenstand II, 2, 188.

579) M. G. Const. II 439, Kr. I 67.

580) *Ed. Bloch* 99, Kr. I 70.

581) A. a. O.: (Chunradum) elegerunt archiepiscopi Moguntinus et Treverensis et rex Boemie et dux Bawarie, qui et comes palatinus Rheni, consentientibus ceteris principibus, qui aderant, tamen paucis.

582) S. oben A. 479.

serem Falle weg, das Protokoll richtet sich überhaupt an keine bestimmte Adresse[583]. Aber schon 1220 hatte die Benennung als electores kein irgendwie geartetes Sonderrecht erschließen lassen; die Unentbehrlichen und die übrigen Wahlfürsten — zu denen ja damals noch nichtfürstliche Magnaten gehörten — standen zu völlig gleichem Recht. Darin hat sich bis 1237 nichts geändert; das gleiche Wahlrecht aller Reichsfürsten wird vollkommen anerkannt und es mochte im besonderen politischen Interesse Friedrichs liegen, dies in so weithin sichtbarer Weise hervorzuheben[584]. Nur in dem *einen* Punkte ist eine längst angebahnte Entwicklung jetzt endlich zum Abschluß gelangt, daß nämlich *die Nicht-Reichsfürsten definitiv ausgeschlossen* sind[585]. Aber dafür, daß die Reichsfürsten in kurzer Zeit dieses Schicksal mit ihnen teilen würden, findet sich noch nicht das leiseste Anzeichen in dem amtlichen Schriftstück. Wohl aber in der Annalenstelle. An sich sagt sie genau das gleiche wie der Kanzlerbrief von 1220, wenn sie vier unentbehrliche Wahlteilnehmer und notwendige Einzelkieser electores nennt. Damit allein entrechtet sie die übrigen noch nicht; auch nicht mit der Bezeichnung als consentientes, wenn man nur dieses Wort nicht im modern-juristischen Sinne als „Zustimmung“ zu einer vorhergehenden konstitutiven Erklärung faßt, sondern als das während der ganzen Handlung bestehende Einverständnis[586], das sich zunächst als Einwilligung zur Kur, als das gemeinsame, vom gleichen Recht getragene „Erwählen“ des Sachsenspiegels, dann aber auch im anschließenden Kiesen der übrigen Fürsten nach außen hin geltend macht[587].

[583]) Daher ist die übliche Bezeichnung als Wahldekret ungenau; vgl. *v. Wretschko* a. a. O. 533.

[584]) *Hugelmann* 45; ebenda 37 ff. über den sonstigen staatsrechtlichen Gehalt des Wahlprotokolls (Betonung der Erblichkeit des Imperiums usw.) *Kantorowicz*, Friedrich II. (1927) 397. *Ficker-Puntschart*, Reichsfürstenstand II, 1 19. *Bloch* 136 (mit Übertreibungen).

[585]) *Ficker-Puntschart* a. a. O. 22 mit Angaben über die in Wien anwesenden, aber nicht mehr wahlberechtigten Magnaten.

[586]) S. oben A. 125.

[587]) Vgl. auch das Schreiben Alexanders IV. an den Erzbischof v. Mainz 1256 (Kr. I 77) mit dem Verbot der Wahl Konradins: den „coelectores“ wird verboten zu nominare (irwelen), eligere (allererst kiesen) und consentire (kiesen); daß dieses Ver-

Diese sind also noch voll an der Wahl beteiligt – nur ist ihre Wahlteilnahme ebenso wie ihre Kur, mag sie einzeln oder zur gesamten Hand vollzogen worden sein, *nicht mehr rechtserheblich*. Sie könnte ebensogut wegbleiben. Die Wahl war im Grunde entschieden und damit vollzogen, wenn die vier für unentbehrlich Erachteten gekoren hatten, was hier unter dem Einfluß des Kaisers nicht anders als im Einverständnis mit den übrigen geschehen konnte. Daß die Speyerer Nachwahl[588] demnach erst recht belanglos war, bedarf keiner weiteren Begründung. – Die Marbacher Annalen drücken sich somit juristisch nicht ganz genau aus, treffen aber vom praktisch-politischen Standpunkt aus ganz das Richtige, wenn sie die vier namentlich genannten Fürsten als die Wähler bezeichnen[589]. Auf sie kam es an, sie mußten einzeln den Kurspruch abgeben.

3 Von hier aus fällt Licht auf zwei andere, vielbesprochene Stellen:

a) auf den bekannten, dem Sachsenspiegel nachgeschriebenen Satz in der sog. Chronik des Abts Albert von Stade[590]. Er gibt keine Rätsel mehr auf, sobald man nur consensus im vorgeschlagenen Sinne auflöst. Es bedeutet dann nichts andres als das Einvernehmen, in dem der ganze Wahlakt vor sich gehen soll und das zunächst in der praetaxatio, im „Erwählen" zur Geltung kommt. Möglicherweise ist auch gemeint, daß dieses Einvernehmen sich über die notwendig einzeln abzugebende Kur der sechs Genannten hinüber bis in die Anschlußkur der restlichen Fürsten erstreckt. Dann hätten wir genau das gleiche Bild wie bei der Wahl von 1237.

b) auf die Äußerung des Herzogs Otto v. Bayern-Pfalz gegenüber dem Archidiakon Albert (Beham) von Passau[591], dem er gesagt

---

bot aber an *alle* Wahlfürsten, auch die anerkannten Erstkürer, geht, zeigt, daß das consentire als dem eligere gleichwertig angesehen wird.

[588]) Berichtet in der Fortsetzung der Kölner Königschronik ed. *Waitz* 270, Kr. I 70.

[589]) Verschiedene Ansichten über ihre Wertung bei *Ficker-Puntschart* 21[13].

[590]) Ann. Stadenses ad 1240 (Kr. I 70): ex praetaxione principum et consensu eligunt imperatorem . . . folgen die sechs Namen des Sachsenspiegels, wobei den Weltlichen das Erzamt mit quia angeschlossen wird. Über die Schwierigkeiten der Stelle vgl. besonders *v. Schwerin* ZG. 52, 392.

[591]) *Huillard-Breholles*, Historia diplomatica Friderici II., 5, 1026, Kr. I 70.

haben soll, wenn der Papst eine Besetzung (provisio) des deutschen Königsthrones vornehmen wolle — womit Albert gedroht hatte[592] — so werde er auf beide Stimmen, die des Herzogtums und der Pfalz, verzichten[593]. Diese Worte sind bezeichnend dafür, in welchem Maße jetzt schon das territoriale Denken eingedrungen ist, offenbar beschleunigt durch das Gesetz von 1231/2; jetzt werden die Kurstimmen schon länderweise berechnet. Denn um Kurstimmen (voces, nicht vota) handelt es sich. Es ist also anzunehmen, daß Otto sich bei der Kur von 1237 mit seinen beiden Titeln genannt hatte; dann hatte er eine unentbehrliche und eine entbehrliche Stimme abgegeben, aber für beide das gleiche subjektive Recht geübt. Besonders klar wird das, wenn man annimmt, er habe als letzter unter den Vieren gestimmt, und so den Übergang zur zweiten Gruppe vermittelt; das dürfte auch historisch richtig sein, denn so melden es die Annalen; dem Wahldekret kam es auf juristische, nicht auf historische Richtigkeit an, deshalb nennt es den der staatsrechtlichen Funktion nach vor dem ranghöheren Böhmen stehenden Pfälzer zuerst, ohne Rücksicht darauf, ob jener bei der Stimmabgabe secundum ordinem vielleicht den Vortritt hatte. Sicher ist aber richtig, daß in dieser Führung der beiden Stimmen ohne nach außen hervortretenden Unterschied der Keim späterer Ansprüche auf eine Kur auch nach Abschluß des Kurkollegs liegen mußte[594].

Das Ergebnis ist also: Die vier an der Wahl von 1237 beteiligten Reichsfürsten, deren Namen mit der Liste des Sachsenspiegels übereinstimmen, *haben die Rolle gespielt, die dieser den Ersten an der Kur zuweist.* Ihre Teilnahme war *unentbehrlich* und bedeutete den *Vollzug der Wahl*; die Übrigen haben in Ausübung ihres

---

[592]) Für den Fall, daß die Fürsten infra tempus legitimum (wohl Jahr und Tag seit der für 1239 anzunehmenden Absetzung Friedrichs, vgl. *Domeier*, Die Päpste als Richter über die deutschen Könige, Gierkes U. 53, 67, *Bloch*, Kaiserwahlen 151) ihr Wahlrecht nicht ausübten; die „provisio" könne auch auf einen Franzosen oder Italiener fallen!

[593]) Propter hoc vellem utrique voci renuntiare, videlicet Palatii et ducatus .. Zur Erläuterung vgl. bes. *Buchner*, Die deutschen Königswahlen und das Herzogtum Bayern 63 f.

[594]) So schon *Ficker*, Entstehungszeit des Sachsenspiegels (1859) 116.

noch bestehenden Wahlrechts „gewählt" und wahrscheinlich auch nachträglich gekürt; aber ihre Teilnahme war belanglos[595], ihr Recht ausgehöhlt und nur noch dazu bestimmt, gänzlich in Wegfall zu kommen.

---

[595]) Es ist also streng zu scheiden zwischen dem subjektiven Recht als solchem und seiner Ausübung, die objektiv belanglos sein kann. Ein ähnliches Problem findet sich bei der modernen Aktiengesellschaft. Hier ist den von der Abstimmung zu Unrecht ausgeschlossenen Aktionären das Anfechtungsrecht zu geben, selbst wenn ihre Stimmen für die Entscheidung belanglos gewesen wären, vgl. die Kommentare zu § 197 Akt. Ges. Das bedeutet, daß ihnen ein subjektives Mitgliedschaftsrecht (Organschafts- oder „unechtes" Sonderrecht im Sinne von B. G. B. § 35) auch bei objektiver Belanglosigkeit der Ausübung im Einzelfalle nicht entzogen werden darf. Es steht ihnen aber frei, auf die Ausübung zu verzichten.

Sechstes Kapitel

DIE WAHLEN IN DER ZEIT DES INTERREGNUMS

I. Noch zu Lebzeiten Friedrichs II. kam es zu zwei weiteren Wahlen, der *Heinrich Raspes*, des Landgrafen von Thüringen, und Wilhelms von Holland. Beide standen stark unter päpstlichem Einfluß; aber es ist nicht angezeigt, ihre volle Unterstellung unter das kanonische Recht anzunehmen; Worte wie electio canonica, provisio imperii usw. dürfen nicht immer im strikten Wortsinne der kanonistischen Doktrin ausgelegt werden[596]. Dem Papst kam es vor allem auf unanfechtbare, auch nach Reichsrecht gültige Wahlen an; bei ihrer Prüfung ging er allerdings von den strengen Grundsätzen der kirchlichen Rechtswissenschaft aus. Daß man an der reichsrechtlichen Gültigkeit zweifeln konnte, liegt an mangelhafter Beachtung der Geschichtsquellen. Heinrich Raspe wurde am 22. Mai 1246 zu Hochheim bei Würzburg gewählt; die Wahl erfolgte in üblicher Weise zum rex Romanorum in imperatorem promovendum[597]. Aber keinesfalls war es eine reine „Pfaffenwahl" nur durch die drei rheinischen Erzbischöfe. Die Fortsetzung der sächsischen Weltchronik[598] sagt klar und deutlich vom Gewählten: *da ne was nen leien vorste wan he alene*, und daß Heinrich selbst zugegen war, ergibt sich schon aus seiner sofortigen, gleich noch zu erwähnenden Annahme. Nichts steht der Behauptung im Wege, daß er auch einen Kurspruch für sich selber abgegeben hat; *es liegt also ein bisher übersehener*[599] *Fall der*

[596]) Das vor allem gegen *Bloch*, Kaiserwahlen 176 ff. und den ganz von ihm abhängigen *W. Neumann*, Die deutschen Königswahlen und der päpstliche Machtanspruch während des Interregnums, Eberings Hist. Studien 144, 1921.

[597]) So das päpstliche Schreiben an die deutschen Fürsten, Const. II 454, Kr. I 71. Daß Heinrich selbst (Const. II 456) nach Mailand schreibt, er sei in *regem Almanie* et Romanorum principem erwählt worden, wird von *Bloch* 189 viel zu stark betont („Worte, die noch niemals vorher bei einer Kur erklungen waren"). Schon *Wilhelm* M. Erg. 7, 4, hat festgestellt, daß rex Alamanniae = Romanorum ist. Vgl. auch *Krammer*, Kurfürstenkolleg 97.

[598]) c. 392, M. G. Deutsche Chroniken II 256.

[599]) Auch bei *Hoyer*, Die Selbstwahl vor, in und nach der Goldenen Bulle, ZK. 42, 1 ff.

Selbstwahl vor, und die im Reichsrecht geforderte Zahl von vier Einzelkiesern war erreicht. Man wird sich daran erinnern müssen, daß der sog. Abschluß des Kurkollegs, der darin bestand, daß die Namensliste des Sachsenspiegels für verbindlich angesehen wurde, noch nicht erreicht war; immer noch konnte ein anderer als die dort Angeführten zur Ergänzung der nötigen Vierzahl herangezogen werden. Warum nicht der zu Wählende selbst? Auch als 1256 die rheinischen Städte den Brandenburger als Kandidaten aufstellten, wäre es beinahe zu einer Selbstwahl gekommen[600]. Daß Heinrich Raspe kein unbedeutender Fürst war, sieht man — abgesehen von seiner Erhebung — auch daran, daß Friedrich selbst ihn schon einmal zum Reichsverweser bestellt hatte[601]. Ähnlich liegt es bei Wilhelms Wahl zu Worringen 1247: Zwar war sie keine Selbstwahl, aber auch bei ihr wirkt ein vom Sachsenspiegel nicht genannter Laienfürst mit, der Herzog von Brabant[602]. Aus welchen Umständen sich seine Zuziehung ergab, kann nicht weiter erörtert werden; ein Hauptgrund war jedenfalls, daß der gegebene weltliche Kurgenosse der drei Erzbischöfe, der Pfalzgraf bei Rhein, als Anhänger der Staufer gebannt war[603]. Die übrigen teilnehmenden Reichsfürsten, wohl meist Bischöfe, werden vom Papst als applaudentes bezeichnet[604], was wohl wie schon 1237 so aufzufassen ist, daß ihnen zwar das Wahlrecht nicht abgesprochen, ihre Mitwirkung aber als nicht unbedingt notwendig hingestellt werden sollte.

Bis hierher haben wir uns auf dem Boden des Reichsrechts bewegt; nun müssen aber noch unzweifelhafte kanonistische Einflüsse kurz erwähnt werden. Solche sind:

1. die Behauptung des Rechtes zur *Approbation* durch den Papst, die bei beiden Wahlen in Verfolg der 1202 begonnenen Linie zu

---

600) Const. II 587 N. *Zeumer*, Quellens.² 93. *Gierke*, Deutsches Genossenschaftsrecht I 478 f.

601) Über ihn *Malsch*, Heinrich Raspe, Halle 1911.

602) Sächs. Weltchr. 257 c. 397: das ne was nen leien vorste wane de hertoge van Brabant ...

603) *Bloch* a. a. O. 363³.

604) In seinem Schreiben an den Rektor von S. Maria in Cosmedin, Const. II 459, Kr. I 73.

erschließen ist[605]. Diese Behauptung ist die logische Folge davon, daß aus der deutschen Thronerhebung ein *Anspruch* auf die Krönung in Rom abgeleitet worden war. Dies bedeutete nach kirchlicher Auffassung die Entstehung eines jus ad rem[606], das unter die Bedingung der Approbation gestellt werden konnte; nur bei ihrem Vorliegen war das Imperium dem rex Romanorum „verfangen"[607], ihr Versagen konnte dazu führen, daß es von seinen staatsrechtlichen Grundlagen im deutschen Königtum gelöst und auf eine andere Nation hätte übertragen werden können[608]. Dies alles ist allerdings erst später, im 14. Jahrhundert, zum Kardinalpunkt des Streites geworden. Zunächst bewendete es bei der Anerkennung eines vorläufigen Rechtes zur Ausübung imperialer Funktionen, vor allem im weltlich-zeitlichen Sinne, zur Wahrnehmung der Reichsrechte, aber immer vorbehaltlich der Reprobation, die jenes vorläufige Recht wieder mit rückwirkender Kraft entziehen konnte.

2. Die Annahme der Wahl durch den Gewählten, die, entsprechend den Erfordernissen der kanonischen Wahlen, zum ersten Male bei der deutschen Königswahl deutlich hervortritt, um dann nicht wieder aus ihr zu verschwinden[609].

II. Da die Wahl Heinrich Raspes von keiner Seite angefochten wurde, wissen wir nicht, in welchem Maße noch weitere kanonistische Prinzipien, etwa das der unitas actus[610], bei ihr als wirksam angesehen wurden. Das steht erst bei *Wilhelm von Holland*

---

605) *Bloch* a. a. O. 192, der indessen die praktische Geltung des Approbationsanspruchs überschätzt. Eine formelle Bestätigung Heinrich Raspes ist nie erfolgt, *Hauck*, Kirchengeschichte Deutschlands V (1920) 28.

606) Jetzt ist der Ausdruck am Platze (vgl. dagegen oben A. 32), zumal wenn man mit *Heymann*, Zur Geschichte des Jus ad rem, Festschr. f. Gierke, 1168 ff. annimmt, daß es nicht kanonistischen, sondern germanistischen Ursprungs ist, ein Widerspiel der ideellen Gewere, ebenda 1182, ein werdendes Sachenrecht, *Gierke*, Deutsches Privatrecht II § 140 S. 610. (*K. v. Amira*, Nordgerm. Obl. R. I 554 ff. behandelt nur bewegliche Sachen.) Bei den Kanonisten findet sich Genaueres erst bei Durandus (nach 1274). Sinibaldus Fliscus hat erst Ansätze (grundsätzlich persönliche Klage, actio ad petendum beneficium).

607) *Hinschius*, Kirchenrecht II 654.

608) *Wilhelm* M. Erg. 7, 13.

609) Näheres *Bloch* a. a. O. 390 ff.

610) *A. v. Wretschko* ZG. 20, 184 ff.

zur Erörterung. Hier kam es zu einem dramatischen Konflikt. Auf Verlangen niedersächsischer Städte unter Führung Lübecks erfolgte auf dem Reichstag zu Braunschweig im März 1252 eine *Nachwahl* durch den Herzog von Sachsen und den Markgrafen von Brandenburg[611]. Die Städte wollten sich mit der Worringer Wahl nicht begnügen, sie verlangten die Mitwirkung der beiden sächsischen Fürsten, die sie offenbar unter Berufung auf den Sachsenspiegel[612] für unentbehrlich ansahen. Den Böhmen zählten sie dementsprechend nicht mit, der Pfälzer fiel als staufischer Parteigänger aus, hier befreite echte Not von der Einhaltung der Sechszahl. Aber solange Sachsen und Brandenburg ihr Wahlrecht nicht ausgeübt hatten, glaubten die Städte zur Gehorsamsverweigerung berechtigt zu sein.

1. Als sie dann wirklich wählten, handelten aber die Fürsten nicht nur in Ausübung ihres Rechtes, sondern, was meist übersehen wird, zugleich in Erfüllung ihrer Pflicht[613], denn, wie schon bemerkt, nach Reichsrecht war ja schon eine gültige Wahl Wilhelms vorangegangen. Irgend eine Änderung des bisherigen Rechtes war nicht beabsichtigt; die Fürsten kamen also ihrer Folgepflicht nach, und der Papst blieb vollständig auf dem Boden des Reichsrechts, wenn er sie ihnen einschärfte[614]. Der päpstliche Legat Hugo von S. Sabina fand keinen Anlaß, einen abweichenden Standpunkt zur Geltung zu bringen. Allerdings widersprach das Vorgehen zu Braunschweig dem in der Kirche bereits für verbindlich gehaltenen Prinzip der unitas actus, das die nach deutschem Recht so oft getätigte Nachwahl gänzlich ausschloß. Aber es lohnte sich im gegebenen Augenblick nicht, diesen Grundsatz durchzufechten und die Nachwahl zu verhindern. Es kam nur darauf an, sie als bedeutungslos, überflüssig und unschädlich hinzustellen[615]. So geschah es zunächst in dem Schreiben des Legaten

---

[611]) *Kempf*, Geschichte des großen Interregnums 127 ff. *Hintze*, Das Königtum Wilhelms v. Holland 49 ff. *E. Bielfeldt*, Der rheinische Bund von 1254, ein erster Versuch einer Reichsreform, 1937, 63 f.

[612]) *Eckhardt*, Rechtsbücherforsch. II 30.

[613]) Was nicht ausschloß, daß sie sich erhebliche Belohnungen zusichern ließen; *Kempf* a. a. O.

[614]) *Hauck* a. a. O. 6.

[615]) Es war überhaupt die Taktik der Kirche, Handlungen volkstümlichen Ur-

an die Bischöfe von Schwerin und Havelberg[616], wo von einer Wahl „ad cautelam" gesprochen wird. Das bedeutet, daß man die Nachwahl zugelassen hatte, um allen, auch ganz unbegründeten Anfechtungen die Spitze abzubrechen, aber auch ohne die Gültigkeit der Worringer Wahl irgendwie in Frage zu stellen[617]. Ferner aber liegt genau derselbe Gedanke dem berühmten Braunschweiger „Weistum" zugrunde, das nach dem Berichte des Hostiensis[618] gelautet haben soll:

Rex autem Romanorum ex quo electus est in concordia eandem potestatem habet quam et imperator nec dat ei inunctio imperialis nisi nomen.

Das heißt, auf den konkreten Fall Wilhelms angewandt, daß er seit der gültigen Wahl von 1247 zur Ausübung der Reichsrechte berechtigt war. Mit dieser Interpretation, die das Braunschweiger Weistum ganz in die Linie der historischen Entwicklung hineinstellt, treten wir allerdings in Widerspruch mit einer neueren Lehre[619], die auf Zeumers schöne Entdeckung weitgespannte, aber unhaltbare Spekulationen aufgebaut hat. Man wollte in ihm eine Verfassungsänderung erblicken, die den König erst jetzt, nach der Nachwahl, als in concordia electus erklären und damit die Worringer Pfaffenwahl vernichten sollte. Ja, man erklärte, daß das Braunschweiger Weistum gebieterisch die Ergänzung durch ein zweites gefordert habe, dessen Spuren man an einer andern Stelle des Hostiensis gefunden zu haben glaubte, wo zu dem Worte principibus der Decretale Venerabilem die Glosse gegeben ist[620]:

sprungs, die ihrer Rechtsauffassung nach irrelevant waren, nicht zu unterdrücken. So ließ sie ja sogar den Geistlichen bei der Trauung germanischen Rechts mitwirken, obwohl sie selbst den Standpunkt der Konsensehe vertrat.

[616]) Const. II 631, Kr. I 74.

[617]) So richtig *Krammer* a. a. O. 117. *Wretschko* a. a. O. 181².

[618]) Entdeckt von *K. Zeumer*, Neues Arch. 30, 405. Es ist eine Glosse zu einem Kapitel des Titels de verborum significatione (X. 40), also steht sie an ganz versteckter Stelle. Niemand von den Zeitgenossen scheint ihr große Bedeutung beigemessen zu haben.

[619]) *Bloch* a. a. O. 246 ff., ihm folgend *Neumann* und *Buchner*, Herzogtum Bayern 71 ff. HJb. 55, 219 (1935). Zu ähnlichen Ergebnissen gelangt auch *Eckhardt* a. a. O. 31 ff.

[620]) Gedruckt jetzt auch bei Kr. I 95. *Zeumer*, Quellens. 32 Anm.

scilicet Moguntino, Coloniensi, Trevirensi archiepiscopis, comiti Rheni, duci Saxoniae, marchioni Brandeburgensi. Et septimus est dux Bohemiae, qui modo est rex. Sed iste secundum quosdam non est necessarius, nisi quando alii discordant; nec istud ius habuit ab antiquo, sed de facto hodie tenet.

Dieses „Weistum" bezog man „aus logischen Gründen" ebenfalls auf 1252 und nahm an, daß auf demselben Braunschweiger Reichstag das Kurkolleg seinen Abschluß gefunden habe. Über die dabei entstehenden Schwierigkeiten setzte man sich leicht hinweg, so über die Erwähnung des in Braunschweig fehlenden Pfälzers und über die für 1252 gar nicht passende Ausführung über das böhmische Kurrecht, die schon *Zeumer*[621] viel richtiger auf die Zeit nach der Doppelwahl von 1257 bezogen hatte, bei der der Böhmenkönig wirklich das Zünglein an der Wage gewesen war, ganz abgesehen davon, daß es ein sonderbares Weistum gewesen wäre, das nur die Meinung einer Partei (secundum quosdam) wiedergegeben hätte.

2. Gerade das Gegenteil von alledem ist richtig. Das Braunschweiger Reichsweistum ist ein Feststellungsurteil. Es soll für die Zukunft klarstellen, daß Wilhelm schon seit 1247 einmütig, in concordia, unangefochten und von einer genügenden Zahl von Wählern, gewählt war. Es steht auf dem gemeinsamen Rechtsboden des Reiches und der Kirche. Dieses Ergebnis hätte schon früher gewonnen werden können, wenn man nur den Sinn beachtet hätte, der den Worten in concordia nach geistlichem[622] und weltlichem[623] Recht zukam. Man verfehlt ihn, wenn man *ein-*

---

621) *Zeumer* HZ. 94, 212, *Hugelmann*, Königswahl 111 f., *Perels*, Zur Geschichte der böhmischen Kur, ZG. 45, 92¹ mit weiterer Lit. *Weizsäcker* a. a. O. (oben A. 564) 196.

622) *Hinschius*, Kirchenrecht II 671⁶; *Hugelmann*, Die Wirkungen der Kaiserweihe nach dem Ssp., ZK. 40, 42; *Schmid*, Begriff der Kanon. Wahl 42 ff. Schon die Regula S. Benedicti c. 64 spricht von concors electio bei Wahl durch eine pars quamvis parva, aber saniori consilio.

623) Schon Const. I 284, Conventio cum Pisanis 1162, verpflichtet sich der Kaiser keinen Frieden zu schließen *sine concordia omnium consulum* Pisanorum *vel eorum maioris partis* facta sine vi. Im italienischen Stadtrecht bedeutet concordia die unangefochtene Majoritätsentscheidung, discordia die Stimmengleichheit, *Ruffini Avondo*, I sistemi di deliberazione collettiva nel medioevo italiano, Torino 1927, bes.

stimmig und *einmütig* verwechselt[624]. Nur eine *einmütige* Wahl wird gefordert, eine von einer beschlußfähigen Gruppe getätigte, die normalerweise zugleich die Mehrheit bildet. Discordia bedeutet nicht die Mehrstimmigkeit im Gegensatz zur Einstimmigkeit, sondern die Stimmengleichheit, die einen unüberwindbaren toten Punkt schafft, oder das Auseinandertreten zweier nicht beschlußfähiger Wählergruppen[625]. Nur für diesen Fall sollte, nebenbei gesagt, nach dem Hostiensis der Böhme das Entscheidungsrecht haben[626], also im fertigen Kurkolleg bei einem Stimmenverhältnis 3 : 3. Standen einmal auf einer Seite vier Fürsten, dann war die concordia schon gegeben. Der Böhme verdankt seine angebliche Stellung als Schiedsmann dem rein tatsächlichen Umstand, daß er sowohl 1257 als auch später wiederholt lange gezögert und mit seiner vierten Stimme die Entscheidung herbeigeführt, die discordia in eine concordia verwandelt hat.

3. Ferner hat man aber das Braunschweiger Weistum auch für die

35 ff. Das Gleiche beweist für Frankreich die Urkunde des Königs Philipp II. August für die Pfalzgräfin Blanca v. Troyes, *Longnon*, Doc. rel. de la Champagne I 470, wo von maior pars qui concordaverit gesprochen wird.

624) Begreiflich wird dies allerdings, wenn man vom Sprachgebrauch des 14. Jahrhunderts ausgeht, den man aber nicht ohne weiteres auf das 13. übertragen darf. Das Gesetz Licet juris nennt ja in der Tat die Mehrheitswahl eine Wahl in discordia, während noch die Sachsenhauser Appellation sagt: Primo quia ille censetur in *concordia* electus ad imperium, qui a *maiori parte* electorum, puta a quatuor electus fuerit. *Zeumer*, Quellens. 178, 183. S. unten bei A. 712. Auch in der Glosse zu Ssp. III 57 § 2 (bei *Zeumer*, Die Goldene Bulle I 246) bedeutet „übereintragen" genau dasselbe wie in concordia nach dem *älteren* Sprachgebrauch.

625) So auch Schmid a. a. O. 54; vgl. auch die Stelle aus Venedig oben A. 312, wo von *discordia ex paritate votorum* die Rede ist.

626) So schon völlig richtig *Luschin v. Ebengreuth*, Handbuch der österr. Reichsgeschichte I 378 in zu Unrecht übersehenen Ausführungen. Vgl. auch die von *Zeumer*, Goldene Bulle I 246 gegebene Stelle aus einer Berliner Handschrift der Sachsenspiegelglosse: Dy Konung van Bemen . . . is eyn myddelman. Als wen dry up eynen kisen unde dry up den andern . . . so mut he dar under eynen kisen . . Eine andre Stelle bei *Schuster*, Beitr. zur Auslegung des Ssp., M. 3, 406: Koren aver dri uppe ene side, unde dri uppe de ander side, *so muste he under den twen koren enen kisen* . . . Ferner das Gutachten der Reichsstädte von 1344 bei *Stengel*, Avignon und Rhens 203: Entscheidungsrecht, wenn zwen in *mishelung* von glichen teilen erwelt wurden. *A. M. Eckhardt* a. a. O. 36. Vgl. noch *Werminghoff* ZG. 24, 388. *Weizsäcker* a. a. O. 202.

Kaiserwahllehre in Anspruch nehmen wollen. In ihm sollte die staufische Reichsauffassung ihren Höhepunkt erreicht haben; die Kaisergewalt wird durch die Fürstenwahl verliehen, die Krönung in Rom gibt nur noch den Namen[627]. Auch hiergegen habe ich Bedenken. Das Weistum will nichts andres besagen, als was sich uns aus der historischen Entwicklung[628] als übereinstimmende Rechtsanschauung der Kirche und des Reiches ergeben hat: Daß dem Gewählten die vorläufige Ausübung der staatsrechtlichen Gewalt eines Herrschers im Reichsgebiete zukomme; aber – und das sagt ja der Reichsspruch selbst! – er ist noch nicht Kaiser im vollsten Sinne des Wortes, er hat nur *eandem* potestatem quam et imperator, und das, wie wir hinzufügen dürfen, nur quoad exercitium.

Genau das Gleiche sagt nun auch Innozenz IV. selbst in seinem Apparatus ad libros decretalium zu c. 34 X, 1, 6 („Venerabilem"): *Credimus tamen quod si imperator coronam in debito loco recipere non posset, nihilominus auctoritatem ministrandi ab archieppo. Coloniensi posset recipere vel suam auctoritatem habet ex electione.*

Die „auctoritas", die hiernach die Krönung durch den Kölner Erzbischof verleiht, auch wenn sie nicht in Aachen erfolgt, ja sogar die bloße Fürstenwahl, ist eben genau wie die „eadem potestas" des Weistums nichts anderes als die uns längst bekannte „imperatura", deren Erwerb möglichst weit vorzudatieren demnach offensichtlich auch im Interesse des Papsttums lag.

Die Vollgewalt, das „nomen" im oben festgestellten Sinne, also die spirituell-geistige Stellung des defensor ecclesiae, wird aber doch nur in Rom erworben, dann aber quoad ius. Daran lasse ich mich auch durch die merkwürdige Fassung „*nec nisi*" *nomen* nicht beirren. Das klingt fast wie ein Einbruch nominalistischen Denkens, wie eine Abwertung der Kaisergewalt zum bloßen Begriff. Aber wissen wir denn, ob das Weistum wirklich und wörtlich so gelautet hat? Wir haben es ja nur in kanonistisch gebrochener Überlieferung. Und es ist doch durchaus möglich, daß der Kanonist, der es für seine geistlichen Leser aufzeichnete, und

---

627) So vor allem *Bloch* a. a. O. 248 ff. Natürlich bezieht er sich auch auf die sekundäre Lücke der Quedlinburger Handschrift, vgl. oben A. 518.

628) Über die ältere Kanonistik, namentlich Huguccio, vgl. *Hugelmann* ZK. 40, 22 ff.

zwar um es zu kritisieren[629] — er rügt die mangelnde Bezugnahme auf die päpstliche Approbation, die offenbar unterblieben war, um diese nicht als *notwendig* erscheinen zu lassen —, daß er auch den Spruch selbst in möglichst fragwürdiger, zur Kritik herausfordernder Form wiedergeben wollte. Ob die Sentenz wirklich eine solche Spitze gegen die römische Krönung enthielt, ob damals ein deutscher Reichstag das Weltkaisertum wirklich nur noch als „Schall und Rauch" empfand, ist sehr fraglich. Das wäre weniger eine antikuriale Haltung gewesen als eine Abkehr von den stolzesten Traditionen der deutschen Geschichte.

So glaube ich, daß man im Braunschweiger Reichstag ganz zu Unrecht eine gegen das Papsttum gerichtete Kundgebung gesehen hat. Weder hat er die Worringer Wahl anulliert noch die Bedeutung der Kaiserkrönung entwertet. Weder beabsichtigte die Kurie einen Handstreich gegen die deutsche Reichsverfassung, noch wollten die Fürsten grundsätzlich gegen die Kurie Stellung nehmen. Damit soll natürlich keineswegs bestritten werden, daß damals eine starke und erhebende nationale Strömung weite Kreise ergriffen hatte; vor allem das Bürgertum der aufblühenden Städte[630] war durchdrungen von der Aufgabe, das Recht des Reiches zu stärken, eine durchgreifende Staatsgewalt aufzurichten, den König zur Selbstbeschränkung auf seine inneren Aufgaben zu mahnen und vor uferlosen Weltmachtplänen zu bewahren. Aber gerade das Braunschweiger Weistum scheint wenig von dem allem zu enthalten. Und hätte es solche Gedanken zum Ausdruck bringen sollen, so wäre der Traum schon nach wenigen Monaten verflogen.

III. Denn schon im *Juli* 1252 wurde in Frankfurt ein Reichsurteil[631] gegen die Gräfin Margarete von Flandern gefunden, die den König bis dahin aus der Vasallität zu entlassen sich gewei-

[629]) Er fährt hinter nomen fort: Sicut vidi in Alemania per principes judicari. Sed, *quicquid illi judicaverint*, non videtur, quod habeat potestatem hanc, quousque per sedem apostolicam fuerit approbatus.

[630]) So vor allem im Rheinischen Städtebund, über den jetzt die oben A. 611 zit. Schrift von *Bielfeldt* zu vergleichen ist, die aber nicht restlos befriedigt.

[631]) Const. II 466, *Zeumer*, Quellensammlung[2] 88. Das Urteil ist ein Musterbeispiel syllogistischer Subsumptionstechnik, es schreitet streng logisch vom Allgemeinen zum Besonderen fort.

gert hatte[632]. Es werden ihr nunmehr ihre Reichslehen aberkannt, weil sie die Mutungsfrist von Jahr und Tag versäumt habe, die mit der einmütigen Wahl und der Aachener Krönung zu laufen begonnen habe[633]. Wäre wirklich die Braunschweiger Nachwahl vom *März* 1252 erforderlich gewesen, um die Einmütigkeit herzustellen, so wäre das Urteil überhaupt nicht zu verstehen; dann wären von der Mutungsfrist ja erst wenige Monate verstrichen gewesen. So aber bestätigt es die Gültigkeit der Worringer Wahl, und zwar in vollkommenem Einklang mit dem Braunschweiger Spruch. Wer anders denkt, der muß also annehmen, daß in Frankfurt ein vollständiger Umschwung zugunsten der Worringer Wahl stattgefunden habe[634]. Merkwürdige Vorstellung, daß der deutsche Reichstag sich so im Zickzack bewegt habe! Dies anzunehmen, liegt nicht der mindeste Anlaß vor. Im Gegenteil, daß der Frankfurter und der Braunschweiger Spruch so aufeinander abgestimmt waren, kann als Beweis für die Festigkeit der Rechtsgrundlagen gelten, von denen man damals ausging.

Damit ist zugleich die Frage beantwortet, ob im Jahre 1252 der Sachsenspiegel mit seiner gesamten Kurfürstenlehre ins Reichsrecht übernommen worden ist, und zwar in *verneinendem* Sinne.

---

[632]) Er war also bis dahin sein eigener Oberlehnsherr gewesen, ein nach der Heerschildordnung untragbarer Zustand.

[633]) Verfehlt *Rosenstock* ZG. 34, 501, der die Mutungsfrist von Jahr und Tag und die sechswöchige Nachfrist verwechselt.

[634]) *Bloch* 258 f. *Neumann* 7. Richtig ist, daß in Frankfurt das Krönungsrecht des Kölner Erzbischofs stärker betont wird, das der Braunschweiger Reichsspruch nicht erwähnt hatte (aber doch vielleicht nur, weil es von keiner Seite bestritten worden war). – Selbstverständlich war die Erteilung von Reichslehen (Fürstenlehen) von Haus aus ein Königsrecht; der König steht an der Spitze der Heerschildordnung. Aber gerade die Fürstenlehen zu vergeben, mochte als Prärogative jener kaiserköniglichen Gewalt erscheinen, die sich in der Stauferzeit herausgebildet hatte; daher ist die Festsetzung, daß der Gewählte *eandem* potestatem habe quam et *imperator* für Lehenssachen besonders wichtig; nach der Erfurter St. Peterschronik nahmen jetzt die Fürsten ihre Lehen von Wilhelm sicut a Romanorum imperatore (ed. *Holder-Egger* 247). Friedrich II. hatte sich seinen Söhnen gegenüber gerade die Vergebung der Fürstenlehen vorbehalten, *Becker*, Königtum der Thronfolger 93, 106.

[635]) So verhandelte der Rheinische Städtebund 1256 nur mit den vier weltlichen Kurfürsten, *Kempf*, Interregnum 182 f. Daß die Geistlichen faktisch das Übergewicht behielten, wird sich später zeigen.

Niemals ist im Reichsrecht die Mitwirkung von sechs oder gar sieben Kurfürsten Gültigkeitserfordernis für eine Königswahl gewesen. Niemals ist das gesamte „Spiegelrecht" zum anerkannten Reichsrecht geworden. Der Einfluß, den der Sachsenspiegel gewonnen hat, liegt vielmehr in einer anderen Richtung: Die von ihm genannten sieben Fürsten, einschließlich des Böhmen, sollten schließlich nicht die *notwendigen*, aber doch die *einzig möglichen* Königswähler werden. Darin liegt der Abschluß des „Kurkollegs": Kein andrer mehr als einer der sieben Genannten hatte die Aussicht, zur Ergänzung der notwendigen Vierzahl zugezogen zu werden. Wie diese Vierzahl sich zusammensetzte, wurde jetzt gleichgültig: Es konnten ebenso die drei Geistlichen und ein Weltlicher sie bilden — das war der Ausgangspunkt gewesen — als zwei Geistliche und zwei Weltliche oder gar die vier Weltlichen allein[635]. Der Sachsenspiegel bestimmt also das Gremium, aus dem das Quorum zu entnehmen ist, er liefert den Nenner zum Zähler. *Daher ist auch die Siebenzahl der Kurfürsten jetzt notwendig gegeben: Zu den notwendigen vier konnten höchstens drei hinzugezählt werden, wollte man die Bildung zweier beschlußfähiger Viererkollegien verhindern.* So mußte das Quorum notwendig zugleich zur Majorität der Kurfürsten werden. Hätte man sich stets an diese Rechnung gehalten, so wären Doppelwahlen in Zukunft unmöglich gewesen. Warum das nicht geschah, wird gleich zu erörtern sein.

Diese Festlegung auf einen numerus clausus ist anscheinend ohne jede gesetzliche Grundlage erfolgt[636], indem einfach die überflüssig gewordenen Fürstenstimmen wegfielen[637]. Seit 1257 ist er vollzogen; noch 1256 hatte der Herzog von Braunschweig — der sicher schon als Schwiegervater des gefallenen Wilhelm

[636]) Die herrschende Meinung (vgl. *Schröder-v. Künßberg*, Lehrbuch[7] 516 unter Berufung auf *Zeumer*) nimmt ein verlorenes Reichsweistum von 1256 an. Dies ist schon aus der allgemeinen Lage des Reiches heraus nicht für sehr wahrscheinlich zu halten. *Neumann* a. a. O. 21.

[637]) Wahrscheinlich trat die Verengerung des Kreises auf die Kurfürsten zuerst bei den Geistlichen ein, *Ficker* M. 3, 57, der die überragende Stellung der drei rheinischen Erzbischöfe auch bei der Mitbesiegelung stark betont; seine Ausführungen sind in der ganzen Kurfürstenliteratur unbeachtet geblieben, *Redlich*, Rudolf v. Habsburg 138.

eine einflußreiche Persönlichkeit war – sich das Kurrecht beigemessen[638]. Später noch versuchte Bayern das Gleiche, aber ohne Erfolg; *nicht einen Augenblick lang gab es im Mittelalter ein reichsrechtlich anerkanntes bayrisches Kurrecht*[639]. Man ließ Heinrich XIII. von Bayern bei der Wahl Richards v. Cornwall mitstimmen, weil diese Stimmführung irrelevant war; und ebenso war die Wahl Rudolfs v. Habsburg längst entschieden, als Bayern zur Kur kam[640]. Der Streit mit Böhmen ging daher gar nicht um das Kurrecht im materiellen Sinne, sondern nur um den *Besitz* daran, *super quasipossessione iuris eligendi Romanorum regem*[641]; es war ein reiner Besitzstreit, und jede Entscheidung konnte nur salvo jure erfolgen; ähnlich wie im Besitzstreit um ein Grundstück das Urteil stets salva querela oder proprietate ergeht; daher ist schließlich ganz mit Recht anerkannt worden[642], daß Böhmen das Kurrecht stets plenissimo jure zugestanden habe.

IV. Die Doppelwahl von 1257 ist hier weder in ihrem geschichtlichen Verlauf noch in ihren politischen Hintergründen[643] zu schildern, sondern nur auf neue Rechtsgedanken hin zu untersuchen. Diese treten vor allem bei der *englischen* Partei auf. Mit der spanischen sind wir rasch fertig: Alfons der Weise von Kastilien wurde in Frankfurt von vier Fürsten[644] gewählt, also nach dem seit zwei Menschenaltern feststehenden Reichsrecht vollgültig. Auch daß man das Quorum jetzt als Majorität bezeichnete[645], kann weiter nicht auffallen, da dies ja nur auf die Hal-

---

638) Const. II 588.

639) Z. Folg. vgl. *Zeumers* berühmten Aufsatz über die böhmische und die bayrische Kur im 13. Jahrhundert, HZ. 94, 1905 und *Buchner*, Die deutschen Königswahlen und das Herzogtum Bayern 89 ff.

640) S. unten Kap. 7 I.

641) So ausdrücklich die Erklärung Rudolfs I. v. 1275, Const. III 71 (Kr. II 10).

642) Const. III 4 26, Kr. II 15.

643) Schrifttum: DW[7] 7570–7572. Hervorzuheben sind Englands sizilische Bestrebungen, denen gegenüber sich die Kurie auf den mit den Staufen verwandten Kastilier stützte, zumal dieser einen Sarazenen-Kreuzzug nach Nordafrika zugesagt hatte. *Scheffer-Boichorst* M. 9, 226 ff.

644) Trier, Sachsen, Brandenburg und (später) Böhmen. Ein offizielles Protokoll fehlt; es ist nur eine Denkschrift von 1267 erhalten, Const. II 500.

645) Daher das Echo in den Siete Partidas, auf das *Mayer* ZG. 34, 418 aufmerksam

tung der Stauferpartei in den Jahren 1199 bis 1202 zurückgreift[646]. Nur die Einkleidung des Mehrheitssatzes ist kanonistisch[647], eine bewußte Rezeption des Prinzips als solches braucht deshalb aber nicht vorzuliegen. Die unitas actus war gewahrt, worauf das Plaidoyer auch gebührend hinweist; dem Einwand, daß Alfons nie die Krönung erlangt habe, wird dadurch begegnet, daß auch Richards Krönung für ungültig erklärt wird; nur der von der Mehrheit Gewählte könne gültig gekrönt werden; die Wahl erscheint jetzt als Rechtstitel für die Krönung.

Was konnte die englische Partei diesem Vorbringen als Stütze ihres Rechtsstandpunktes entgegensetzen? Weder auf die Mehrheit noch auf das Quorum konnte sie sich berufen. Sie mußte wirklich eine ganz neue Wahltheorie aufstellen, und zwar in möglichst engem Anschluß an die kanonistische Doktrin. Um so merkwürdiger und vielleicht bewußt irreführend ist es, daß ihr Vorbringen mit einer Darlegung der angeblich im Deutschen Reiche seit je herrschenden Wahlrechtsnormen beginnt, mit einer Art von Weistum[648].

1. Aus diesem erfahren wir[649], daß es nach Reichsrecht wirklich nur mehr ein Wahlrecht der sieben Kurfürsten gibt, ferner, daß eine Frist von Jahr und Tag seit dem Thronfall zur Vornahme der Königswahl besteht[650]; weit wichtiger aber ist, auf welche

---

gemacht hat. Dazu jetzt *Wohlhaupter*, Germanenrechte XII, 1936 (Altspanisch-gotische Rechte) XX.

646) Const. II, 3, 5, oben Kap. 4 II. Das im Text Gesagte stützt sich auf das Vorbringen der staufisch-kastilischen Partei, wie es die Bulle Qui celum (der Entwurf in Const. II 523 ff., *Zeumer*, Quellens[2]. 100 ff., Kr. I 84, die Ausfertigung in M. G. Epistolae saec. XIII., 545 ff.) c. 11, 14 wiedergibt.

647) ... utpote celebratam a maiori parte ipsorum principum ... immo *fictione iuris ab omnibus* ...

648) Möglicherweise ist wirklich zu Boppard 1262 ein solches Weistum gefunden worden; *Krammer*, Wahl und Einsetzung 14; aber seine Sätze standen wohl schon vorher fest; ähnlich wie um 1198 dürften die Parteien von der Stellungnahme des Gegners schon vor Absendung der Schriftsätze nach Rom unterrichtet gewesen sein.

649) Qui celum (oben A. 645) c. 5.

650) Vorher nicht belegt, vielleicht der Frist für die Lehnsmutung bei Herrenfall (oben bei A. 632) nachgebildet, so *Neumann* a. a. O. 34; Einwirkung der Jahresfrist für das Regalienrecht (*Schroeder-v. Künßberg*[7] 449)?

Gründe die Gültigkeit einer Wahl grundsätzlich gestützt wird. Hier erscheint das kanonistische Prinzip der *unitas actus* in Reinkultur: jede am richtigen, von den zuständigen Einberufern festgesetzten Ort und zur bestimmten Zeit abgehaltene Wahl soll ohne weiteres gültig sein, mögen sich auch noch so wenige Wahlberechtigte an ihr beteiligt haben. Das Weistum greift anscheinend ganz willkürlich die Zahl zwei heraus, deren Teilnahme es noch für notwendig zu erachten geruht. Die andern müssen formgerecht geladen sein, brauchen aber nicht mitzuwirken. Also nicht mehr auf den Wählerkreis, lediglich noch auf Ort, Zeit und Einheit der Handlung soll es ankommen. Das bedingt zugleich einen vollständigen Wandel in der Auffassung der Worte „in concordia“ und „in discordia“. *Ist die unitas actus gewahrt, dann soll die Wahl stets in concordia erfolgt sein*, wenn nur die Zweizahl der Mitwirkenden erreicht ist. In discordia ist die Wahl am unrechten Ort und ohne genügende Ladung oder Terminsbestimmung[651]. Schon aus dieser gekünstelten Umdeutung sieht man die Schwierigkeiten der englischen Partei, die Schwäche ihrer Rechtsposition zu bemänteln.

2. Aus diesen Normen werden dann die Folgerungen für den vorliegenden Fall gezogen. Die Wahl Richards ist also unanfechtbar in concordia geschehen, zwar nicht in Frankfurt, dem festgesetzten Wahlort, weil dieser vom Gegner besetzt und daher unerreichbar war – echte Not! – aber in „Frankeserde“, auch einem althergebrachten Wahlort – merkwürdig, wie die

---

[651]) Qui celum c. 7: Intelligitur autem is electus esse *concorditer*, in quem vota omnium principum *vel saltem duorum tantummodo* in electione presencium diriguntur. In *discordia* vero is etiam reputatur electus, de quo in loco non solito electio celebratur et in termino de communi consensu dictorum principum non statuto. – Herzlich schlecht passen zu dieser Logik die vorhergehenden Ausführungen, wie eine durch Spaltung der Stimmen entstandene discordia zu beheben sei; offenbar dachte man an den Fall der Spaltung in einer einheitlichen Versammlung, der ja wirklich nahe lag, wenn man je zwei Stimmen für eine Kandidatur genügen ließ. Dann soll entweder der Kampf der Waffen entscheiden (per potentiam obtinere) oder das Urteil des Pfalzgrafen (dazu *Ficker* Rfst. II, 2, 250) oder – *was aber den Vorrang vor den beiden andern Möglichkeiten hat!* – an die Kurie appelliert werden. Das letztere ist ja auch geschehen.

Erinnerung daran schon verblaßt ist, daß die Königswahl „auf fränkischer Erde“ stattzufinden habe! – und zur richtigen Zeit; es waren nicht nur zwei, sondern sogar *drei* Kurfürsten beteiligt; die Gegenpartei ist nicht erschienen und hat sich selbst ausgeschlossen. Der offizielle, von Mainz und Pfalz abgefaßte Wahlbericht[652] sagt weiter, daß eine Einzelabgabe der drei Stimmen stattgefunden habe; daraus ist in dem in der Bulle Qui celum wiedergegebenen Parteivorbringen eine den kanonischen Vorschriften noch besser entsprechende electio per unum gemacht[653]; es bleibt fraglich, ob dies schon auf das Konto des Wortführers der Partei oder des kurialen Sachbearbeiters kommt. Den später hinzugetretenen Böhmen als Wähler zu rechnen, verbot sich bei dieser Sachlage ganz von selbst, da das mit der unitas actus unvereinbar gewesen wäre. Seine Stimmabgabe mußte als verspätet und unwirksam angesehen werden[654], woraus sich weiter

---

652) Const. II 484. Kr. I 81: *elegimus* in regem Romanorum, wobei Köln die Mainzer Stimme führte.

653) So gegen die bis dahin herrschende Meinung *Stutz* ZG. 42, 466 ff., vor allem unter Berufung auf *Thomas Wikes*, ebenda 471. Auch die Wähler Alfons' sprechen von sich in der Mehrzahl, Const. II 502 c. 25. Daß die Erwählung durch Pisa (Const. II 490) per unum erfolgen mußte, ergibt sich aus der Stadtverfassung.

654) Trotzdem tritt er im Parteischriftsatz auf, Qui celum c. 9, aber es ist nur von seinem *consensus* die Rede. Vielleicht hat man aber doch, auf die Vieldeutigkeit des Wortes consensus pochend, daran gedacht, wenn der Grundsatz der unitas actus nicht durchdringen sollte, sich auf seine Mitwirkung und die somit erlangte Mehrheit zu berufen, vorausgesetzt natürlich, daß dann seine Stimmabgabe für Alfons für nichtig erklärt worden wäre. Daß die Richard-Partei ihrer Sache nicht sicher war, zeigt die versteckte Doppelzüngigkeit ihres Schriftsatzes ganz deutlich. Gleich zu Anfang des Tatsachenberichtes wird gesagt, daß im ganzen fünf Fürsten gestimmt haben, drei für Richard, zwei für Alfons – die brandenburgische Vollmacht wird ignoriert! – ,und so der Leser in den Glauben versetzt, man wolle sich auf die Majorität berufen. Wie schlecht das zu den Ausführungen des „Weistums“ paßt, liegt auf der Hand. Übrigens hatte Richard von Anfang an nur mit drei Kurfürsten verhandelt, es war aber der Fall vorgesehen, daß er electione horum trium non contentus sein könnte, Const. II 482. Auf die weitere Stützung des englischen Vorbringens durch Hinweis auf Richards Krönung und Machterlangung im Reiche verweise ich nur nebenbei. Sie spielt nur eine sekundäre Rolle, da es jetzt unstreitig zunächst auf die Gültigkeit der *Wahl* ankommt; diese ist jetzt der iustus titulus für die Krönung geworden; daher auch das „Königslager“ bei Aachen, das die Anfechtung der Wahl ermöglichen soll. Dazu *Klaiber* in Aus Politik und Geschichte,

ergibt, *daß einzig die für Alfons, obwohl zeitlich später erfolgt, rechtlich in Betracht zu ziehen ist.*

3. Im Vorbringen der englischen Partei ist der Geist des großen Kanonisten Sinibaldus Fliscus zu spüren. Bei ihm zuerst ist das Prinzip der unitas actus, des Ausschlusses Abwesender klar geformt[655]. Durch ihre Säumnis (contemptus) haben sie sich selbst ausgeschlossen (se alienos fecerunt). Dadurch wird überhaupt erst eine sachliche Entscheidung unter Bindung der Abwesenden möglich und der Beschluß gegen nachträgliche Anfechtung gesichert, wenn nur die Formen der Ladung, Einberufung und Beschlußfassung eingehalten wurden. Daher wird jetzt die Wichtigkeit der Ladeschreiben und Wahlprotokolle mit einem Schlage gesteigert. Die unitas actus, der Ausschlußgrundsatz, ist für die Entwicklung der korporativen Handlungsfähigkeit fast noch wichtiger als der Mehrheitsgrundsatz[656]. In logischer Folge mußte er dazu führen, daß bei gewahrter Unitas actus *ein einziger Stimmberechtigter* die Entscheidung treffen konnte, wie Sinibaldus Fliscus tatsächlich auch annahm. Das wird ja in dem Gegengutachten der spanisch-staufischen Partei auch erwähnt, aber zugleich wird es als absurditas bezeichnet, daß dann schließlich der Kölner allein seinen König wählen und krönen könne[657]. Waren es geheimste Wünsche, die hier bloßgestellt werden sollten?

4. Soweit sind wir gebahnte Wege gegangen. Das alles hat *Gierke* theoretisch klargestellt. Und doch lockt der Versuch, weiterzukommen. Dies könnte nur in einer Richtung geschehen: Es müßte wahrscheinlich gemacht werden, daß alle diese Neue-

---

Below-Gedächtnisschrift 1928, 91 ff. Ebenso übergehe ich die Bestreitung der Terminsbestimmung und sonstiges weniger wesentliches Vorbringen.

[655]) Z. Folg. *Gierke*, Genossenschaftsrecht III 320 und Über die Geschichte des Majoritätsprinzips, Schmollers Jahrb. f. Gesetzgebg., Verwaltung und Volkswirtsch. 39, 1915, Heft 2, 17 ff.; *Wretschko* ZG. 20, 174 ff. *Ruffini Avondo*, Principio maggioritario 464 ff.

[656]) *Konopczińsky*, Le liberum Veto, Paris 1930, 21. Vgl. meine Besprechung HZ. 145, 564 ff.

[657]) Qui celum c. 12 a. E.: alioquin illa sequeretur absurditas, quod solus Coloniensis archiepiscopus precibus, inductus vel corruptus pretio (!), cui vellet imperium dare posset.

rungen doch nicht nur Produkte der Theorie und ihres spekulativen Denkens gewesen sind; daß sie sich nicht gleichsam aus der Eigenbewegung dieses Denkens erklären, nicht auf rein logischem Wege ermittelt sind, sondern auf empirischen Vorgängen beruhen oder wenigstens in ihnen ihre Entsprechung finden. Und diese rein praktischen Bildungen können nirgendwo anders gesucht werden als im *Prozeßrecht*, dessen Wandlungen man noch zu wenig in die große rechtsgeschichtliche Linie mit einbezogen hat. Alle Rechtsgebiete stehen damals noch im engsten Zusammenhang, und es ist kaum anzunehmen, daß die Korporationslehre sich so freischwebend entwickelt hat, wie es nach *Gierkes* Ausführungen den Anschein haben möchte.

Der Ausschluß Abwesender aber war im kanonischen Prozeßrecht schon längst durchgeführt, und zwar im Versäumnisverfahren neueren Stils, im sog. *Eremodizialverfahren*[658]. Ursprünglich ist die Kirche wohl auch, germanischen Rechtsvorstellungen entsprechend, gegen Säumige mit Bestrafung (Exkommunikation) oder indirektem Zwang vorgegangen[659], letzteres vor allem bei Realklagen, bei denen der fleißige Teil vorläufig den Besitz zugewiesen erhielt, damit der Säumige *taedio affectus veniat responsurus*[660]. Aber daneben entwickelt sich schon sehr früh, wahrscheinlich schon in der frühchristlichen Kirche im Anschluß an römische Bildungen[661], ein Sachverfahren gegen Abwesende, das dann auch ins Mittelalter übernommen wird, wo es wiederum gestützt wurde durch den Einfluß der karolingischen, vom Parteiprinzip unabhängigen inquisitio. Ich habe schon an anderer Stelle Belege dafür gebracht[662] und sie nach-

---

[658]) Zum folgenden mein Aufsatz Zur Geschichte des Versäumnisurteils, ZG. 42, 137 ff., insbes. 212 ff.

[659]) *Wetzell*, System des ordentlichen Zivilprozesses[3] 618 f.

[660]) c. 5 X ut lite non cont. 2, 6. Dazu zahlreiche Stellen in den Prozeßtraktaten (s. u. A. 661).

[661]) *Loening*, Geschichte des deutschen Kirchenrechts I 394 f.; *Hinschius*, Kirchenrecht IV 770 f., *Steinwenter*, Der antike kirchliche Rechtsgang und seine Quellen, ZK. 54, 1934, 65 ff.

[662]) A. a. O. 212 ff., Urteile aus dem 11. und 12. Jahrhundert; *Tancredi* ordo judiciarius ed. *Bergmann* 1842, 231, 271; *Durandi* Speculum iudiciale ed. Frankfurt 1612, lib. II pars II cap. 3 § 2, p. 101; *Pillii* ord. jud. ed. *Bergmann* 3 § 18; *Damasi Boemi*

träglich durch französische und vor allem anglonormannische Zeugnisse[663] vermehrt. Aber auch für Deutschland läßt sich die Anwendung dieses Verfahrens dartun[664], und zwar selbst in der Praxis des Reichshofgerichts[665]. Der Abwesende wird jetzt nicht mehr bestraft, sondern mit seinem Vorbringen und seinen Einwendungen *ausgeschlossen;* die Gegenpartei kommt zum Beweise, oft in erleichterter Form, und es ergeht ein Sachurteil, das vom Säumigen nicht mit Rechtsmitteln angegriffen werden kann (contumax non appellat)[666]. Es wird also *trotz*, nicht mehr *wegen* seiner Säumnis gegen ihn verfahren, er gilt aber auch nicht als geständig, sondern als bestreitend (nicht affirmative, sondern fiktive negative Litiskontestation!)[667]. Der Fortschritt

---

ordo jud. ed. *Agathon Wunderlich*, Anecdota quae ad processum civilem spectant, Göttingen 1841, c. 13, 69.

[663]) Für das Versäumnisverfahren geistlicher Gerichte kommt vor allem die Collection Léchaudé d'Anisy in Frage (Paris, Bibl. Nat., Ms. fonds lat. No. 10078, Näheres LSt. 380[405]). Für weltliches Recht *Delisle-Berger*, Recueil des Actes de Henri II., I p. 335, *Haskins*, Norman Institutions[2] (1925) 77, 96, *Bigelow*, Placita Anglo-Normannica (1879) 261 usw.

[664]) Für Südtirol vgl. *Voltelini*, Südtiroler Notariatsimbreviaturen, Acta Tirolensia I, 2, CXCIV f., und Urkunden Nr. 92 und 423 von 1236, die die für das Eremodiz typischen Klauseln venerit vel non venerit und quod sua absencia Dei repleatur presencia zeigen.

[665]) Ein voll durchgeführtes Eremodiz ist das Verfahren im Hofgericht Friedrichs II. gegen die Bürger von Kamerik (Cambrai) auf Klage des Bischofs wegen ihrer kommunalen Statuten, Const. II 134 von 1226. Die Vertreter der Stadt, die sich darauf berufen wollten, daß in Italien kein deutsches Hofgericht stattfinden könne, werden mit dieser prozeßhindernden Einrede abgewiesen, cum ibi sit curia Alemanniae ubi persona nostra et principes imperii consistunt (dazu *Ficker* Rfst. II, 2, 161); und, da sie zur Sache nicht informiert sind, wird gegen sie verhandelt und entschieden. Darauf bezieht sich das Urteil Heinrichs VII. Const. II, 407. Hingegen wehrt sich Friedrich II. selbst dagegen, Const. II 362 von 1245, vom Lyoner Konzil per eremodicium verurteilt worden zu sein. Daß die großen Prozesse unter Rudolf v. Habsburg, so der gegen Ottokar, nach dem Eremodizialprinzip entschieden wurden, habe ich schon in meiner Schrift Politische Prozesse des früheren Mittelalters in Deutschland und Frankreich, Heidelberger SB. Phil.-hist. Klasse 1926/27, 3, 112 ff. dargelegt.

[666]) Tancredi ord. jud. 4, 5 § 14, *Bergmann* 303.

[667]) Es kommt überhaupt nur auf die Behandlung der Säumnis ante litem contestatam an. Post litem contestatam gelten ganz andere Grundsätze, vgl. ZG. 42, 185 ff.

gegen alle älteren Formen des Kontumazialverfahrens liegt auf der Hand; aber auch der Vorteil, den die Übertragung dieser Grundsätze auf das Verfahren von Wahl- und anderen Körperschaften mit sich bringen mußte.

Auch im Beschlußverfahren konnte man jetzt erst zu einer einwandfreien Sachbehandlung kommen. Die Nichterschienenen werden mit ihren Rechten, also bei der Wahl mit ihren Stimmrechten, *ausgeschlossen*. Sie haben keine Möglichkeit mehr, die Wahl nachträglich anzufechten, sie sind an die Entscheidung derer gebunden, die ihr Recht ausgeübt haben. Eine Folge, ein nachträglicher Beitritt, kommt jetzt nicht mehr in Frage, ebensowenig aber eine Bestrafung der Folgeweigerung[668]. Hier sieht man die Entsprechung am deutlichsten: Genau wie im Prozeß das Strafmoment immer mehr zurücktritt, nicht mehr gegen den Ungehorsamen mit Strafe vorgegangen, sondern gegen den Säumigen das Verfahren in der Streitsache selbst durchgeführt wird, und so gerade das Eremodiz ein wichtiger Schritt zur Loslösung des Zivilprozesses vom Strafprozeß ist, so wird auch im Wahlverfahren die Fehde gegen die Widerstrebenden beseitigt; denn nichts andres als Fehde und indirekter Zwang war es, wenn etwa 1002 gegen die Schwaben mit Heerung und Wüstung vorgegangen wurde, um ihre Folge herbeizuführen[669]. Jetzt wird von vornherein bei der Anberaumung des Termins festgesetzt, daß dieser ein *peremptorischer* sein werde[670], d. h. ein solcher, in dem auf jeden Fall zur Sache verhandelt und entschieden wird; und spätere Ladeschreiben[671] zur Königswahl drohen den Kurfürsten an, *daß ohne Rücksicht auf ihr Ausbleiben zur Wahl geschritten werden solle* oder, wie es mit einer deutlich an prozes-

---

[668]) S. oben bei A. 250.

[669]) Auch bei den Kanonisten tritt der Gedanke des *strafweisen* Rechtsverlustes noch gelegentlich auf, *Gierke* a. a. O. 324.

[670]) Bezeichnenderweise behauptet nur die englische Partei, die sich auf das strenge Ausschlußprinzip beruft, ihr Termin sei peremptorisch gewesen, Qui celum c. 8; und das „Weistum" sagt sogar: licet non exprimant quod ipsum peremptorium esse velint, terminus tamen ab eis prefixus taliter *peremptorius reputatur*.

[671]) Über ältere Ladeschreiben vgl. *Waitz-Seeliger* VerfGesch.² 194 f. Die Bezeichnung des Wahltermins als peremptorisch tritt zuerst bei der Ladung zur Wahl Adolfs v. Nassau auf, Const. II 455.

suale Ladungen anklingenden Formel ausgedrückt wird, *sive veneritis sive non* oder *absentia non obstante procedatur*[672]. Theoretisch kann dieser Ausschluß, wie schon bemerkt, bis zu einem einzigen Wähler getrieben werden, und es ist schon ein Zugeständnis an älteres genossenschaftliches Denken, wenn wenigstens das Erfordernis von 2 Erschienenen gewahrt wird. Vielleicht hat hier auch die bekannte evangelische Zweizeugentheorie[673] eingewirkt. Hiermit ist ja eigentlich schon ein wenn auch minimales Quorum[674] anerkannt. Aber nun entbrennt bei der Königswahl der spannende Kampf zwischen diesem Zweierquorum und der reichsrechtlichen Vierzahl, die dem deutschrechtlichen, genossenschaftlichen Denken immerhin weiter entgegenkam, da sie wenigstens zugleich die Mehrheit der Kurgenossen darstellte; die Kanonisten hingegen mochten sich darauf berufen können, daß nach ihrer Auffassung ja eine noch so kleine Minderheit die sanior pars bilden könne. Es wird sich zeigen, daß der dem deutschen Rechte näher stehende Grundsatz siegte und das Kurkolleg *schließlich nur dann als beschlußfähig angesehen wurde, wenn vier Stimmen vertreten waren*. Also wird ein *Quorum* verlangt, *das zugleich die absolute Mehrheit darstellt*. Das bedeutet praktisch, daß das Verhalten der Minderheit *ganz bedeutungslos* ist. Ob sie wegbleibt oder widerspricht, immer wird über sie hinweg zur Beschlußfassung geschritten. Die Widersprechenden gelten gleichsam als abwesend, sie haben sich geistig entfremdet, *se alienos fecerunt*. Das gibt vielleicht sogar einen Fingerzeig für die Entstehung des ganzen Majoritätsprinzips: Auch dieses ist nicht

[672]) So in der Ladung Balduins v. Trier 1328, *Stengel*, Nova Alemanniae (1921) I, 114, übrigens auf ausdrückliche Anweisung Johanns XXII., ebenda 103; ferner in den Ladungsschreiben von 1346, Const. 8, 60, und 1348, *Würdtwein*, Subsidia diplomatica 6, 253, auch bei *Reimann*, Untersuchungen über die Abfassung und Vorlagen der Goldenen Bulle 38 sowie in dem Formular der Litera intimacionis der Goldenen Bulle c 18. Über den Versuch Innozenz' IV., säumige Kardinäle von der Papstwahl auszuschließen, vgl. *Singer*, das c. Quia frequenter, ZK. 37 (1916) 13 ff.

[673]) Ev. Matth. 18, 16; c. 23 X de test. 2, 20. *Karol Koranyi*, Die Heilige Schrift und das weltliche Recht, vornehmlich im MA., Warschau 1933, 17.

[674]) Der Ausdruck Quorum entstammt der Sprache des englischen Parlaments, *Redlich*, Recht und Technik des englischen Parlamentarismus I 323 ff. Seit 1640 gilt im Unterhaus ein 40er-Quorum. In bezug auf die Kurfürsten verwendet es auch schon *Rosenstock*, Königshaus 226, aber nicht im richtigen Zusammenhange.

dem Kopfe der Kanonisten entsprungen wie Athene dem Haupte des Zeus, sondern hat eine empirische Vorgeschichte. Man schloß den Widerspruch erst eines, dann zweier, dann mehrerer Rechtsgenossen, schließlich aller bis auf die Mehrheit[675], ja nach kanonischem Recht noch weitergehend aus. Je nachdem auf welcher Stufe dieser Prozeß stehen geblieben ist, gilt das Erfordernis qualifizierter Mehrheit, das sich ja logisch kaum begründen läßt.

So ist die Doppelwahl von 1257 ein theoretisch interessanter Punkt in der Geschichte des Königswahlrechts. Aber praktisch ist sie fast bedeutungslos. Der extreme Standpunkt der englischen Partei drang nicht durch; auch die Bulle Qui celum brachte keine Entscheidung. Bei der Wahl Rudolfs von Habsburg aber kam es scheinbar zu einem Rückfall in ältere, schon überwunden geglaubte Anschauungen. Ob diese wirklich entscheidend waren, ist jetzt zu untersuchen.

---

[675]) Das beste Beispiel bietet *Brunner*, Entstehung der Schwurgerichte (1871) 364 ff., wo gezeigt wird, wie im anglonormannischen Recht das Nichtwissen, später auch der Widerspruch erst eines, dann zweier oder dreier Geschworenen übergangen wird, bis $^{7}/_{12}$ erreicht sind; das englische Recht ist dann bekanntlich zur Einstimmigkeit zurückgekehrt. Andre Beispiele: Ordonnance de la Touraine, *Ordonnances* des rois de la 3. race I 305: Der Widerspruch von 1–2 Richtern ist belanglos. Waffenstillstand von 1214 zwischen England und Frankreich, *Layettes* du trésor des chartes I 404: Fünf von sechs dictatores können entscheiden. Rymer foedera I 35, Kreuzzugsvertrag England-Frankreich 1177: Vier von sechs Schiedsrichtern. Auch in Const. II 123, 127 kann eine Stimme übergangen werden. Vgl. LSt. 381[408]. *Ruffini Avondo* a. a. O. 409. Übrigens wird schon in der bekannten Erzählung bei Gregor v. Tours 2, 27 über die Verteilung der Kriegsbeute der Widerspruch *eines* Franken als unbeachtlich hingestellt.

Siebentes Kapitel

VON RUDOLF I. BIS ZUR GOLDENEN BULLE

I. Die Besonderheiten der Wahl Rudolfs I. waren zunächst bestimmt durch das Vorgehen der rheinischen und wetterauischen Städte[676]. Diese erneuerten das früher in die rheinische Bundesverfassung aufgenommene, dann aber bald preisgegebene Versprechen, sich nur einem ein*mütig* gewählten König zu unterwerfen, bei discordia der Kurfürsten aber keinem der Gewählten ihre Tore zu öffnen. Damit wurde nun freilich nicht gerade eine ein*stimmige* Wahl gefordert[677]; aber unter dem Drucke der verschiedensten Faktoren[678] scheinen auch die Kurfürsten wirklich von dem Wunsche beseelt gewesen zu sein, dem deutschen Volke und der ganzen Welt das Schaubild einer mustergültigen, einstimmigen Wahl zu bieten. Man brachte in der Tat zum Wahltermin, dem 1. Oktober 1273, sieben „Kurfürsten" nach Frankfurt zusammen, oder besser: *sechs unbestrittene und quoad ius ausgeübte Kurstimmen vereinigten sich mit der bestrittenen bayrischen*, an der durch Gesamtspruch der übrigen Kurfürsten nach Verwerfung des böhmischen Widerspruchs eine Rechtsgewere anerkannt wurde[679]. Die Rechtsfrage selbst brauchte um so weniger entschieden zu werden, als die Abgabe einer siebenten Stimme für die Gültigkeit der Wahl rechtlich ganz bedeutungslos war; die Auseinandersetzung zwischen den Beteiligten konnte man auf später verschieben. Entschieden war die Wahl Rudolfs schon mit dem Wahlbündnis der vier rheinischen Kurfürsten vom 11. September, das eine Folgepflicht innerhalb des Viererquorums festlegte[680]; daß dies als genügend angesehen wurde, erhellt daraus, daß die drei Vorangehenden sich verpflichteten, die In-

[676]) Const. III 9, Kr. II 1.

[677]) Wie meist in der Literatur behauptet wird.

[678]) Über die allgemeine politische Lage für alle *Oswald Redlich*, Rudolf von Habsburg (1903) 133 ff. *Gaston Zeller*, Les rois de France candidats à l'empire, Rev. hist. 59, 1934, 289.

[679]) Const. III 71, Kr. II, 11.

[680]) Const. III 6, Kr. II 2.

teressen des Vierten beim Neugewählten zu vertreten[681]. Hätte sich dieser Vereinbarung kein weiterer Kurfürst angeschlossen, so wäre dies ein Schönheitsfehler, aber keine Gefahr für die Gültigkeit der Wahl gewesen. Die Gewinnung der inzwischen rasch populär gewordenen Siebenzahl war wünschenswert, aber nicht notwendig. Ebenso war es unschädlich, daß man die bestrittene bayrische Stimme vorbehaltlich späterer Nachprüfung zuließ.

1. Um aber die Einstimmigkeit noch besonders zu unterstreichen, wurde die Wahl Rudolfs als *electio communis* oder *per unum* vorgenommen[682]. Nach Johann v. Viktring[683] sprach nur der Pfalzgraf Ludwig die Kurformel; Rudolf selbst beurkundet von ihm allein gekoren zu sein[684]; von den andern wird gesagt, daß sie „vota direxerunt"[685], also gibt es jetzt nur noch vota, aber auch nur noch eine vox, eben die des Elector. Die electio per unum ist eine „Einkur". Die übrigen „Kurfürsten" sind zu bloßen „Wahlfürsten" abgesunken. Die Kur ist buchstäblich „einstimmig". Man hat in diesem Vorgang eine Rezeption des kanonischen Rechts, einen Anschluß an die Form der Papst- und Bischofswahlen[686], einen Ausdruck des korporativen Denkens im Rahmen des nunmehr entstandenen Kurkollegs erblicken wollen. Daß dem allem ein richtiger Kern zugrunde liegt, soll nicht bestritten werden. Sicher mochte die Gefahr, daß der Papst bei zwiespältiger Wahl sein Provisions- oder Devolutionsrecht ausüben werde[687], zu besonders sorgfältiger Beachtung einer auch

---

681) Allerdings ist auch der Fall vorgesehen, daß der Vierte ausspringen sollte; dann soll der Vertrag zwischen den drei andern aufrecht bleiben und wahrscheinlich doch wohl ein andrer Vierter gesucht werden.

682) *Redlich* RI. VI 7, *Steinacker*, Reg. Habsburgica I 554.

683) Ed. *F. Schneider*, 216, Kr. II 2.

684) Const. III 71, Kr. II 11.

685) Joh. v. Viktring läßt den Kurspruch des Pfalzgrafen favore, *consensu* et astipulacione omnium electorum geschehen, wieder ein Beweis dafür, daß consensus nicht notwendig die *nachträgliche* Zustimmung bedeutet (s. oben A. 124).

686) So vor allem *Breßlau*, Zur Geschichte der Königswahlen von der Mitte des 13. bis zur Mitte des 14. Jahrhunderts, Deutsche Ztschr. f. Geschichtswiss. Neue Folge II 1897 8, 122 ff. *Wretschko* ZG. 20, 164 ff. Deutsche Ztschr. f. Kirchenr. 11, 1902, 321 ff. 7/8.

687) *Neumann* a. a. O. 73. Vgl. die Stelle bei Ellenhard (Scr. 17, 122) Kr. II 2.

kanonistisch einwandfreien Form mahnen, zumal ja von Rom her schon 1263 ein Wink in dieser Richtung ergangen war, indem man in die Wahlen von 1257 die electio per unum hineininterpretiert hatte[688]. Aber trotzdem wird man sich hüten müssen, diese Gesichtspunkte zu überschätzen und als die allein maßgebenden hinstellen zu wollen. Es bedürfte erst noch des Beweises, daß man sich damals im Kreise der Kurfürsten dessen voll bewußt war, daß man hier Elemente eines fremden Rechtssystems mit dauernder Wirkung ins deutsche Reichsrecht aufnahm[689]. Was den Anschluß an die Bischofswahlen angeht, so mag schon der Umstand zur Vorsicht mahnen, daß die entsprechende Anlehnung des königlichen Krönungseides an den Bischofseid erst ein Menschenalter später auftritt[690]. Besonders skeptisch bin ich bezüglich des korporativen Denkens. Hier darf man ja nicht spätere Ergebnisse in die Zeit Rudolfs I. vordatieren wollen. Damals kann der Körperschaftsbegriff erst in den Anfängen der Entwicklung gestanden haben. Gerade dort, wo man kollegiales Auftreten der Kurfürsten hätte erwarten sollen, bei der Erteilung von Willebriefen, ist es noch nicht nachweisbar[691]; auch das Reichsgesetz von 1281 verlangt nicht etwa die Zustimmung eines Vertreters des Kurkollegs, sondern der Majorität, besser gesagt eines Quorums von vier Stimmen[692]; diese werden einzeln abgegeben, von einem Mehrheitsbeschluß des Kurkollegs als solchem ist keine Rede.

---

[688]) Oben bei A. 653.

[689]) Daß sich im Norden eine electio per unum auf germanischer Basis ohne fremdrechtlichen Einfluß gebildet habe, lehrt *Taranger* Om Kongevalch (oben A. 524) 292, 308. Aber es scheint sich dabei doch weniger um eine echte Einkur als um einen Wahlvorschlag durch einen Gesetzsprecher zu handeln.

[690]) In der Promissio Albrechts I. für Bonifaz, dazu jetzt *F. Baethgen* in Aus Politik und Geschichte, Gedächtnisschrift f. Georg v. Below 1928, 75 ff. Übrigens tritt gerade in den Wahlanzeigen der Kurfürsten (Const. III 17, Kr. II 5) und Rudolfs (Const. III 23, Kr. II 8) an den Papst nur ganz undeutlich hervor, daß eine electio per unum vorgenommen wurde.

[691]) *Ficker* M. 3, 51 ff. *Lamprecht*, Forsch. z. deutschen Gesch. 21, 1 ff.

[692]) Const. III 290, Kr. II 15. Schon daß das Gesetz sich rückwirkende Kraft bis zur zweiten Absetzung Friedrichs II. (1250) beilegte, zeigt, daß es kein Ausdruck korporativen Denkens sein kann.

2. Dazu kommt[693], daß die electio per unum im letzten Drittel des 13. Jahrhunderts noch keineswegs die Höhe der Entwicklung, das letzte Stadium der Abstraktion erreicht hat. Sie ist noch nicht die „Hochform" der electio communis, der vollendete Ausdruck des körperschaftlichen Willens. Es ist nicht etwa so, daß der elector der einzige Wähler ist, die andern ihm nur die Grundlagen seines Entschlusses liefern, also nur beratende Stimme haben. Er ist vielmehr nur der einzige *Kieser*; bei der *Wahl* hingegen liegt ein *echter Gesamtbeschluß* vor, der vom Elector nur verkündet wird. Er vertritt das collegium, aber auch die Kollegen; bester Beweis dafür ist, daß sie die electio per unum noch nachträglich ausdrücklich genehmigen müssen[694]. Es kann sogar mehrere electores geben, je einen für jede Partei. Also wird keine einstimmige oder auch nur einmütige Wahl vorausgesetzt[695]. Die electio per unum ist nur formelle Erklärung des Gesamtwillens einer Mehrzahl von Wählern; dieser selbst beruht nach wie vor seinem materiellen Inhalte nach auf den vota singulorum.

Wenden wir dies auf die Wahl Rudolfs an, so wird zunächst zu sagen sein, daß sich die damaligen Kurfürsten wohl kaum alle Feinheiten der kanonistischen Theorie zu eigen gemacht hatten. Sie verfolgten in erster Linie praktische Zwecke; diese zu kennen ist wichtiger als alle theoretischen Erwägungen. Es sollte eine einzige Willenserklärung nach außen hervortreten, die electio; die Willensbildung selbst, tractatus, nominatio, sollte intern bleiben und so jeder Anfechtung entrückt sein. Daher konnte ja auch der böhmische Einspruch ohne weiteres abgewiesen werden! Angesichts der Unklarheiten über das Stimmrecht und der immer noch nicht beigelegten Rangstreitigkeiten vor allem zwischen den Geistlichen[696] mochte es ratsam sein, die eigentliche Wahl in das Zwielicht eines internen Beschlusses zu rücken[697].

---

693) Zum folg. der Aufsatz von *Wretschko* über die electio communis, Deutsche Ztschr. f. Kirchenrecht hsg. v. *Friedberg* 11, 1902, 321 ff., insbes. 372 ff.

694) *Wretschko* a. a. O. 384.

695) *Wretschko* a. a. O. 372 gegen *Bresslau*. Sehr klar schon *Hinschius*, Kirchenrecht II 664.

696) *Stutz*, Erzbischof v. Mainz 106. ZG. 44, 282.

697) Allerdings erfahren wir erst 1314 davon, daß die Abstimmung secrete ac sigillatim erfolgt sei, *Bresslau* a. a. O. 129, aber sicher war sie schon seit 1273 kein auf

Aber die materielle Entscheidung traf nicht der Elector, sondern die Kurfürsten trafen sie. *Er war ihr Treuhänder;* von innen gesehen lag ein Mandat, nach außen eine Ermächtigung vor. Aber doch nur zu *gebundener* Erklärung: Auch der Elector darf nicht kiesen „nach seinem Mutwillen"; nur daß hier die faktische Bindung stärker war, weil hinter den Mitkurfürsten mehr reale Macht stand als hinter den früheren Reichsfürsten. Aber da der Elector eben im eigenen, nicht im fremden Namen auftrat und der Wille der andern gar nicht erklärt wurde, wäre die Kur trotz Abweichung vom Gesamtwillen gültig gewesen[698].

Ich habe jetzt schon durchblicken lassen, worauf ich hinaus will: *daß nämlich in der electio per unum im Grunde genommen die gleichen Verhältnisse wiederkehren wie in der Kur des Sachsenspiegels*, nur in verkleinertem Maßstabe. Was dort die Ersten an der Kur taten, tut jetzt der Elector; die Rolle der übrigen Fürsten spielen jetzt die Kurfürsten; die Kur ist wieder gemindert, und zwar zum letzten Male, da nur mehr *ein* Kürsprecher fungiert. Die öffentliche Nachkur (sint kiesen die Fürsten alle) ist durch das vota dirigere, in dem zugleich der Konsens liegt, ersetzt. Die Tendenz ist in beiden Fällen genau diesselbe: Trennung der Erklärung von der Willensbildung, Formalisierung der Erklärung und dadurch bessere Sicherung ihrer Gültigkeit. Es kommt mir nur darauf an darzutun, daß wir dergestalt doch einen Anknüpfungspunkt für die electio per unum im früheren Reichsrecht haben, der erklärt, wieso ihre Übernahme aus dem Kirchenrecht so reibungslos vor sich gehen konnte, aber zugleich auch verstehen lehrt, warum der Sprachgebrauch noch so unsicher ist, daß sich die Kurfürsten selbst getrost noch als Wähler bezeichnen konnten[699]. Auch dem Volke mochten sie als solche gelten. Die Wahl

---

Öffentlichkeit berechneter Akt: nur so erklärt sich m. E. die Stimmabgabe durch Nichtkurfürsten als Vertreter, die vielleicht auch zur Einführung der electio per unum beigetragen hat, da es den persönlich anwesenden Kurfürsten nicht gepaßt haben mag, öffentlich neben den Vertretern zu stimmen.

[698]) In der Tat werfen einige Quellen dem Elector bei der Wahl Adolfs v. Nassau, dem Erzbischof Gerhard v. Mainz, Mißbrauch seines Mandats, das auf Albrecht von Österreich gelautet habe, vor; *Samanek*, Studien zur Geschichte König Adolfs, Wiener SB. 207, 2, 24 (1930).

[699]) In der Wahlanzeige nach Rom, Const. III 17, nennen sie sich eligentes; Werner

Rudolfs entsprach dem äußeren Bilde nach der Volksauffassung, ihre juristische Struktur dem kanonischen Recht.

3. Den *inneren Mechanismus* der Wahl deckt dann der sog. Schwabenspiegel auf[700]:

Darum ist der fursten ungerade gesezzet, ob dri an einen gevallen und vier an den andern, daz die dri den viern volgen suln, und also sol ie die minner menge der merren volgen. Daz ist an aller kur recht.

Das Rechtsbuch postuliert also die Folgepflicht, sicher unter dem Einfluß der Wahl des Habsburgers[701]. Das ist gut deutschrechtlich gedacht, aber nicht zwingendes Reichsrecht. Der positivrechtliche Gehalt der Stelle ist das Viererquorum, das sich auch bei den folgenden Wahlen immer wieder zeigt. Sollte das Rechtsbuch, ähnlich idealisierend wie sein großer Vorläufer, davon ausgegangen sein, daß der Kürspruch wirklich von sieben Einzelkiesern gesprochen werden muß, so würde es damit den Vorgang von 1273 außer acht gelassen haben. Also kommt man wieder zu dem Ergebnis, daß die Teilnahme der sieben Kurfürsten auch im Zeitpunkte der Wahl Rudolfs von Habsburg kein reichsrechtliches Gültigkeitserfordernis war. Sie war und blieb eine praktisch kaum zu verwirklichende ideale Forderung. *Es ist also auch niemals ein Übergang von der Einstimmigkeit sämt-*

---

v. Mainz ebenda 18 sagt noch deutlicher elegimus. In der Tat waren sie ja auch Wähler geblieben, die nur die Ausübung ihres Stimmrechts einem Mitkurfürsten übertragen hatten. Die electio per unum mußte daher später schon aus *dem* Grunde wegfallen, daß die Stimmübertragung der Mitwähler abgeschafft wurde, was spätestens durch die G. B. geschah, unten A. 756.

[700]) SchwLdR. c. 130 nach *Laßberg* (indessen ist der Artikel aus der Züricher Handschrift ergänzt). Der Satz ist nicht ganz eindeutig. Aus den Worten also sol ie die diu minner menge der merren volgen könnte man schließen, daß der Spiegler auch mit kleineren ungeraden Zahlen rechnete, also auch bei 3 : 2 und 2 : 1 eine Folgepflicht anerkennen wollte; das könnte eine Nachwirkung der kurialen Auffassung sein, wie wir sie aus dem Qui celum kennen. Aber konnte man diese Zahlen als „gesezzet" bezeichnen? Das geht doch ganz offenbar auf die schon populär gewordene Siebenzahl. Eher ist anzunehmen, daß der fragliche Satz schon zu dem Schlußsatz: daz ist an aller Kur recht überleitet. Es ist typisch für das „anreihende" Denken der Rechtsbücher, daß sie ohne äußere Zäsur zu einem analogen oder verallgemeinernden Gedanken übergehen.

[701]) Auf die Frage, wie die verschiedenen Handschriften zum bayrisch-böhmischen Kurstreit stehen, kann hier nicht eingegangen werden.

licher Kurfürsten zum Mehrheitsprinzip erfolgt. Höchstens würde man sagen können, daß vom *verdeckten* Mehrheitsprinzip zum *offenen* gewechselt wurde. Und selbst das ist nicht ganz korrekt, da es ja nicht auf eine Mehrheit ankam, die begrifflich das Vorhandensein einer Minderheit voraussetzt, sondern lediglich auf das Quorum, die Beschlußfähigkeitsziffer.

II. 1. Schon die nächsten Wahlen liefern Beweise dafür. Als Rudolf starb, hatte er bereits mit den vier weltlichen Kurfürsten über die Wahl eines Sohnes verhandelt; drei davon waren seine Schwiegersöhne, einer der Bruder eines solchen[702]. Nach seinem Tode schlossen zunächst drei weltliche Kurfürsten ein Wahlabkommen, den sog. Zittauer Vertrag[703]; Pfalzgraf Ludwig, der habsburgische Parteigänger, bemühte sich, sie für Albrecht zu gewinnen, der dann wieder vier Stimmen gehabt hätte. Siegfried von Köln sprengte Böhmen und Sachsen von dem Block ab und vereinigte sich mit ihnen und Mainz auf Adolf von Nassau. Im Andernacher Vertrag[704] mit Adolf trat er dann allerdings so auf, als ob seine Stimme genüge, um jede Wahl zu entscheiden. Über den Wahlvorgang selbst sind wir schlecht unterrichtet. *Samanek*[705] leugnet die electio per unum, weil eine Verkündung im Namen aller Kurfürsten fehle; diese war aber auch nicht notwendig. Andrerseits existiert eine Urkunde Gerhards v. Mainz, in der er seine Stimmabgabe für sich und Böhmen festlegt[706]. Daraus darf man keinesfalls schließen, daß etwa unter Berufung auf Qui celum eine Zweierwahl stattgefunden habe. Ob nicht auch Köln und Sachsen den Mainzer ermächtigt haben, wissen wir nicht; die genannte Urkunde ist kein Wahlprotokoll, die Überschrift in den Constitutiones leitet irre; sie ist lediglich für Böhmen bestimmt, um dessen Kurausübung festzulegen, was ihm natürlich angesichts der eben ergangenen Entscheidung im Kur-

[702]) Zum Folgenden *Samanek*, Wiener SB. 207, 2, 11 ff. *Hessel*, Albrecht I. (1931), 31 ff. mit Lit. Wegen der schon bei den Berufungsschreiben hervortretenden Meinungsverschiedenheiten zwischen Mainz und Pfalz vgl. *Krammer*, Kurfürstenkolleg 173 ff.

[703]) Const. III, 457.

[704]) Const. III, 460 ff., Kr. II 18.

[705]) A. a. O. 24 ff.

[706]) Const. III 463, als „Promulgatio electionis" bezeichnet; Kr. II 24.

streit mit Bayern höchst wertvoll sein mußte. Ich sehe also keinen Grund, der Colmarer Chronik[707] zu mißtrauen, die unzweideutig von einer electio per unum durch Köln spricht.

2. Die beiden Wahlen Albrechts I. sind sicher nicht von allen Kurfürsten vollzogen worden; das können wir feststellen, so viel auch im übrigen unsicher sein mag[708]. Die erste Wahl, die in engster Verbindung mit der Absetzung Adolfs v. Nassau stand, wurde wie diese selbst mit fünf Stimmen[709] vollzogen; der Trierer und der Pfälzer hielten noch an Adolf fest. Die Führung hatte Gerhard von Mainz, der ja auch das Absetzungsurteil verkündet hatte[710]; darin läßt sich eine Entsprechung zur electio per unum sehen; auch hier ist das Urteil der Kurfürsten die materielle Grundlage, das wie jedes echte Reichsurteil in deutschrechtlicher Weise erfragt und gefunden wurde; das Verfahren selbst war ein Eremodizium, da die Schuld Adolfs, der zum peremptorischen Termin nicht erschienen war, durch Zeugen und Urkunden festgestellt wurde[711]. Nach seinem Tode legte Albrecht, um eine ganz sichere Rechtsgrundlage zu schaffen, am 24. Juli 1298, wie 1205 Philipp, die Krone nieder[712] und stellte sich zu einer neuen Wahl, die mit sechs Stimmen (ohne Böhmen) und möglicherweise mit Trier als elector erfolgte[713]. Besonders tritt die Annahme der Wahl durch Albrecht[714] hervor sowie die Beteiligung der Kurfürsten an der Krönung durch das Geleit nach Aachen[715]. Schon nach der er-

---

707) Scr. 17, 257; Kr. II 25.

708) Zum folgenden *Hessel*, Albrecht I. 55 ff. mit reicher Lit. *Stutz* ZG. 44, 284.

709) Nach *Schliephake*, Geschichte von Nassau III 456 hätte Kurfürst Albrecht von Sachsen als elector nur im Namen von drei Kurfürsten die Wahl vollzogen.

710) Const. III 549, Kr. II 26. Dazu *Domeier*, Die Päpste als Richter über den deutschen König 109 ff.; Absetzung Adolfs von Nassau 1889; *Krammer*, Kurfürstenkolleg 178 ff.; *Kern*, Gottesgnadentum 270; *R. Loening*, Zeitschrift f. d. ges. Strafrechtswissenschaft 7, 1887, 674 f.

711) Const. III 551 c. 5.

712) *Hessel* a. a. O. 61; das Datum zu Unrecht bestr. von *Krammer* a. a. O. 186.

713) Aus der kurfürstlichen Wahlanzeige an Bonifaz VIII., Const. IV 8, Kr. II 31, ist nichts zu entnehmen. Beachtenswert ist das Fehlen der Bitte um Approbation, *Krammer* 184, *Hessel* 112. *Feine* ZK. 58, 382; das Kurfürstenkolleg geht auch Rom gegenüber eigene Wege, Rense kündigt sich an.

714) *Krammer*, Wahl und Einsetzung 15.

715) Wie bei Adolf, vgl. *Samanek* 38 f.

sten Wahl hatte eine weltliche Erhebung stattgefunden, indem Albrecht im Lager zu Alzey auf einem geschmückten Pferde dem Volke gezeigt wurde[716]. Bald nach seinem Regierungsantritt kam es zu dem oppositionell gerichteten Kurverein von Heimbach[717] zwischen den drei Erzbischöfen und dem Pfälzer; letzteren brauchte man, da er das angestrebte Absetzungsverfahren gegen Albrecht leiten sollte; seine vom Schwabenspiegel stark betonte und dadurch gefestigte Stellung als Richter über den König sollte praktisch werden[718]. Hier haben wir also wieder den alten Viererblock in seiner ursprünglichen Gestalt.

3. Heinrich VII. ist 1308 von sechs Kurfürsten einstimmig gewählt worden, als elector fungierte der Pfalzgraf bei Rhein[719]. Das Wahldekret[720] hingegen ist nur von vier Kurfürsten unterzeichnet; bei der Beurkundung ließ man also die Mindestzahl genügend sein. Der spiritus rector der Wahl war der Bruder des Gewählten, Balduin von Trier, der aber nach außen hin anderen den Vortritt ließ[721]. Auf ihn, den Kenner des kanonischen Rechts[722], dürfte die auffallend genaue Fassung der Wahlurkunde zurückzuführen sein. Dort finden wir zum ersten Male eine förmliche Verwahrung gegen die Anwesenheit Nichtberechtigter[723]; ihre Stimmen sollen als nicht abgegeben gelten. Das geschah wegen der strittigen Berechtigung der Herzoge von Lauenburg, die gekommen waren, um die sächsische Kurstimme abzu-

---

716) *Krammer*, Kurfürstenkolleg 190. Wahl und Einsetzung 33.

717) Urk. von 1300 Okt. 14 Const. IV 1241, Kr. II 37; *Hessel* 94; *Kern* a. a. O. 268.

718) SchLR. 147, *Weizsäcker*, Der Pfalzgraf als Richter über den König, Abh. der Göttinger Gesellsch. der Wiss. Bd. 33, 1886; *Zeumer*, Gold. Bulle I 37 f.; *Ficker* II, 1, 1, 166.

719) *Fr. Schneider*, Heinrich VII. (1929) 17 ff.; *E. E. Stengel*, Avignon und Rhens, QuSt, 6. 1, 1930, 1 ff., insbes. 19 ff. interessante Angaben über das immer noch bestehende Übergewicht der *geistlichen* Kurfürsten (Peter von Mainz als „Königsmacher" auf seinem Grabstein!) und über Wahlbündnisse mit ihnen, bei denen stets vier Stimmen zusammengefaßt werden.

720) Const. IV 228 ff., Kr. II 48. *Krammer*, Kurfürstenkolleg 218 ff. Weitere Angaben DW. 7612.

721) *Stutz* ZG. 44, 286.

722) *Schneider* a. a. O. 24. Weitere Literatur über ihn DW. 7722. Dazu *E. E. Stengel*, Balduin von Luxenburg, ein grenzdeutscher Staatsmann des 14. Jahrhunderts, 1937.

723) c. 2 des Wahldekrets.

geben[724]. Im Jahre 1273, wo die Lage ja ähnlich gewesen war, bedurfte es noch keiner Verwahrung, weil ja seit dem Vertrag vom 11. September zwischen den vier rheinischen Kurfürsten die Wahl sachlich schon entschieden, die bayrische Stimmabgabe also für alle Fälle bedeutungslos war, während 1308 vielleicht gerade mit der strittigen Stimme die Vierzahl erreicht worden wäre.

Die nominatio und electio wird ebenfalls ganz genau beurkundet, wobei auffällt, daß die electio zwar als im Auftrag aller Kurfürsten erfolgt bezeugt wird, dann aber doch wieder *omnes et singuli* electores die Genehmigung dazu aussprechen[725]. Der Fortschritt zum kollegialen Gedanken hin ist also doch nicht so entscheidend, wie z. B. von Krammer[726] angenommen wurde.

4. Über die Doppelwahl von 1314 sind wir gut unterrichtet[727]; für unsere Zwecke bietet sie aber nicht einmal besonders viel Bemerkenswertes. Auf beiden Seiten fand eine electio per unum statt; auf Friedrich den Schönen fielen vier, auf Ludwig fünf Stimmen; zwei Kuren, die böhmische und die sächsische, wurden zwiefach ausgeübt, wodurch eben die Doppelwahl überhaupt erst möglich wurde. Vom heutigen Standpunkt aus können wir sagen, daß *nur Ludwigs Wahl gültig* war, weil auf Friedrichs Seite diejenigen Prätendenten standen[728], die später unterlagen; aber damals war das noch nicht sicher, der Konflikt also mit den Mitteln des Wahlrechts nicht zu beheben; es war eine ähnliche Lage eingetreten wie bei Stimmengleichheit, die ja einen typischen Fall der discordia bildete. Man sieht sofort den schwe-

---

[724]) *Philipps* Königswahlen 177 ff. *Lammert*, Der Streit um die Kurwürde zwischen Sachsen-Lauenburg und Sachsen-Wittenberg, HVjschr. 30, 1935, 305 ff.

[725]) c. 5: Electione autem huiusmodi celebrata, eam *omnes et singuli* electores alii predicti approbavimus . . . .

[726]) A. a. O. 231 ff. Historisch interessant ist sein Hinweis auf die französische Publizistik, vor allem *Pierre Dubois*, der damals die Übertragung des Kaisertums auf Frankreich forderte. Dazu *Kämpf*, Pierre Dubois (oben A. 342).

[727]) DW. 7620; bes. *Schrohe*, Der Kampf der Gegenkönige Ludwig und Friedrich um das Reich, 1902, 48 f. *K. Wimmer*, Kaiser Ludwig der Bayer im Kampfe um das Reich, 1942, führt kaum weiter.

[728]) Nämlich die Sachsen-Lauenburger und Heinrich von Kärnten, dem es auch später nicht mehr gelang, gegen die Luxemburger in Böhmen Fuß zu fassen. *Weizsäcker* a. a. O. (oben A. 564) 201.

ren Nachteil, den der numerus clausus der Kurfürsten mit sich brachte: Jeder Thronstreit und jede Teilung in einem der Kurlande konnte zum Reichskrieg zwischen zwei Thronanwärtern führen. Eine Ausgleichsmöglichkeit hätte nach dem Weistum von 1262 die Gerichtsbarkeit des Pfalzgrafen geboten, die aber 1314 aus naheliegenden Gründen nicht in Frage kam; an den Papst in Avignon wollte man sich offenbar nicht wenden[729]; so mußten die Waffen entscheiden. Die G. B. wollte alle Schwierigkeiten solcher Art ausschließen durch ihre Bestimmungen über die Unteilbarkeit der Kurlande; damit enthält sie zugleich ein stillschweigendes *Doppelwahlverbot*[730]; aber wie es im Falle des Streites um ein Kurland und das darauf haftende Kurrecht hätte gehalten werden sollen, erfahren wir auch aus ihr nicht.

III. Die Doppelwahl von 1314 war für das Reich nicht von der gleichen erschütternden Wirkung wie ihre Vorgängerin von 1197. Aber sie hat ihre Schatten doch über die Verhandlungen der Kurfürsten, die in die Regierungszeit Ludwigs von Bayern fallen, geworfen. In ihnen sind bekanntlich Versuche gemacht worden, die Königswahl sowie die königlichen und kaiserlichen Regierungsrechte auf eine neue Grundlage zu stellen. Diese Versuche sind indessen, was nicht immer genügend beachtet wird, ganz und gar aus der gegebenen politischen Lage heraus zu verstehen; vieles in ihnen hat nur Augenblicksbedeutung; daraus erklärt es sich, daß die G. B. nur einen Teil der Ideen von 1324 und 1338 übernommen und zum bleibenden Bestand des Reichsrechts gemacht hat.

1. Schon in seiner ersten Anklageschrift[731] von 1323 hatte Papst Johann XXII. dem König vorgeworfen, er habe sich, trotzdem er in discordia erwählt sei, die Regierungsrechte angemaßt. Der Wortlaut: prefati Romani regni *nomen sibi et titulum regium* usurpavit ist sehr bezeichnend, denn er zeigt, daß man unter dem nomen regium noch das Königtum als solches im strikten Gegen-

---

[729]) Wenigstens nicht von der Seite Ludwigs; *Krammer*, Kurfürstenkolleg 253 f.

[730]) *Stutz*, Erzbischof v. Mainz 116[6]. Besser wäre wohl davon zu sprechen, daß der Gesetzgeber durch den ganzen Aufbau des Gesetzes die Doppelwahl unmöglich zu machen versuchte.

[731]) Const. V 616; *Zeumer*, Quellensammlung[2]) 173; Kr. II 71.

satz zum königlichen Titel verstand. Dann werden einzelne Regierungshandlungen aufgezählt, die Ludwig nach kurialer Ansicht sich angemaßt habe und die als zu den iura regni *et imperii* gehörig bezeichnet werden; besonders treten italienische Angelegenheiten hervor[732]. Unter imperium ist also deutlich die weltliche Reichsverwaltung im früher dargelegten Sinne verstanden. Auf diese Anklagen antwortete Ludwig in seinen Appellationen[733], in ihnen bestreitet er den Mangel seines Rechts; es fällt auf, daß in der ersten Berufungsschrift anscheinend geflissentlich fast nur von rex und regnum die Rede ist[734], erst im Zusammenhang mit der vacatio imperii fällt dieses Stichwort[735], das aber offenbar völlig gleichbedeutend mit regnum sein soll.

2. Für das Wahlrecht werden in den genannten Appellationen folgende Behauptungen aufgestellt:

a) daß der von der Mehrheit der Kurfürsten, nämlich von vieren (!) Gewählte *stets in concordia gewählt* sei[736]; hier haben wir einen äußerst wichtigen Beleg für die Gleichsetzung von Mehrheit und Quorum;

b) daß aber gegebenenfalls sogar eine *Zweierwahl* als genügend

---

[732]) Besonders erwähnt werden die Abnahme des Treueids in Deutschland und Italien und die Verleihung von Ämtern, besonders der Mark Brandenburg (die Prozeßschrift nennt sie Mark Magdeburg, was in der Sachsenhäuser Appellation nicht ohne einen leicht spöttischen Unterton richtiggestellt wird).

[733]) Vollständig in Const. V, 641, 655, 722; auszugsweise bei *Zeumer* a. a. O. 175, Kr. II 74 ff. Literatur: DW. 7626; *Zeumer* N. A. 37, 1911; *Hauck*, Kirchengeschichte V (1920) 485 ff.

[734]) In gehäuften Ausdrücken c. 13: *rex* est et pro *rege* habetur et *rex* nominatur, et eidem ab omnibus paretur et intenditur sicut *regi*, ac iura *regni* libere administrat . . .

[735]) C. 15: Et quia ex premissis patet . . . quod sacri regni regimen gubernamus, prorsus a veritate discrepat, quod dicit *imperium* vacare et eiusdem sibi regimen pertinere. Ex quo enim rex sumus . . . non poterit dici vacare, quod habet regem regentem et *regendi regnum et imperium* potestatem habentem, solis dumtaxat infulis imperialibus coronandum. Der rex imperium gubernans entspricht durchaus den Vorstellungen, die wir uns (oben Kap. 4 II) von Philipps Stellung als Träger der „imperatura" gebildet haben.

[736]) Const. V Nr. 910 (sog. Sachsenhäuser Appellation) c. 11: Primo quia ille censetur *in concordia electus ad imperium*, qui a maiori parte electorum, puta a quatuor electus fuerit. Hier findet sich wieder die „objektive" Wendung electus ad imperium, die an die electio in imperaturam (oben bei A. 371) erinnert.

angesehen werden müsse[737], also ein Rückgriff auf die Theorie des in Qui celum überlieferten Weistums; diese Behauptung spielt später keine Rolle mehr; es war auch gefährlich, sie überhaupt zu bringen, da sich ja unter Umständen auch die Gültigkeit der Wahl Friedrichs von Österreich[738] hätte ableiten lassen;
c) daß also jeder lüge, der behaupte, Ludwig sei in discordia gewählt. Trotzdem werden gerade für den Fall, daß eine solche Wahl in discordia angenommen werden sollte, Hilfserwägungen angestellt. Dann soll die tatsächliche Erlangung der Reichsgewalt entscheiden, und zwar mit rückwirkender Kraft, so daß alle Regierungshandlungen des Siegers als von Anfang an gültig anzusehen sind. Damit soll dargetan werden, daß auch das Bestehen eines Gegenkönigtums, wenn es später unterliegt, der Rechtmäßigkeit der Verwaltung keinen Abbruch tut.
3. Diesen Gedanken führt das *Weistum über die Königswahl und die Regierungsrechte* fort, das die Kurfürsten am 16. Juli 1338 zu *Rens* fanden[739], wenn es sagt, daß es keiner Bestätigung durch den Papst zur Übernahme der Reichsgeschäfte (super administratione bonorum et iurium imperii) und zur Führung des Königstitels mehr bedarf,
postquam aliquis a principibus electoribus imperii vel a maiori parte numero eorundem principum etiam in discordia pro rege Romanorum est electus.
Wollte man den Gedanken ganz scharf, fast paradox ausdrücken, so müßte man sagen: *Der in concordia Gewählte handelt auch bei bestehender discordia gültig.* Denn diese discordia kann ja eigentlich nur mehr etwas rein Faktisches sein, eine Weigerung der Minorität, die Mehrheitsentscheidung anzuerkennen. Eine solche discordia aber ist rechtlich unbeachtlich, sie ist ein Arcanum der Willensbildung. Nach außen hin ist auch durch die Mehrheit die

[737]) A. a. O. c. 12.

[738]) Daß dieser dauernd vom Schauplatze abtreten werde, ließ sich 1324 noch nicht mit voller Sicherheit voraussehen.

[739]) Bester Druck bei *Zeumer*, N. A. 30, 110 ff., danach *Zeumer*, Quellens.[2] 183 und Kr. II 91. Dazu *Hoehlbaum*, Der Kurverein von Rense, Abh. der Wiss. Ges. Göttingen 7, 3 (1903). *Stengel*, Avignon und Rhens 112 ff. *Ruffini Avondo*, princ. maggioritario 486 ff. *Feine* ZK. 58, 393. *Fr. Bock*, Imperium und Nationalstaaten im späten Mittelalter, Vergangenheit und Gegenwart 27, 519 f.

volle concordia hergestellt; der *erklärte* Mehrheitswille entscheidet. Daraus ergibt sich ferner, daß keinesfalls etwa im Renser Weistum bereits mit discordia die Mehrheits-, mit concordia die einstimmige Wahl bezeichnet werden sollte.

4. Dieser Sprachgebrauch tritt vielmehr erst in der sog. Denkschrift „Subscripta“ auf[740], dem Werk eines unbekannten Verfassers, wohl aus dem Kreise der Minoriten, von der das Königswahlgesetz Ludwigs des Bayern vom 6. August 1338 („Licet iuris“) stark beeinflußt ist. *Hier zuerst wird die Mehrheitswahl im vollsten Gegensatz zur geschichtlichen Entwicklung als in discordia erfolgt bezeichnet*; einzig die Wahl durch alle Kurfürsten soll in concordia sein; daher tritt jetzt die Wendung auf: *concorditer vel a maiori parte*[741], die dann auch in das Gesetz „Licet iuris“ und die G. B. übergegangen ist. Sachlich bedeutet das keine Änderung; die einstimmige Wahl wird nur als möglich und vielleicht wünschenswert, zugleich aber die Mehrheitswahl — besser die Wahl durch ein beschlußfähiges Kolleg von vier Stimmen — als genügend bezeichnet. Diese Neuerung lag logisch durchaus in der Linie der Entwicklung. Hiermit ist die Majorität zum Organ des Kollegs erklärt und zugleich dessen Entwicklung abgeschlossen; es steht jetzt einer *offenen* Mehrheitsbildung nichts mehr im Wege; auch der Öffentlichkeit gegenüber bedarf es nicht mehr der Verschleierung interner Differenzen durch die electio per unum; diese kann jetzt fallen gelassen werden. An ihre Stelle tritt jetzt ein rein juristisches, denktechnisches Mittel, die später auch in der Goldenen Bulle verwendete *Fiktion*, daß die Mehrheitswahl als einstimmige, die faktisch in discordia geschehene Wahl rechtlich als in concordia vollzogen gilt[742]. Die *interne* Folge-

---

740) Zuerst hsg. von *Ficker*, Wiener SB. 1853, 709, dann von *Stengel*, Nova Alamanniae, I 1921, 402 ff., danach Kr. II 96.

741) In deutscher Fassung in dem von *Stengel* entdeckten Kurfürstenweistum vom Frankfurter Reichstag März 1339, Nova Al. Nr. 613 S. 421: *eynmutlichen oder* von dem *meren teyle* der Kurfürsten.

742) Kap. II 4 (*Zeumer*, Goldene Bulle II, 15): Postquam autem ... ipsi vel pars eorum maior numero elegerit, talis electio perinde haberi et reputari debebit, ac si foret ab ipsis omnibus nemine discrepante concorditer celebrata. Die Fiktion wird schon angedeutet in einer offiziösen Zusammenstellung über die Reichsrechte, die jetzt bei *Stengel*, Nova Al. I 391 gedruckt ist („Inferius describantur“), wo es

pflicht, die ja schon bisher nicht zwingendes Reichsrecht war, allenfalls aber auf Verträgen beruhte, verliert jetzt an Bedeutung, wiewohl noch später Fälle vorkamen, in denen auf einen Beitritt anfänglich Andersdenkender Wert gelegt wurde[743].

5. Aber noch in einer andern Beziehung ist die Denkschrift „Subscripta" wichtig. Sie bringt auch einen ganz neuen Ton in die Erörterungen über das Verhältnis von Regnum und imperium hinein. Bis dahin stand man auf dem Standpunkt: Der mit vier Stimmen gewählte König hat die Verwaltung der imperialen Rechte ohne päpstliche Approbation, gegen sie vor allem richtete sich das Renser Weistum; auch der Aachener Krönung wird nicht mehr gedacht, sie hat ihre rechtsbegründende Funktion verloren. In „Subscripta" lesen wir aber, daß der Gewählte

efficitur verus imperator seu rex Romanorum, quod idem est, quia ista non differunt in essencia, sed in nominibus et iuris exercitio, ut probari potest iure et consuetudine.

Also zum ersten Male eine vollständige Gleichstellung von Regnum und imperium der Sache nach, nur noch eine Unterscheidung der nomina, die jetzt der „essencia" gegenüberstehen und bloße *Titel* bedeuten. Hier haben wir einen deutlichen Einbruch des nominalistischen Denkens vor uns, und dieser macht sich sofort auch im Reichsrecht geltend, nämlich im *Gesetz „Licet iuris"* vom 6. August 1338[744], wo aus der Wahl der Kurfürsten die Stellung des „verus imperator" abgeleitet wird, des Weltkaisers, dem alle Nationen Gehorsam schulden, der kraft göttlichen Rechtes die plenitudo potestatis imperialis für sich in Anspruch nehmen darf und selbstverständlich aus dieser Weltmachtbehauptung heraus auch über die weltlichen Regierungsrechte im Reich zu verfügen hat[745]. Damit ist die päpstliche Krö-

---

in Art. 4 heißt, der von der Mehrheit Gewählte sei *tamquam* in concordia electus habendus.

[743]) Vgl. *Stutz*, Erzbischof von Mainz 117[1]: Bei der Königswahl Ferdinands II. wird der Vertreter der Kurpfalz, der als einziger für Wittelsbach gestimmt hatte, nach Abfragung der übrigen Stimmen nochmals befragt, ob er sich nicht anschließen wolle, und bejaht dies.

[744]) *Zeumer*, Quellens.[2] 184, Kr. II 97.

[745]) Das sagen vor allem die Eingangsworte des Gesetzes: Imperator ex sola electione eorum ad quos pertinet electio verus efficitur imperator nec alicuius eget confirma-

nung wirklich zu einer bloßen Form, der Kaisername zum leeren Titel abgewertet. Diese stolze Sprache richtete sich nicht nur gegen das Papsttum, sondern auch gegen die Macht des werdenden französischen Nationalstaates, zu dessen Exponenten sich jenes hergab. In verschärfter Form und in deutscher Sprache bestätigten die Kurfürsten das Gesetz Licet iuris auf der Frankfurter Tagung vom März 1339; ja sie gingen in einzelnen Formulierungen noch darüber hinaus[746]. Jetzt schien es, als sei der Gedanke des Kardinals von Ostia Wirklichkeit geworden, der schon über zwei Menschenalter früher den deutschen Fürsten die Bezeichnung des Kaisertums als durch die römische Krönung erworbenen bloßen Titel in den Mund gelegt hatte. Aber es war wirklich nur ein Schein, und in gemäßigten Kreisen scheint man die Übersteigerung empfunden zu haben[747]. Schon

---

tione seu approbatione, quoniam in temporalibus superiorem non habet in terris, sed eidem omnes subsunt nationes . . . Den Übergang von der vorsichtigeren Renser Fassung zu der schärferen des Kaisergesetzes verfolgt *R. Most*, Der Reichsgedanke des Lupold von Bebenburg, DA. 4, 470. Übrigens fällt schon in der Denkschrift „Fidem catholicam", Kr. II 98, die von *Stengel*, Nova Alemannie I 343 auf den Mai 1338, nicht wie bisher allgemein (vgl. *Hauck*, Kirchengs. V 555) auf August datiert wird, die starke Vermischung des König- und Kaisertums auf, die auf eine bloße Wertung als Titulaturen schließen läßt; sie kehrt den früher üblichen Sprachgebrauch geradezu um, wenn sie sagt quod electus in *imperatorem* ex sola electione est *rex* Romanorum. Nach *Stengel*, Avignon und Rens 109 ist sie das Erzeugnis minoritischer Federn, vielleicht sogar des Führers der neueren Nominalisten, Wilhelms v. Occam.

746) *Stengel*, Avignon und Rens 174. Nachwirkungen des Frankfurter Reichstags im Schrifttum der Reformationszeit: *Johannes Kymaeus*, Des Babstis Hercules wider die Deudschen, hsg. von O. *Menzel*, Cusanus-Studien VI, Heidelberger SB. Hist.-Phil. Kl. 1941, 6, 41.

747) Es ist sehr schwer festzustellen, ob das Gesetz Licet iuris eigentlich *unmittelbar* praktische Folgen gezeitigt hat. *Stengel* a. a. O. 167 scheint daran zu zweifeln; er weist darauf hin, daß die auf dem Reichstag zu Coblenz, 5. Sept. 1338, verlautbarten Erklärungen (vgl. das Notariatsinstrument in Nova Alemannie I 370 ff.) das Gesetz gar nicht erwähnen, sondern viel eher dem Sprachgebrauch des Kurfürstenweistums folgen, indem sie z. B. den Ausdruck „verus imperator" abschwächen zu „verus rex Romani imperii". Aber vielleicht ist das doch mehr eine formelle als eine sachliche Abweichung. Denn das Gesetz „Licet iuris", das ja zu Coblenz neu verkündet wurde, scheint doch die einzig mögliche sachliche Grundlage für die dort vollzogenen Regierungshandlungen zu sein, als da sind die Einsetzung des Königs Eduard III. von England als Reichsvikar, die Anerkennung seines Anspruchs

Lupold v. Bebenburg, der spätere Erzbischof von Bamberg, polemisiert in seinem 1340 vollendeten Traktat De jure regni et imperii[748] zugleich gegen den Hostiensis und die minoritisch-nominalistische Auffassung, der sich der Kaiser angeschlossen hatte. Für ihn ist es absurd, ja lächerlich, daß die Krönung in Rom *propter nomen imperatoris tantummodo consequendum* geschehen soll [749]; die Wahl gibt dem rex Romanorum die kaiserliche Gewalt im eigentlichen Reichsgebiet, wie es Karl der Große und Otto besessen haben; die Herrschaft über die Oikumene der gesamten Christenheit kann er nur in Rom erwerben. Das ist genau dieselbe Lösung, die wir als den wahren Inhalt des Braunschweiger Weistums von 1252 ermittelt haben.

Lupold ist der lebendigste Beweis für die Kontinuität, die Beharrlichkeit des deutschen staatsrechtlichen Denkens[750]. Vom

---

auf Frankreich, die Aufhebung des päpstlichen Interdikts für Deutschland. Ob nicht auch noch ein so einzigartiger Akt wie die Scheidung der Ehe der Margareta v. Tirol nur auf Grund der Gesetze von 1338 zu erklären ist, wäre noch zu untersuchen. Jedenfalls haben sich gerade die geistigen Väter des Gesetzes „Licet iuris" zu ihr, bzw. zur Zuständigkeit des Kaisers in Ehesachen geäußert, nämlich *Wilhelm v. Occam*, vgl. *Bornhak*, Staatskirchliche Handlungen und Anschauungen am Hofe Kaiser Ludwigs des Bayern, QuSt. 7, 1, 1933, 144 ff., und Marsilius v. Padua in seinem Tractatus de iurisdictione imperatoris in causis matrimonialibus, bei *Goldast*, Monarchia S. Imperii II 1383. Vgl. dazu noch *Valois*, Jean de Jandun et Marsile de Padoue, Histoire littéraire de la France XXXIII, 1906, 617 f.; *F. Battaglia*, Marsiglio da Padova e la filosofia politica del medio evo, 1928, 208; *G. de Lagarde*, La naissance de l'esprit laique au declin du moyen âge 1934, II, Marsile de Padoue ou le premier théoreticien de l état laique, 37 ff.

[748]) Gedruckt bei *S. Schard*, De iurisdictione, auctoritate et praeeminentia imperiali 1609, im Auszug bei Kr. II 103 ff.

[749]) Sed quia videtur quodammodo *absurdum*, ne dicam *ridiculum* quod haec promotio ad imperium, quae fit per unctionem et coronationem imperialem, fiat propter *nomen* imperatoris tantummodo consequendum . . . Dann polemisiert er zugleich ausdrücklich gegen den Hostiensis und seine Auslegung des Braunschweiger Weistums. Über die Haltung Occams in den strittigen Fragen vgl. zunächst *Hauck*, Kirchengesch. V 558 ff.

[750]) Über seinen Reichsgedanken vgl. *R. Most* a. a. O. (oben A. 717) 444 f., bes. 457 f. (Der deutsche König herrscht kaiserlich, ist im Reiche Kaiser; dieses „Reichskaisertum" wird vom „Weltkaisertum" streng geschieden, ganz im Gegensatz zu Occam.) Von hier aus führt eine gerade Linie zurück zu Johannes Teutonicus und Eike von Repgow, vgl. oben A. 529. Über die geistigen Beziehungen Balduins v. Trier zu Lupold v. Bebenburg vgl. *Stengel*, Avignon und Rens 220 f.; dort

rex Philippus, der in imperaturam gewählt wurde, über das Braunschweiger Weistum von 1252 bis zum rex Romani imperii von 1338 führt eine gerade Linie. Stets beanspruchte die deutsche Auffassung, der die Wahrung der Würde und Ehre des Reiches oberstes Gebot war, daß der König frei sei und keiner Approbation bedürfe, wenn es sich um die Ausübung der temporalen Rechte im Reichsgebiet handelte. Angriffe des Papsttums auf dieses Nationalkaisertum werden kräftig und entschieden abgewehrt. Aber es wird doch zugleich anerkannt, daß es noch ein mit diesem Nationalkaisertum nicht identisches Imperium im weiteren und höheren Sinne geben könne, eine Weltherrschaft mit geistigen Mitteln, die aber auch ihrerseits alles andre sei als ein bloß abstrakter Begriff, vielmehr eine lebendige Realität, aus der Rechte und Pflichten ganz besonderer Art sich herleiten; eine höchste Würde der Christenheit, dem Primat des Papstes nicht unter- sondern nebengeordnet, aber doch nur durch seine Vermittlung zu erlangen.

IV. Damit sind wir in die unmittelbare Nähe des großen Reichsgrundgesetzes gelangt, mit dem unsre Arbeit abschließen soll.

1. Wenn es richtig ist, daß Lupold auch zu den Beratern gehört hat, die Karl IV. bei Abfassung der G. B. um sich hatte, so müssen wir deren Schweigen in der Frage der päpstlichen Approbation als eine Fortsetzung dieser geschichtlichen Linie auffassen. Sie bedeutet daher nicht eine stillschweigende Billigung, sondern eine stillschweigende *Ablehnung* des Approbationsanspruches[751]; das einzige, was sie vielleicht an Zugeständnissen enthielt, war,

auch weitere Lit. *Balduins* Bericht an den Papst Benedikt über die Renser Beschlüsse (Kr. II 94) ist ebenso gemäßigt gehalten wie Lupolds Traktat. *Stengel* a. a. O. 143. – Übrigens kehrt Lupold auch bei der Begriffsbestimmung von concordia und discordia zur älteren Ansicht zurück, wenn er schreibt (bei *Schard* p. 380): Quando autem alius est electus a maiori parte principum, . . . non est dicenda talis electio discors, nec dicuntur vota principum dividi, sed potius electio huiusmodi dicitur iuris interpretatione esse concors . . . Diese Auffassung bildet zugleich die Brücke zur Fiktionstheorie.

[751]) Hierauf ist vielleicht nicht ganz ohne Einfluß geblieben die scharfe Stellungnahme des Marsilius von Padua, der ja erklärt, durch das Approbationsrecht werde die Entscheidung der Kurfürsten zur Bedeutungslosigkeit verurteilt: „tantam enim septem tonsores aut lippi possent Romano Regi auctoritatem tribuere." Defensor pacis 2, 25.

daß sie die Approbation als zulässig und möglich erscheinen lassen wollte[752]. In der Frage des Reichsvikariatsrechts ist sie einen Schritt weiter gegangen, indem sie durch reichsgesetzliche Regelung den päpstlichen Vikariatsanspruch zweifelsfrei ausschloß[753]. Der päpstlichen Krönung gedenkt sie nicht, hier war alles der künftigen Entwicklung überlassen. Aber die Schärfen des Gesetzes Licet iuris, die nur einer augenblicklichen politischen Lage entsprungen waren, einer Lage, die dann Ludwig selbst nicht hatte ausnützen können, sind in dem Reichsgrundgesetz Karls IV. verschwunden.

Der gleiche Zug von Traditionsgebundenheit beherrscht nun aber auch die Bestimmungen der G. B. über das Königswahlrecht selbst. Sie will keine Neuerungen einführen, sondern das zur Zeit ihrer Entstehung geltende Reichsrecht festlegen[754]. In diesem Punkte zeigt sie dieselbe konservative Haltung wie die großen Rechtsbücher. Genau so wie diese will sie einen ordo für die Königswahl geben; sie will den normalen, einwandfreien Verlauf einer solchen bei Beteiligung aller sieben Kurfürsten schildern; pathologische Fälle behandelt sie nicht[755]. Sie will die Möglichkeit von Zwiekuren radikal ausschließen und rechnet nicht mit ihrem Vorkommen in der Zukunft.

2. Wie sie dieses Ziel zu erreichen sucht, kann im einzelnen nicht noch einmal dargestellt werden. Wir brauchen nur noch das Fazit aus den Erörterungen der letzten Kapitel zu ziehen, die fast zwangsläufig zu dem Endpunkt, eben dem Gesetz Karls IV., hingeleitet haben. Nur kurz soll auf folgendes hingewiesen werden:

a) Die G. B. bringt den Gedanken der *unitas actus* zur uneingeschränkten Anwendung. Nur am Wahlort und am angesetzten Wahltag ist die Abgabe der Kur möglich. Jede Nachwahl ist

---

752) So auch *Feine*, Approbation der luxemburg. Kaiser, ZK. 58, 369 ff. Die erste – unerbetene – Approbation einer *einhelligen* Wahl war die Albrechts I. 1302, ebenda 382. Auch Heinrich VII., Ludwig der Bayer und Karl IV. haben die Approbation nicht erbeten, wohl aber tat es Friedrich der Schöne, ebenda 389, 394.

753) G. B. c. 5, *Zeumer* I 33 ff., *Triepel*, Das Interregnum (1892) 25 ff. Weitere Lit. bei *Schroeder-v. Künßberg*, Lehrbuch⁷ 526, 1047.

754) *Ruffini Avondo*, Principio maggioritario 569.

755) *Stutz* ZG. 43, 238.

ausgeschlossen, ebenso die Wahl eines Gegenkönigs an einem andern als dem Wahlorte; eine Berufung darauf, daß Frankfurt von der Gegenpartei besetzt gehalten werde, wäre künftig nicht zu beachten gewesen. Der Kurfürst, der trotz ordnungsmäßiger Ladung weder rechtzeitig eintrifft noch für Vertretung sorgt[756], ist ausgeschlossen und für diesmal seines Wahlrechts verlustig (c. 1 § 18)[757]. Das bedeutet Anwendung des Eremodizialprinzips auch in dem Sinne, daß trotz des Ausschlusses Einzelner ordnungsmäßig verfahren werden kann, solange das Kurkolleg beschlußfähig ist; dem Ausgeschlossenen steht kein Anfechtungsrecht zu, er muß sich unterwerfen. Genau so muß ein verspätet eintreffender Kurfürst oder Vertreter dem Wahlprozeß in der Lage beitreten, in der er sich gerade befindet. Diese letzte Bestimmung (c. 2 § 4, Satz 2), die die Wirkung einer Teilversäumnis behandelt und systematisch zu c. 1 § 18 gehört, ist eng an die schon erwähnte Fiktion angeschlossen, nach der die Mehrheitswahl als einstimmige und einmütige anzusehen sei. Daraus ergibt sich der Zusammenhang: Der Fernbleibende wird der überstimmten Minorität zugezählt, und umgekehrt: Die in der Minderheit Bleibenden gelten gleichsam als ausgeblieben, se alienos fecerunt.

b) Nun ist allerdings sofort zu fragen, wie weit dieses Ausschlußprinzip getrieben wird, und wo seine Grenze dadurch erreicht ist, daß eine Beschlußfähigkeitsziffer vorausgesetzt wird. Das Gesetz gibt über diesen Punkt keine klare Auskunft, und so ist hier eine der berühmtesten Streitfragen[758] entstanden, ob nämlich die Majorität *aller* Kurfürsten oder nur die *der anwesenden* gefordert wird, also allenfalls auch mit zwei gegen eine Stimme

---

[756]) Ausgeschlossen von der Übernahme der Vertretung sind jetzt die Kurfürsten selbst, *Stutz* a. a. O. 238[4]. Dadurch sollte die Häufung von Stimmen in einer Hand vermieden werden. Es mußte also ein mit schriftlicher Vollmacht zur Stimmabgabe ausgerüsteter Vertreter erscheinen. Ein bloßer „Scheinbote", der nur die Abwesenheit des Kurfürsten zu entschuldigen hatte, wäre unbeachtet geblieben.

[757]) *Ludewig*, Vollständige Erläuterung zur G. B., Frankfurt 1716/19, I 218 hat dafür den guten Ausdruck „stimmfällig".

[758]) Seit der ausführlichen Erörterung von *Ludewig* a. a. O. 372 ff. von allen Schriftstellern behandelt; ausführl. Angaben bei *Hoyer* ZG. 42, 51 ff., der auch zum folgenden zu vergleichen ist.

eine gültige Wahl zustande kommen könnte[759], vorausgesetzt natürlich, daß allen Kurfürsten durch gehörige Ladung Gelegenheit zur Mitwirkung gegeben wurde, also kein contemptus im Sinne des kanonischen Rechts vorlag.

Bei der Behandlung dieser Streitfrage ist auszugehen von c. 2 § 5 der G. B., wo gesagt ist, daß die Selbstwahl mit vier Stimmen, also drei fremden und der Eigenstimme des Kandidaten, zulässig sein soll. Sieht man darin eine Sondernorm für die Selbstwahl, so folgt daraus der Gegenschluß, daß in jedem andern Falle eine kleinere Mehrheit als die von vier Stimmen — also die *relative* Mehrheit — genügen muß. Man kann die strittige Stelle aber auch umgekehrt so auslegen, daß sie gerade von der Notwendigkeit einer *absoluten* Mehrheit von vier Stimmen ausgeht und nur besagen will, daß in diese die Eigenstimme des Gewählten einrechenbar sein solle. Entscheidet man sich für die zweite Lösung, so hat man zugleich die Hauptfrage in dem Sinne beantwortet, daß die Mehrheit stets vier Stimmen betragen muß.

Da sich die herrschende Meinung sowieso schon dieser Ansicht zugeneigt hat[760], ist es lediglich noch unsre Aufgabe, die gewonnene Entscheidung zu vertiefen und geschichtlich zu unterbauen. Wir können hierzu auf alles verweisen, was in den letzten Kapiteln zu diesem Punkte gesagt worden ist. Es war auszugehen von einem *Quorum von vier Stimmen*, das sich nachweisen läßt, seit es überhaupt eine Königswahl mit fest abgegrenzten Stimmberechtigungen gibt, also seit 1198. Aus diesem ist die Mehrheit dadurch entstanden, daß sich die Zahl der Fürsten, aus denen jenes Quorum zu bilden war, gewohnheitsrechtlich auf sieben festsetzte. *Jetzt war das Quorum also zugleich die Mehrheit.* Daran ist ständig festgehalten worden. Der Versuch, eine Zweierwahl für gültig zu erklären, blieb Episode. Es spricht nichts dafür, daß die G. B. die Zweierwahl zum Reichsrecht erheben wollte und daß c. 2 § 5 nur der Rest einer älteren Anschauung ist[761]; im Gegenteil, sie wollte diese Möglichkeit restlos ausschließen. Auch

---

759) So z. B. zuletzt noch *Krammer*, Wahl und Einsetzung 73; *Wretschko* ZG. 20, 206 und andere, früher auch *Stutz*, Erzbischof v. Mainz 118[4], 124[3].

760) Vgl. jetzt besonders *Stutz* ZG. 43, 253 und *Ruffini Avondo* 565 f.

761) So *Krammer* a. a. O.

in der Folgezeit ist immer daran festgehalten worden, daß das Kurkolleg nur mit vier Stimmen beschlußfähig sei[762], und die Gleichung Mehrheit gleich Quorum hat sich gehalten, solange es überhaupt eine Siebenzahl von Kurwürden gab.

Unsre Ansicht läßt sich aber noch anderweit stützen. Die G. B. geht davon aus, daß die Kurfürsten ein Kollegium bilden. Das ergibt sich schon aus der genauen Abstufung der Rangstellung innerhalb dieses Kollegs[763] und entspricht auch genau der Auffassung der Theorie, vor allem Lupolds v. Bebenburg, den wir unter den Beratern Karls IV. zu suchen haben. Gerade Lupold aber leitet aus der Idee des Kollegs die Folgerung ab, daß die Majorität eben nur durch die Mehrheit des ganzen Kollegs dargestellt werde, nicht durch die Mehrzahl beliebiger singuli[764]. In genau die gleiche Richtung weist übrigens auch der klare Wortlaut des in Koblenz am 5. September 1338 verlautbarten kaiserlichen Erlasses[765]. Beides ist zur Auslegung der G. B. unbedenklich verwendbar.

Zu dem gleichen Ergebnis kommen wir aus ihrem System selbst. Wie schon gesagt, geht sie davon aus, daß ohne Rücksicht auf die

---

[762]) Die erste Wahl Sigismunds, 1410, die nur mit drei Stimmen erfolgte, wurde durch dessen Neuwahl 1411 als nichtig deklariert, wiewohl Versuche gemacht worden waren, sie nach dem Zweierprinzip zu retten, *Zeumer* G. B. 23. Übrigens konnte sich sogar Karls IV. Gegenkönig Günther v. Schwarzburg auf vier Stimmen berufen, *Krammer*, Wahl und Einsetzung 80.

[763]) *Stutz* ZG. 43, 237 ff. hat sie ausführlich behandelt. Vgl. auch „consortium" in c. 1 § 6, unten A. 739. Die Rangunterschiede bestanden aber nur äußerlich. D. h. kein Kurfürst hatte anderen gegenüber eine Autorität, die zur Folge verpflichtete. Nur der absoluten Mehrheit war zu folgen.

[764]) Bei *Schard* p. 380: Puta quod unus esset electus a duobus principibus et alius ab aliis duobus, tertius vero a reliquis principibus. Hic enim est dubium iuris. Nam si dicamus quod electio pertinet ad eos, ut *ad singulares personas* . . . valet electio quae facta est a tribus *tanquam a maiori parte respectu aliorum* . . . Si autem dicamus quod pertineat ad eos *ut ad collegium* seu universitatem secundum . . . opinionem quae mihi placet . . . tunc nulla ex his tribus valeret, quia nulla esset facta a maiori parte collegii principum . . . Hier tritt der Unterschied zwischen *absoluter* und *relativer* Mehrheit deutlich hervor.

[765]) Bei *Stengel*, Nova Alemannie I 371, wo von dem per maiorem in numero principum electorum imperii electus die Rede ist. Das kann doch nur die *Gesamtzahl* meinen.

Abwesenden verfahren werden soll[766]. Der Beschluß soll ihnen gegenüber gültig sein, als wären sie anwesend gewesen. Das heißt aber nichts anderes, als daß sie als mitstimmend, und zwar *gegen* die Mehrheit stimmend behandelt werden (vgl. die negative Litiskontestation im Versäumnisverfahren). Das Ergebnis 4:3 konnte also eintreffen, gleichgültig ob alle oder nur vier Kurstimmen vertreten waren. Ob die Minderheit ausblieb oder dagegen stimmte, war belanglos. Daraus folgt weiter, daß bei dem Stimmverhältnis der Anwesenden von 3:2 nicht dasselbe Ergebnis errechnet werden konnte. Denn hier waren die zwei Ausgebliebenen den Dissentierenden zuzurechnen, aber nur im *negativen* Sinne, eben quoad dissensum; der mit drei Stimmen Gewählte hatte also in Wirklichkeit gar keine Mehrheit erlangt, nur eine Scheinmajorität. Allerdings galt für seinen Gegner das gleiche, da ja nur zwei Wähler eine rechtserhebliche *positive* Erklärung zu seinen Gunsten abgegeben hatten.

c) Mit dem Gesagten ist zugleich bewiesen, daß die G. B. auch in der Mehrheitsfrage nur die bisherige Entwicklung abschloß. Dem ganzen Problem kommt keine übergroße Bedeutung zu. Daß das Mehrheitsprinzip durch das Renser Weistum oder die G. B. in das Königswahlrecht eingeführt worden oder jetzt erst durchgedrungen sei, kann man nur behaupten, wenn man die Stufen der Rechtsentwicklung nur in großen Sprüngen durchmißt, ohne auf die feinen Veränderungen zu achten, denen die maßgebenden Begriffe concordia und discordia schon seit etwa hundert Jahren unterlagen. Richtig ist vielmehr nur folgendes: Die G. B. hat reichsrechtlich festgelegt, daß die Mehrheit in offener Abstimmung zu bilden sei, wie es im Renser Weistum vorgesehen und 1346 zum ersten Male schon geschehen war[767]; ebenso daß eine Übertragung des Kurrechts an einen Mitkurfürsten auch der Ausübung nach unzulässig sei[768]; für die electio per unum war kein Raum mehr. Ferner hat man nachträglich der schon vollzogenen, aus dem Vitererquorum empirisch hervor-

766) Das ergibt sich aus dem in c. 18 gegebenen Formular für die Ladeschreiben s. oben A. 671.

767) Vgl. das Wahlprotokoll Const. 8, 93, Kr. II 115.

768) S. o. A. 698.

gegangenen Mehrheitsbildung die logische Begründung aus der Körperschaftslehre gegeben. Das Mehrheitsprinzip ist auf konstruktivem Wege gefunden, es ist nicht die notwendige Folge der Körperschaftsbildung, sondern von ihr unabhängig entstanden; es kann höchstens als ein Symptom für die langsame Zunahme des Abstraktionsvermögens gewertet werden, das ja auch bei der Körperschaftsbildung hervortritt.

d) Da jetzt die Majorität offen gebildet und die Einmütigkeit nicht mehr faktisch hergestellt, sondern auf rein gedanklichem Wege, durch eine Fiktion erzeugt wird, bedarf es keines Akzesses, keines Anschlusses der Minderheit an die Mehrheit mehr. Die Folgepflicht ist aus dem Wahlakt verschwunden; aber sie ist nicht ganz beseitigt; nur ist sie in die Zeit *nach* der Wahl verlegt. Denn daß die Unterlegenen, mochten sie Ausgebliebene oder Überstimmte sein, das Ergebnis anzuerkennen und dem von der Mehrheit Gewählten zu huldigen hatten, steht wohl außer allem Zweifel. Ja ich möchte behaupten, daß die G. B. selbst diese nachträgliche Unterwerfungspflicht in einem Absatze des ersten Kapitels, also an sehr markanter Stelle, ausdrücklich eingeschärft hat, in einer Bestimmung, der z. B. *Zeumer*[769] eine viel zu geringe Tragweite beimessen wollte. Der § 6 des ersten Kapitels bedroht nämlich jeden Kurfürsten, der die nachfolgenden kaiserlichen Gesetze — also die G. B. — nicht erfüllt oder ihnen positiv zuwiderhandelt, mit *Ausschluß aus dem Kurkolleg, Verlust der Kurwürde* und *Verweigerung der Lehnserneuerung*[770]. Das

[769]) A. a. O. I S. 13.

[770]) G. B. c. 1 § 6: Si quis autem princeps elector aliusve princeps cuiuscumque condicionis aut status, feudum vel feuda a sacro tenens imperio, aut comes, baro vel nobilis seu successores talium vel heredes supra et infra scriptas imperiales nostras constituciones et leges adimplere noluerit aut eis contraire presumpserit, si quidem talis princeps elector extiterit, extunc ceteri sui coelectores a suo ipsum deinceps excludant consorcio, ipseque voce electionis et aliorum principum electorum loco, dignitate careat atque iure, nec investiatur de feudis, que a sacro imperio visus fuerit obtinere. Alius vero princeps aut vir nobilis, ut prefertur, in has nostras leges committens similiter non investiatur de feudis, que a sacro imperio vel alias obtinet a quocumque, et nichilominus omnes penas premissas suam concernentes personam incidat eo ipso. *Zeumers* mildere Auffassung scheitert schon daran, daß nicht nur eine Verzögerung der Lehnsinvestitur, sondern für die Untervasallen sogar die Unfähigkeit, Lehen von Eigen zu erhalten, angedroht wird.

kann unmöglich nur auf die Bestimmungen über die Vorbereitung zur Wahl und diese selbst gehen. Damit war vor allem *jeder bedroht, der die Mehrheitsentscheidung nicht anerkennen wollte* – auch sie gehört ja zum Inhalt der leges infra scriptae! – und etwa versuchen sollte, mit Waffengewalt das Schicksal zu wenden. Daher geht eine ähnliche Strafdrohung auch gegen sonstige Reichsfürsten, Grafen oder freie Herren, von denen ja gar nicht einzusehen ist, wieso sie die Wahlbestimmungen hätten verletzen können. Zu denken ist natürlich an die Gefolgsleute, die sich einem Gegenkönig etwa anschließen würden. Die Tendenz ist klar: Die Wahl als in sich geschlossenes Rechtsgeschäft soll jetzt entscheiden, nicht mehr die Machterlangung im Reich.

SCHLUSSWORT

Wir stehen am Ende. Ein weiter Weg war zurückzulegen von den ersten, spontanen Erhebungen deutscher Könige bis zu dem ausgewogenen und ausgefeilten Wahlsystem der G. B. Es hat sich bewahrheitet, daß die Zeit der Doppelwahl von 1197 einen Markstein auf diesem Wege bildet. Bis dahin gibt es gar keine „Königswahl" im eigentlichen Sinne, es gibt nur in sich zusammenhängende Erhebungsakte von oft mehrjähriger Dauer, in die die Wahl fest eingegliedert ist. Selbst die Anteile der Geistlichen und der Weltlichen sind äußerlich nicht streng zu trennen. Und doch konnte nach inneren Kriterien unterschieden werden die *Wahl* als Auslese und die *Kur* als Eignungsprüfung und endgültige Annahme des Königs. Aus der Betrachtung des Rechtscharakters vor allem der Kur ließ sich dann der Leitgedanke ermitteln, der das ganze Thronerhebungsrecht zusammenhält und die Einmütigkeit gewährleistet: es war die *Folgepflicht*, aber nicht gebunden an eine zahlenmäßige Majorität, sondern an die *Autorität* der Führer des Volkes, an das Beispiel ganzer Stammeseinheiten, an die Symbolkraft der Reichsinsignien und der weltlichen Thronsetzung.

Indessen schon gegen Ende dieses ersten Abschnittes lassen sich Änderungen beobachten. Die Volksbeteiligung tritt zurück, es kommt zur Bildung von Fürstenausschüssen, schließlich treten an Stelle der vier Altstämme vier Einzelfürsten, die drei rheinischen Erzbischöfe und der Rheinpfalzgraf als Königsrichter, deren Mitwirkung als unbedingt notwendig für eine gültige Wahl angesehen wird. So ist die *Volkswahl durch die Fürsten* zur *Alleinwahl der Fürsten* geworden. Das ergibt sich aus den päpstlichen Erlassen, die die Doppelwahl begleiten und in Deutschland herrschende Rechtsanschauungen widerspiegeln. Zugleich wenden sie auf die Königswahl Grundsätze des kanonischen Rechts, vor allem des Prozesses, an und gestalten die Wahl zu einem an Ort, Zeit und genau bestimmte Gültigkeitserfordernisse gebundenen Rechtsgeschäft um. Zu den Erfordernissen gültiger Wahl gehört jetzt, daß den vier Genannten die

Möglichkeit der Mitwirkung gegeben ist, widrigenfalls ein contemptus vorliegt. An die Gewährung subjektiver Wahlvorrechte ist dabei zunächst nicht gedacht.

Erst der Sachsenspiegel bedeutet einen Schritt in dieser Richtung. Er verlangt die Mitwirkung von sechs Einzelkiesern, die er nach den ihnen angeblich zustehenden Erzämtern, also subjektiven Rechten, bestimmt. Diese sollen den Willen aller Reichsfürsten durch übereinstimmende, gleichgerichtete Erklärungen zum Ausdruck bringen. Den inneren Mechanismus des mehr ideal als praktisch gedachten Verfahrens können wir nur indirekt erschließen; auch hier treffen wir auf die *Folgepflicht*, die sich unverändert als die bewegende Kraft des ganzen Wahlverfahrens bewährt.

Aber der Sachsenspiegel ist nicht in complexu ins Reichsrecht rezipiert worden. Niemals wurde die Mitwirkung von sechs Fürsten Gültigkeitserfordernis. Auch der Braunschweiger Reichstag, der den niederdeutschen Städten die Nachwahl der sächsischen Fürsten einräumte, verwahrte sich ausdrücklich gegen deren Notwendigkeit. Es blieb bei der Mindestzahl, dem Quorum von vier Fürsten. Nur insofern gewann der Sachsenspiegel Einfluß, als die sieben von ihm Genannten (sein Ausschluß des Böhmen setzte sich nicht durch) die *Einzigen wurden, die für die Bildung des Quorums in Betracht kamen.* Kein anderer Fürst hatte nach 1257 noch Aussicht, bei der Feststellung der Beschlußfähigkeitsziffer mitberücksichtigt zu werden. Das ist der wahre Sinn der sog. Abschließung des Kurkollegs, die übrigens ohne jede gesetzliche Grundlage vor sich ging. *Die Siebenzahl aber war fest gegeben, denn nur durch die Beschränkung auf sie konnte die Bildung zweier beschlußfähiger Wählerschaften und somit die Doppelwahl vermieden werden.*

So ist es auch geblieben, als seit 1273 die kanonische electio per unum nach außen hin die Einstimmigkeit der Wahl herstellte. Intern galt weiter das Erfordernis einer Vierzahl. Wenn der Schwabenspiegel lehrte, die Minderheit müsse sich der Mehrheit anschließen, die alte Folgepflicht also auf die Kurfürsten übertrug, so sollte das nur für das Innenverhältnis gelten; aber auch da war es nicht geltendes Reichsrecht. Die gleiche Vierzahl gilt aber für das Renser Weistum und die G. B. Nur daß sie das Quorum als Majorität auffassen und zugleich die *verdeckte* in eine *offene* Mehrheitsbildung durch Abstimmung verwandeln. Nur in diesem ganz beschränkten Sinne kann man sagen, daß das Mehrheitsprinzip erst 1338 in das Königswahlrecht eingedrungen sei. War bis dahin eine Wahl nur dann in discordia gewesen, wenn kein beschlußfähiges Quorum zustandekam, so ist jetzt jede nicht einstimmige Wahl in discordia; aber die discordia ist unschädlich, denn sie wird, wenn die Beschlußfähigkeit hergestellt und zugleich die Majorität von vier Stimmen erreicht ist, kraft einer Fiktion in eine concordia verwandelt. Die Folgepflicht der Minderheit besteht jetzt, aber außerhalb des Wahlakts, als Unterwerfungspflicht weiter.

Seit den Ottonen, ganz besonders betont aber seit den Staufern ist die Königswahl zugleich *Kaiserwahl*, aber auch wieder nur in beschränktem Sinne. Nicht die plenitudo potestatis kann sie geben, nicht die Vogtei über die Gesamtkirche, die Vormachtstellung, die Hegemonie über das Abendland, die das Kaisertum im Sinne der höchsten Würde der Christenheit zum Schutze der christlich-germanischen Kulturgemeinschaft verleiht. Diese kann nur durch Romfahrt erworben werden. Aber schon durch die Wahl und Thronsetzung soll der König nach dem Willen der deutschen Fürsten die vorläufige Ausübung der weltlichen Regierungsrechte im Reichsgebiet, die Kaiserliche Waltung, die imperatura erlangen[771]. Diesen objektiven, weltlichen Herrschaftskreis konnte und mußte man gleichfalls imperium nennen, um gegenüber den deutschen Stämmen seinen überstämmischen Charakter zu betonen und zugleich die Legitimation des deutschen Nationalkaisers zur Beherrschung der

[771]) Selbst Bonifaz VIII. erkannte die Imperatura der Sache nach an, als er bei der Approbation Albrechts I. schrieb (Const. IV 1, 146): . . . postmodum coronatus et deinde fere per quinquennium exercuisti administrationem regiam, sicut predecessores tui legitime ac concorditer in Romanorum reges electi exercere solent hactenus, postquam apud dictum locum Aquisgrani, ubi hoc fieri consuevit, coronati fuerunt. Vgl. *Feine* ZK. 58, 387.

[772]) Nachwirkungen der Kaiserwahllehre bei Nicolaus v. Cues: E. *Bohnenstädt*, Kirche und Reich im Schrifttum des N. v. C., Heidelberger SB. Phil.-hist. Kl. 1939, 1, 87 f.

Nebenländer des Reichs, zur Anknüpfung von Lehnsverbindungen mit benachbarten Königreichen und zur römischen Kaiserweihe hervorzuheben. Daß die Kaiserwahl in *diesem* Sinne von keiner päpstlichen Bestätigung abhängig sein könne, haben die deutschen Fürsten in dem ganzen Zeitraum, den wir untersuchten, durchgekämpft[772]. Daß aber dem Anspruch, den sie dem Gewählten auch auf den Erwerb jenes Kaisertums im höheren, mystisch-religiösen Sinne geben wollten, die Forderung eines päpstlichen Prüfungsrechts entgegengesetzt wurde, konnten sie nicht hindern.

Trotzdem hat man versucht, immer wieder den gemeinsamen Rechtsboden zu finden, auf dem Kaisertum und Papsttum stehen konnten. Der Gegensatz zwischen geistlichem und weltlichem Recht war kein naturgegebener und findet sich auch immer wieder in der höheren Einheit einer geschlossenen Weltanschauung aufgehoben. Aber um die Abgrenzung der Zuständigkeiten im einzelnen mußte mancher Streit ausgefochten werden; die Einheit der Idee konnte nicht hindern, daß auf der Ebene der Realität Spannungen entstanden, und zwar nicht nur zwischen kanonischem und germanischem, sondern auch zwischen kanonischem und römisch-imperialem Recht. Aber sie konnten und mußten ausgeglichen werden schon um der großen Kulturaufgaben willen, die Reich und Kirche nur gemeinsam lösen konnten. Nachdem das Gesetz Licet iuris den Eigenanspruch des Staates übersteigert und schon für den gewählten Kaiser-König den Gehorsam aller Nationen beansprucht hatte, vermied es die G. B., diese Schärfen zu verewigen; sie begnügte sich mit entschiedener Wahrung der weltlichen Herrschaftsrechte.

Schon das Gesagte ergibt, daß der so oft besprochene Einfluß des kanonischen Rechts auf die Königswahl unvermeidbar war. Aber er ist weniger zu suchen in der Übernahme einzelner Institutionen, wie des Mehrheitsprinzips, oder einzelner Formen, wie der electio per unum, sondern er liegt viel tiefer, in der Sphäre des Geistigen und Methodischen. Das Kirchenrecht war das erste wissenschaftlich durchgebildete Rechtssystem der Zeit, bei der Schaffung neuer Grundlagen konnte man es

nicht umgehen. Vielfach hat es nur eine Entwicklung beschleunigt, die schon im deutschen Recht begonnen hatte, oder nachträglich die theoretische Begründung für eine neue Praxis geliefert. Auf dem Gebiete des juristischen Denkens liegt der Umschwung, den es bewirkte; diesen Wandlungen der juristischen Technik und Methode nachzugehen, ist eine der Hauptaufgaben der spezifisch mittelalterlichen Rechtsgeschichtsforschung.
Daß aber die Königswahl ihre volkstümlichen Grundlagen verlor und zum Monopol Weniger wurde, war wohl ebenfalls unvermeidlich und ist nicht nur auf das Konto fremder Einflüsse zu setzen. Es ist die Folge großer, revolutionierender Vorgänge auf dem Gebiete der gesamten Politik, vor allem der mit innerer Notwendigkeit entstehenden Spannung zwischen Königtum und Fürstenschaft, der Bildung des Reichsfürstenstandes und der Landeshoheit. Nur aus diesen großen Zusammenhängen heraus werden die Wandlungen der Königswahl voll verständlich. Seit die Besten der Nation die Hand nach der Kaiserkrone ausgestreckt und damit eine Aufgabe auf sich geladen hatten, der sie nach den Anschauungen ihrer Zeit nicht ausweichen konnten, weil sie ihnen schicksalhaft gestellt war, ist das deutsche Volk in eine Gefahrenzone geraten, die andre Völker gemieden haben. Aber nur durch Bestehen dieser Gefahr konnte die Nation ihre Aufgabe erfüllen, Vorkämpferin der christlich-abendländischen Kultur zu werden. Daß dieser Kampf Opfer erfordert hat, ist tief tragisch; sie immer nur beklagen heißt aber die stolzesten Erinnerungen der deutschen Vergangenheit trüben und verleugnen. Wir müssen lernen diese Opfer als das erkennen, was sie sind — als die Stufen, auf denen die deutsche Nation zur geschichtlichen Größe emporstieg.

SACHREGISTER